# 鉴往而瞻前

## 上海政府法治研究30年

上海市行政法治研究所 编

上海人民出版社

# 前　言

法治兴则国兴，法治强则国强。习近平总书记在中央全面依法治国工作会议上指出，“推进全面依法治国是国家治理的一场深刻变革，必须以科学理论为指导，加强理论思维，不断从理论和实践相结合上取得新成果”。作为地方政府法治研究机构，上海市行政法治研究所自 1994 年成立起，始终坚持以应用型政府法治研究为工作重点，形成了一批理论价值与实践价值相结合的研究成果，并自 2005 年起陆续以“政府法治研究丛书”为载体结集出版，为进一步推动政府法治理论与实务研究贡献智慧和力量。

2024 年恰逢上海市行政法治研究所成立 30 周年，在进一步全面深化改革、推进中国式现代化的时代感召之下，研究所立足于新时代中国特色社会主义法治建设的实践需要，以更高水平的调查研究工作助力上海的法治建设。展现在读者面前的《鉴往而瞻前——上海政府法治研究 30 年》收录了研究所近年来形成的一批质量较高的研究报告，其选题涵盖了立法、执法和政府自身建设等多个领域，其成果或是推动了相关立法决策和行政决策的出台，或是为化解相关领域的难点堵点问题提供了决策参考，或是结合法治建设面临的新情况、新挑战开展了前瞻性研究。由于这些研究报告反映的是上海法治建设历程中的阶段性发展轨迹，因此，编者没有对研究报告的内容进行更新，而是保留了研究报告形成时相关法律文件、监管措施等信息的原貌。

值此新书出版之际，谨向为完成本书所收录研究成果提供支持和帮助的相关单位致以崇高的敬意，向为出版本书提供大力支持的上海人民出版社以及编辑同志一并致以衷心的感谢。

“政府法治研究丛书”编辑委员会

2024 年 12 月

# 目　　录

# 第一部分　立法研究

# 上海市现行有效政府规章需要上升为地方性法规的分析报告[①]

课题组组长：王天品　上海市行政法制研究所所长
课题组成员：陈书笋　上海市行政法制研究所副研究员

## 引　言

党的十八届四中全会作出的《中共中央关于全面推进依法治国若干重大问题的决定》（以下简称《决定》）指出："法律是治国之重器，良法是善治之前提。"2015年3月15日《中华人民共和国立法法》（以下简称《立法法》）修正后发布。其中，第82条对地方政府规章立法权限的规定，对今后地方政府立法工作产生的重大影响不言而喻。

对上海市现行有效政府规章进行梳理与评估的目的，不仅仅是为了对照《立法法》，全面了解和掌握上海市现行有效政府规章的"底数"，也是为完善上海市地方立法体系奠定数据分析的基础，并为有效利用上海市的立法资源提供客观数据支撑，从而提高上海市地方立法的系统性和针对性，为实现良法善治提供数据支撑、奠定基础。

为了能够全面客观地对上海市现行有效的政府规章进行总体性的评估，课题组分两个层面对上海市现行有效政府规章进行了梳理：一是从政府规章的立法类型、所涉及的领域、制定或修订的时间以及在执法中的使用情况等四个角度，对上海市现行有效政府规章的整体情况进行了梳理与分析；二是按照立法所涉及的领域及立法性质，对经济、城建、社会和政府自身建设四个领域政府规章的立法性质作了进一步的梳理与分析。经梳理分析，课题组认为，上海市现行有效政府规章以实施性立法为主，创制性立法中以自主性立法为主，在《立法法》修正发布之前，上海市对政府规章的清理及修订、废止工作比较及时到位，在行政执法中属于"僵尸性"的政府规章并不多。因此，从整体上来讲，

① 本课题完成于2017年。

涉及上升、授权、修订及废止的政府规章总体数量及比例并不是很高。具体到立法涉及的四大领域，课题组认为，城建领域的政府立法相对成熟，经济领域先行先试性立法的比例相对较高，而与地方性法规的配套比例较低，社会领域无论是实施性立法中需要地方性法规予以授权的情况，还是先行先试性政府规章中需要上升为地方性法规的数量都相对较多，而随着法治国家、法治政府、法治社会建设的不断推进，政府将会加强规范自身行为的立法工作，规范政府自身行为领域的政府规章比例将会有所提升。

## 一、梳理与评估过程

### （一）梳理与评估的定位

鉴于本课题是上海市人民代表大会（以下简称“上海市人大”）“十三五”立法规划及更长一段时间立法需求总课题研究的一项配套性课题，为配合做好总课题，尤其是《政府视野下本市地方立法研究》课题，课题组确定了本课题在对上海市现行有效的政府规章进行梳理与评估的基本定位：

**一是摸清底数**。新修正的《立法法》进一步明确了中央与地方的立法权限，其中，第 82 条对地方政府规章的立法权限作了进一步的规范，尤其是该条第 5 款规定：“没有法律、行政法规、地方性法规依据，地方政府规章不得设定减损公民、法人和其他组织权利或者增加其义务的规范”，对今后地方政府立法工作产生重大影响。对照新修正的《立法法》，对 2015 年 3 月 15 日之前上海市制定出台的现行有效的政府规章进行梳理与评估，课题组认为，重要目的之一是摸清底数，对是否存在超越新修正的《立法法》中有关立法权限规定的情形进行全面排摸，从而全面掌握并确定上海市需要根据新修正的《立法法》进行授权、上升、修订与废止的政府规章的数量及规模。

**二是为基本判断奠定基础**。党的十八届四中全会《决定》明确提出：法律是治国之重器，良法是善治之前提。建设中国特色社会主义法治体系，必须坚持立法先行，发挥立法的引领和推动作用，抓住提高立法这个关键。可见，改革发展对立法的要求，已经不仅仅是总结以往经验、肯定已有做法，而是需要通过立法做好顶层设计、引领改革进程、推动科学发展。因此，对上海市现行有效的政府规章的梳理与评估，不能只停留在摸清“底数”的层面上，还需要为今后一段时期预判上海市政府立法工作，乃至人大立法工作的趋势和重点奠定基础，从而推动提高上海市地方立法工作的主动性和及时性。

**三是提供数据支撑**。党的十八大、十八届三中和四中全会都对进一步完善中国特色社会主义法律体系提出了明确要求。政府规章，是地方立法体系的重要组成部分，对上海市现行有效的政府规章进行梳理与评估，可以说是推动上海市地方立法体系完善的一项基础性工作。通过梳理与评估，不但可以从总体上为现行有效的政府规章哪些需要地方性法规授权、哪些需要上升为地方性法规、哪些需要修订或废止等提供基础数据，而且还可以为完善上海市地方立法体系奠定数据分析的基础，同时也为有效利用上海市的立法资源提供客观数据支撑，从而推动提高上海市地方立法的系统性和针对性。

总之，课题组对于本次梳理与评估的定位是：整体性、判断性的评估。因此，本次梳理与评估中仅对上海市现行有效的政府规章及某件政府规章的内容作出整体性的判断，在评估意见中也不会涉及对某件政府规章及其具体条款提出具体的修订或完善建议。

### （二）梳理与评估的范围

本次梳理与评估选择的范围是来源于上海市政府法制办公室官网——上海法制信息网发布的现行有效政府规章目录，计 316 件。从时间上来看，主要是指截止到 2015 年 12 月 31 日制定或修订发布的政府规章。由于上海市政府法制办公室的官网目录属于实时更新，因此，这 316 件政府规章实际上还包括已经清理废止的政府规章 36 件，以及对政府规章进行修订或废止的决定 14 件。课题组将这 50 件政府规章排除在本次梳理与评估的范围之外，故纳入本课题梳理与评估范围的上海市现行有效的政府规章数量为 266 件。

### （三）梳理与评估的方法

围绕课题的目的与课题组确定的课题定位，课题组在梳理与评估中主要选择运用了以下梳理与评估的方法：

**一是分类梳理法**。为从不同角度对上海市现行有效的政府规章进行客观的判断，课题组按照政府规章所涉及的领域、立法的类型、在执法中的适用情况、制定或修订的时间等标准，分类对上海市现行有效的政府规章进行了梳理。该方法是本课题最为重要的研究方法。

**二是对比分析法**。为对上海市现行有效政府规章的制定情况进行全面准确的判断，课题组采用了对比分析的方法，即纵向上与法律、行政法规、上海市的地方性法规进行了对比，以判断政府规章的立法权限问题，横向上与其他省市的地方性法规和政府规章进行了对比，以判断政府规章的内容是否需要上升为由地方性法规进行调整。

**三是问卷调查法**。在梳理与评估过程中，课题组面向上海市市级层面的主要行政执法部门发放了 40 份调查问卷，回收率为 100%。

**四是组织召开座谈会**。在梳理与评估过程中，课题组组织召开了由上海市重要行政执法部门参加的座谈会，请相关部门对本部门相关政府规章的使用情况进行概况性的介绍，并结合具体执法实践提出各自的立法需求。同时，在梳理与评估过程中，课题组还先后多次与市政府法制办公室立法处的工作人员进行座谈，重点对评估处理意见中涉及需要上升为地方性法规、需要人民代表大会立法授权或需要修订、废止的政府规章，进行深入的探讨与交流。

**（四）梳理与评估的标准**

评估需要一定的评估指标作为依据，对评估对象进行定性或者定量的分析，并以此作出评价和判断。

由于本次梳理与评估确定的评估定位是整体性、判断性的评估，课题组认为，系统的、详尽的评估指标体系并不适合这类评估。因此，在《立法法》相关规定的基础上，课题组选择确定了以下3个一级指标、6个二级指标（见表1）作为本次梳理与评估的标准，以期实现从不同角度对上海市现行有效政府规章进行分类梳理与评估的目的。

**表1　梳理与评估标准**

| 一 级 指 标 | 二 级 指 标 |
|---|---|
| 合法性 | 立法依据是否合法 |
| | 是否符合法定权限 |
| | 立法内容是否合法 |
| 同步性 | 与改革的同步性 |
| | 与社会发展的同步性 |
| 有效性 | 在具体行政执法中的使用情况 |

1. 合法性

合法性，是指立法必须符合立法权限、符合立法程序、不违背上位法的规定等。围绕本次梳理与评估的目的，课题组在合法性这个一级指标下设定了以下3个二级指标：**一是**立法依据是否合法，即政府规章制定的依据是否符合立法权来源、效力位阶等规定，它是立法行为合法性的证明，而非内容合法性的证明；**二是**是否符合法定权限，是指政府规章是否存在超越《中华人民共和国宪法》《立法法》中有关立法权限划分的规定；**三是**立法内容的合法性，是指政府规章在具体内容上是否存在与上位法规定相抵触的情况。

2. 同步性

党的十八届四中全会《决定》明确提出，实现立法和改革决策相衔接，做到重大改革于法有据、立法主动适应改革和经济社会发展需要。基于此，课题组在同步性这个一级指标下设定了 2 个二级指标：一是与改革发展的同步性，即现行有效的政府规章是否存在阻碍改革的规定；二是与政治、经济、社会、文化发展是否相适应，即由于公共政策具有适时性和创造性，政府规章中是否存在滞后于社会发展变化、无法反映和保障社会合理诉求的情况。

3. 有效性

有效性，是指政府规章在实际行政管理和行政执法中的实施情况。由于行政执法是实现立法意图最为重要的途径，因此，课题组将行政执法中对政府规章的使用情况作为判断政府规章有效性的一个二级指标。如果执法部门不经常或根本不使用某件地方政府规章作为行政执法依据，那么这件政府规章在立法的有效性方面肯定存在较为严重的问题。

## 二、梳理与评估的主要情况

经梳理，截止到 2015 年 12 月 31 日，上海市现行有效的政府规章共有 266 件。课题组从不同角度对这 266 件政府规章进行了梳理分析，并在梳理分析的基础上，对上海市现行有效的政府规章的现状作出了基本的结论性判断。

### （一）梳理基本情况

为从整体上了解和掌握上海市现行有效的 266 件政府规章的基本情况，课题组从政府规章的立法性质和立法所涉及的领域、立法时间、立法使用情况 4 个角度，对上海市现行有效的政府规章进行了梳理。梳理结果如下：

1. 关于立法性质的梳理结果（见图 1）

在实践中，从立法性质的角度，习惯上将地方政府立法分为实施性立法和创制性立法两大类型。按照这一分类标准，经梳理分析，课题组认为，上海市现行有效的政府规章在立法性质上可以分为三种情况：**一是**具有上位法依据、属于实施性立法的政府规章共有 198 件，占比为 74.44%，其中，包括虽然整体上属于实施性立法，但是在具体内容上存在超越上位法依据、增设相对人义务

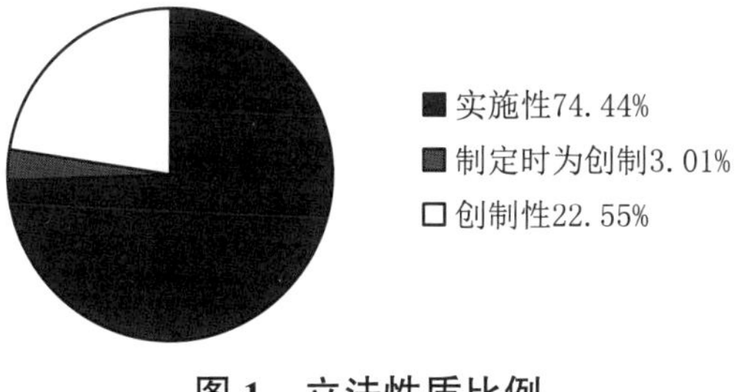


**图 1　立法性质比例**

或增加行政管理部门权限的政府规章13件，在实施性立法中的占比6.57%。**二是**制定时无上位法依据、属于创制性立法，但目前相关上位法已经制定出台的政府规章8件，占比为3.01%。**三是**目前依然没有明确上位法依据、属于创制性立法的政府规章共有60件，占比为22.55%。

2. 关于立法所涉及领域的梳理结果（见图2）

根据政府立法所涉及的内容和领域的不同，课题组将上海市现行有效的政府规章分为经济、城建、社会和规范政府自身建设四大领域。经梳理，266件政府规章在四大领域的具体分布情况如下：属于经济领域的政府规章共有60件，占比为22.56%；属于城建领域的政府规章共有106件，占比为39.85%；属于社会领域的政府规章共有78件，占比为29.32%；属于规范政府自身行为的政府规章共有22件，占比为8.27%。

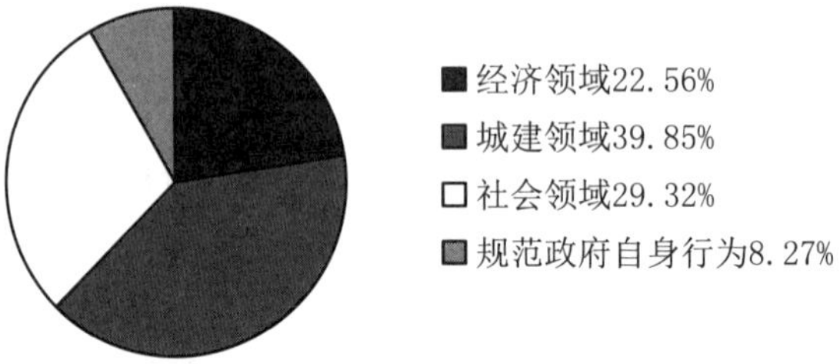


**图2　立法所涉领域比例**

3. 关于立法时间的梳理结果（见图3）

目前，在上海市现行有效的政府规章中，制定时间最早的是1985年，截止到2015年，跨度为30年。课题组按照5年一个时间段，对上海市现行有效政府规章在立法时间上的梳理结果如下：2015年至2011年共60件，经济领域8件、城建领域26件、社会领域20件、政府自身建设领域6件；2010年至2006年共31件，经济领域10件、城建领域12件、社会领域6件、政府自身建设领域3件；2005年至2001年共54件，经济领域16件、城建领域22件、社会领域11件、政府自身建设领域5件；2000年至1996年共45件，经济领域8件、城建领域19件、社会领域15件、政府自身建设领域3件；1995年至1991年共48件，经济领域9件、城建领域17件、社会领域18件、政府自身建设领域4件；1990年至1986年共24件，经济领域8件、城建领域8件、社会领域7件、政府自身建设领域1件；1986年之前共4件，经济领域1件、城建领域2件、社会领域1件。

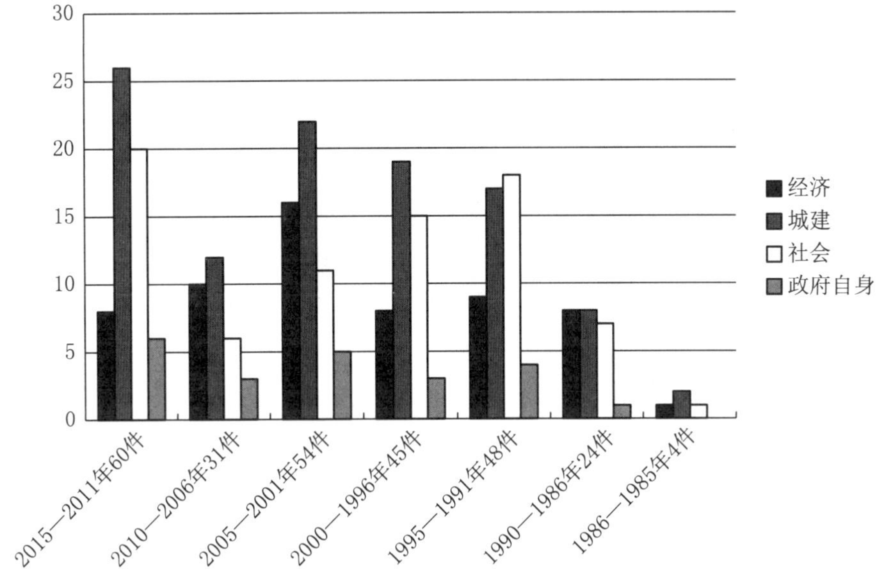


**图 3　各领域立法时间分布**

4. 关于政府规章使用情况的梳理结果

调查问卷统计数据显示：40 份调查问卷中只有市规划和国土资源管理局、市质量技术监督局、市人力资源和社会保障局 3 个执法部门提出，在具体执法实践中有 3 件政府规章“不太使用”，这 3 件政府规章为《上海市国有土地租赁暂行办法》（1999-05-31）、《上海市组织机构代码登记管理办法》（1995-06-15）、《上海市外来从业人员综合保险暂行办法》（2002-07-22）。在全部现行有效政府规章中的占比为 1.13%。

**（二）分领域的梳理情况**

为进一步了解和掌握四大领域政府立法在立法性质上的基本分布情况，课题组又分领域对上海市现行有效的 266 件政府规章进行了梳理。具体梳理结果如下（见图 4）：

1. 关于经济领域的梳理结果

经梳理，上海市现行有效的属于经济领域的 60 件政府规章，在立法性质上的基本分布情况如下：**一是**属于实施性立法的有 35 件，占比为 58.33%。其中，包括有上位法依据，但是在具体内容上存在增设相对人义务的政府规章 1 件，即：《上海市活禽交易管理办法》，在实施性立法中的占比为 2.86%。**二是**制定时无上位法依据，属于创制性立法，但是目前相关上位法已经出台的政府规章 5 件，占比为 8.33%。**三是**目前依然没有相应上位法依据，属于创制性立法的

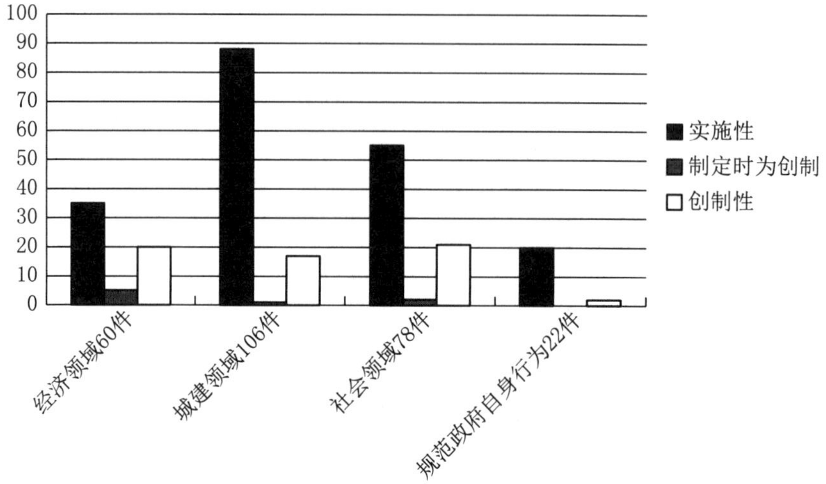


**图 4　各领域立法性质对比分布**

政府规章共有 20 件，占比为 33.33%。

2. 关于城建领域的梳理结果

经梳理，上海市现行有效的属于城建领域的 106 件政府规章，在立法性质上的具体分布情况如下：**一是**属于实施性立法的有 88 件，占比为 83.02%。其中，包括有上位法依据，但是在具体内容上存在增设相对人义务的政府规章 5 件，具体包括：《上海市实施〈中华人民共和国环境影响评价法〉办法》《上海市餐厨废弃油脂处理管理办法》《上海市建筑垃圾和工程渣土处置管理办法》《上海市建筑玻璃幕墙管理办法》《上海市居住房屋租赁管理办法》，在实施性立法中的占比为 5.68%。**二是**制定时无上位法依据，属于创制性立法，但是目前相关上位法已经出台的政府规章 1 件，即《上海市深井管理办法》，占比为 0.94%。**三是**属于创制性立法的政府规章共有 17 件，占比为 16.04%。

3. 关于社会领域的梳理结果

经梳理，上海市现行有效的属于社会领域的 78 件政府规章，在立法性质上的具体分布情况如下：**一是**属于实施性立法的共有 55 件，占比为 70.52%。其中，包括有上位法依据，但是在具体内容上存在增设相对人义务的政府规章 6 件，即：《上海市食品安全追溯管理办法》《上海市生活饮用水卫生监督管理办法》《上海市非机动车管理办法》《上海市生猪产品质量安全监督管理办法》《上海市集体用餐配送监督管理办法》《上海市社会公共安全技术防范管理办法》，在实施性立法中的占比为 10.91%。另外，还有 1 件属于增加行政管理部门权限的政府规章，即《上海市公共场所人群聚集安全管理办法》，在实施性立法中占比为 1.82%。**二是**制定时无上位法依据，属于创制性立法，但是目前相关上位法已经出台的政府规章 2 件，占比为 2.56%。**三是**属于创制性立法的政府规章共有 21 件，占比为 26.92%。

4. 关于规范政府自身行为领域的梳理结果

经梳理，上海市现行有效的属于规范政府自身行为的 22 件政府规章，在立法性质上的具体分布情况如下：**一是**属于实施性立法的政府规章共有 20 件，占比为 90.91%。**二是**属于创制性立法的政府规章，共有 2 件，占比为 9.09%。

### （三）按立法性质梳理的情况

为更加细致地了解和掌握实施性立法和创制性立法的具体构成情况，课题组又按照立法的性质对上海市现行有效的 266 件政府规章进行了梳理。具体梳理结果如下：

1. 关于实施性立法的梳理结果（见图 5）

上海市现行有效的属于实施性立法的 198 件政府规章，经进一步的梳理，在上位法依据方面的具体情况如下：**一是**以法律为制定依据的 29 件，占比为 14.65%，其中，经济领域 6 件、城建领域 7 件、社会领域 10 件、规范政府自身行为领域 6 件。**二是**以法律、行政法规为制定依据的 28 件，占比为 14.14%，其中，经济领域 5 件、城建领域 6 件、社会领域 9 件、规范政府自身行为领域 8 件。**三是**以法律、地方性法规为制定依据的 25 件，占比为 12.63%，其中，经济领域 3 件、城建领域 15 件、社会领域 6 件、规范政府自身行为领域 1 件。**四是**以法

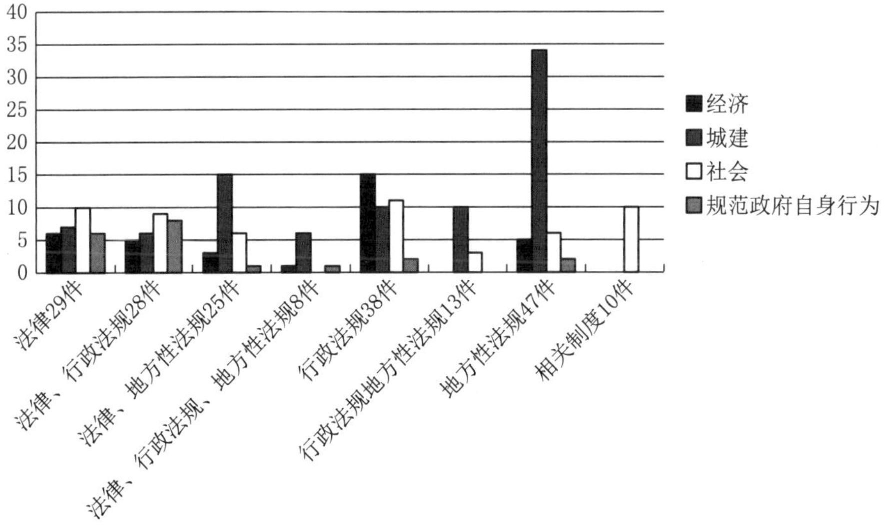


**图 5　实施性政府规章立法依据分布**

律、行政法规、地方性法规为制定依据的 8 件，占比为 4.04%，其中，经济领域 1 件、城建领域 6 件、社会领域 0 件、规范政府自身行为领域 1 件。**五是**以行政法规为制定依据的 38 件，占比为 19.19%，其中，经济领域 15 件、城建领域 10 件、社会领域 11 件、规范政府自身行为领域 2 件。**六是**以行政法规、地方性法规为制定依据的 13 件，占比为 6.57%，其中，经济领域 0 件、城建领域 10 件、社会领域 3 件、规范政府自身行为领域 0 件。**七是**以地方性法规为制定依据的 47 件，占比为 23.74%，其中，经济领域 5 件、城建领域 34 件、社会领域 6 件、规范政府自身行为领域 2 件。**八是**以相关制度规定作为制定依据的有 10 件，占比为 5.05%，主要是社会领域中有关社会救助、社会保险的政府规章。

2. 对创制性立法的梳理情况（见图 6）

对于上海市现行有效的属于创制性立法的 60 件政府规章，经进一步梳理，经济领域有 20 件，占比为 33.33%，城建领域有 17 件，占比为 28.33%，社会领域有 21 件，占比为 35%，规范政府自身行为领域有 2 件，占比为 3.34%。

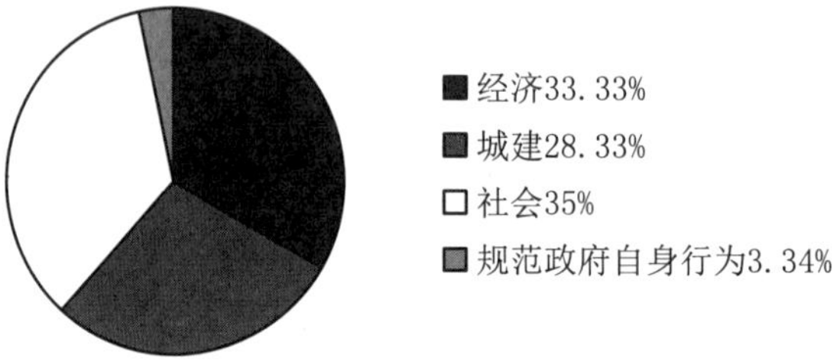


**图 6 创制性立法比例**

经分析，课题组认为，这 60 件属于创制性立法的政府规章可以分为两种情况：**一是属于政府自主性立法的共有 40 件，在属于创制性立法的政府规章中的占比为 66.67%。其中，经济领域有 7 件，**在经济领域创制性立法中的占比为 35%。具体包括：《上海市设备监理管理办法》《上海市禁止制造销售使用简陋锅炉和非法改装常压锅炉的规定》《上海市撤制村、队集体资产处置暂行办法》《上海市商品条码管理办法》《上海市组织机构代码登记管理办法》《上海市金山——吴泾乙烯管线保护办法》《上海市外商投资企业投诉及处理办法》。**城建领域的 17 件创制性立法全部属于这种情况，**具体包括：《上海市道路指示牌管理规定》《上海市贷款道路建设车辆通行费征收管理办法》《上海市内环高架路和南北高架路专营管理办法》《上海市延安高架路专营管理办法》《上海市徐浦大桥专营管理办法》《上海市沪嘉高速公路专营管理办法》《上海市打浦路隧道、南浦大桥和杨浦大桥专营管理办法》《上海市延安东路隧道专营管理办法》

《关于出售公有住房的暂行办法》《上海市城市网格化管理办法》《上海市建设工程文明施工管理规定》《上海市城市道路架空线管理办法》《上海市城市道路与地下管线施工管理暂行办法》《上海市南京路步行街综合管理暂行规定》《上海市农村村民住房建设管理办法》《上海市城市雕塑建设管理办法》《上海市城市道路与地下管线施工管理暂行办法的补充规定》。**社会领域共有14件，在社会领域创制性立法中的占比为66.67%**，具体包括：《上海市居住证管理办法》《上海市实有人口服务和管理若干规定》《上海市集中空调通风系统卫生管理办法》《上海市门弄号管理办法》《上海市婚姻介绍机构管理办法》《上海市公共文化馆管理办法》《上海市港澳居民及华侨暂住证管理办法》《上海市爱国卫生工作管理规定》《上海市体育场所管理办法》《上海市除四害工作管理暂行规定》《上海市引进国外专家暂行办法》《上海市职业介绍管理暂行规定》《上海市蓝印户口管理暂行规定》《上海市仓库防火管理规定》。**规范政府自身建设领域的2件创制性立法也全部属于这种情况**，即《上海市行政执法证管理办法》《上海市人民政府关于市人民政府奖励工作审批手续的补充规定》。

**二是属于先行先试性的立法，即非属国家专属立法权限，但国家和上海市人大均未立法，而市政府根据上海市改革发展和城市管理的实际需要而先行探索的立法，共有20件**，在属于创制性立法的政府规章中的占比为33.33%。主要分布在经济领域和社会领域。其中，**经济领域共有13件，在经济领域创制性立法中的占比为65%**。具体包括：《上海市展览业管理办法》《上海市食用农产品安全监管暂行办法》《上海市临港地区管理办法》《上海市设备监理管理办法》《上海市化学工业区管理办法》《上海浦东机场综合保税区管理办法》《上海市长兴岛开发建设管理办法》《洋山保税港区管理办法》《上海市出口加工区管理办法》《上海市促进张江高科技园区发展的若干规定》《上海市陆家嘴金融贸易中心区综合管理暂行规定》《上海市股份合作制企业暂行办法》《上海市外高桥保税区人员和车辆入出管理办法》。**社会领域共有7件，在社会领域创制性立法中的占比为33.33%**，具体是指《上海市公共场所外国文字使用规定》《上海市公共图书馆管理办法》《上海市医患纠纷预防与调解办法》《上海国际旅游度假区管理办法》《上海市企业欠薪保障金筹集和垫付的若干规定》《上海市见义勇为人员奖励和保护办法》《上海市社会救助办法》。

3. 关于制定时无上位法依据，属于创制性立法，但是，目前相关上位法已经出台的8件政府规章的梳理情况

**一是属于政府自主性立法的共有6件**。其中，**经济领域有3件**，即《上海市城市电网建设和供电用电管理暂行规定》《上海市个体工商户管理规定》《上海市技术合同登记管理暂行办法》。**城建领域1件**，即《上海市深井管理办法》。

**社会领域**2件，即《上海市仓库防火管理规定》和《上海市露天仓库消防安全管理规定》。**二是属于先行先试性的政府立法共有**2件，均属于经济领域，即《上海市企业信用征信管理试行办法》《上海市个人信用征信管理试行办法》。

## 三、评估结论

### （一）总体评估结论

通过从不同角度的梳理与分析，课题组对上海市现行有效政府规章的总体性评估判断结论如下：

**一是以实施性立法为主**，占比达到74.44%，接近现行有效政府规章总量的四分之三，而实施性立法中增设相对人义务或增加行政机关权限的政府规章只有13件，在实施性立法数量中占比6.57%。因此，按照新修订《立法法》的要求，需要地方人民代表大会立法授权的政府规章数量并不大。

**二是创制性立法中以自主性立法为主**，占比达到66.67%，是创制性立法数量的三分之二，而其余的属于先行先试性立法的政府规章中还有部分属于因改革或城市管理实际需要而出台的过渡性的规定，因此，需要上升为地方性法规的政府规章数量并不多。

**三是立法的修订与废止总体上比较及时**。1989年，《中华人民共和国行政诉讼法》颁布以后，上海市在全市层面开展政府规章清理工作共计14次（见表2）。

**表2 上海市政府规章清理情况一览表**

| 序号 | 年份 | 文号 | 文件名称 | 清理对象 |
|---|---|---|---|---|
| 1 | 1989 | 沪府办发〔1989〕86号 | 关于清理本市政府规章的通知 | 与《中华人民共和国行政诉讼法》不相一致的规定 |
| 2 | 1993 | 召开清理工作会议，未发文 | 与《全民所有制工业企业转换经营机制条例》颁布实施相关的清理 | 与该《条例》不相一致的规定 |
| 3 | 1996 | 沪府发〔1996〕22号 | 上海市人民政府转发《国务院关于贯彻实施〈中华人民共和国行政处罚法〉的通知》的通知 | 与《中华人民共和国行政处罚法》不相一致的规定 |
| 4 | 2000 | 沪府办发〔2000〕33号 | 上海市人民政府办公厅关于开展市政府规章清理工作的通知 | 全面清理 |

续表

| 序号 | 年份 | 文　　号 | 文　件　名　称 | 清　理　对　象 |
|---|---|---|---|---|
| 5 | 2001 | 市委发文 | 与我国加入世界贸易组织相关的清理 | 与世界贸易组织相关法律文件不相一致的规定 |
| 6 | 2003 | 沪府发〔2003〕73号 | 上海市人民政府做好本市贯彻实施《行政许可法》准备工作的通知 | 与《中华人民共和国行政许可法》不相一致的规定 |
| 7 | 2003 | 市计划委员会、市政府法制办牵头 | 招标投标专项清理 | 与《中华人民共和国招标投标法》不相一致的规定 |
| 8 | 2006 | 沪府办〔2006〕19号 | 上海市人民政府办公厅关于本市开展清理限制非公有制经济发展规定工作的通知 | 清理限制非公经济发展的规定 |
| 9 | 2007 | 沪府办〔2007〕26号 | 上海市人民政府办公厅关于开展市政府规章清理工作的通知 | 全面清理 |
| 10 | 2010 | 沪府办发〔2010〕23号 | 上海市人民政府办公厅关于做好本市规章、规范性文件清理工作的通知 | 全面清理 |
| 11 | 2011 | 沪府办发〔2011〕53号 | 上海市人民政府办公厅关于开展本市规章、规范性文件中有关行政强制规定专项清理工作的通知 | 与《中华人民共和国行政强制法》不相一致的规定 |
| 12 | 2012 | 沪府法〔2012〕35号 | 关于对本市有关规章和规范性文件进行清理的通知 | 与《国务院关于修改和废止部分行政法规的决定》相关的清理 |
| 13 | 2013 | 沪府办〔2013〕75号 | 上海市人民政府办公厅关于本市开展规章和规范性文件设定行政许可清理工作的通知 | 与规章、规范性文件设定行政许可相关的清理 |
| 14 | 2014 | 沪府办〔2014〕82号 | 上海市人民政府办公厅关于开展行政审批清理中取消调整事项所涉及的本市地方性法规和政府规章清理工作的通知 | 与历年行政审批清理相关的清理 |

从清理类型来看，2000 年、2007 年和 2010 年的 3 次为全面清理，即对所有现行有效的政府规章进行清理；其余 12 次都是专项清理，即对现行有效的部分政府规章进行的清理，占 74%。

从清理情形[①]来看，包括：一是主要内容与上位法的规定存在不一致；二是上位法已被废止或者修改；三是主要内容已被新的法律法规或者规章替代；四是主要内容已明显不适应经济社会发展要求；五是适用期已过或者调整对象已经消失；六是对同一情形的规范，不同规范之间不一致；七是实际操作性不强等。

从清理频次来看，从 1990 年到 2010 年期间，上海市开展全市性政府规章清理工作的频次基本保持在三年左右一次。但自 2010 年以来的五年里，政府规章清理次数达 6 次之多，几乎每年都有较大规模的清理活动。

由于上海市对政府规章的清理频次较高、清理内容较为全面、清理结果处理及时，因此，从整体上看，目前上海市现行有效政府规章中需要修订或废止的数量并不大。

**四是“僵尸性”立法数量较少**。统计数据显示：现行有效的政府规章在上海市行政执法实践中不太使用的比例仅为 1.12%，比例很低。同时，调研中，行政执法部门明确提出作为行政执法依据的政府规章与执法实际需求或社会改革、发展实际不相符合的情况也较少。这与上海市政府立法部门能够根据上位法出台或修订的情况，对上海市制定出台的政府规章及时进行修订或废止是分不开的。因此，从整体上来看，上海市现行有效的政府规章中“僵尸性”立法的数量较少，故需要在近期内废止或修订的政府规章比例也会较小。

### （二）分领域的评估结论

为更加具体地为上海市人大“十三五”及更长一段时间内的立法规划提供数据支撑，更加合理地分配上海市的地方立法资源，根据梳理与分析情况，课题组分别对上海市四大领域政府规章的现状作出如下评估结论：

**一是城建领域的政府立法相对成熟**。从立法数量上来看，城建领域政府规章的数量最多，有 106 件，占比接近 40%，排在第一位。

从立法性质来看，城建领域实施性立法的比例达到 83.02%，而且 17 件创制性立法全部是自主性立法。

从与地方性法规的配套情况来看，上海市属于城建领域的地方性法规的数量为 54 件，政府规章中属于实施性立法的件数为 88 件，政府规章的数量是地方性法规的 1.6 倍，而政府规章的制定依据为地方性法规或上位法依据中包括

① 有时也称清理对象，是指清理所针对的具体情形。

地方性法规的有 65 件，占比为 73.86%。也就是说，在城建领域，基本实现了每一部地方性法规都保证有 1 件政府规章作为实施性配套。

从立法具体内容来看，内容涵盖了交通、环保、水务（海洋）、市容绿化、房屋管理、基础建设、规划国土、民防建设等领域，可以说，全面涵盖了上海市目前城市建设的各个领域。

综上，课题组认为，在四大领域中，城建领域需要上海市人大授权或上升为地方性法规的政府规章数量预计相对比较少。

**二是经济领域的政府立法，创制性尤其是先行先试性立法的比例相对较高，与地方性法规的配套比例较低。**

从创制性立法在各自领域所占的比例来看，创制性立法在经济领域中所占的比例是 33.33%，如果加上制定时属于创制性立法的 5 件，比例已经超过了 40%，是最高的；而城建、社会和政府自身建设三个领域创制性立法在各自领域的占比分别为 16.04%、26.92% 和 9.09%。

从经济领域自身创制性立法的构成来看，先行先试性的立法比例高达 65%。从四大领域先行先试性立法的分布情况来看，经济领域所占比例也是 65%，远远超过了社会领域 35% 的先行先试性立法的比例。

由于创制性立法的比例较高，上海市经济领域政府规章与地方性法规的配套比例相对较低。在 35 件实施性政府规章中，制定依据为地方性法规或包含地方性法规的数量为 9 件，而上海市经济领域的地方性法规数量为 42 件。目前，上海市经济领域中属于实施性立法的政府规章，实际上是以贯彻执行法律和行政法规的情况为主，制定依据中包含法律和行政法规的数量为 27 件，其中，直接以法律为制定依据的有 6 件，单独以行政法规为依据的有 15 件。

通过上述几组数据的对比分析，课题组认为，上海市经济领域现有政府规章的现状，既体现了经济领域立法以国家立法为主的特点，也如实地反映了上海市作为我国经济体制改革开放前沿城市的角色定位。因此，课题组认为，在未来的几年中，上海市经济领域先行先试性立法数量较多的现状并不会有太大的改变，而且在数量上不会减少，完全可能会因为经济改革的实际需要而有所增加。但是，由于目前上海市经济领域的这些先行先试性立法，更多的是针对某一经济领域或某一特殊地域在管理方式或模式方面的探索与尝试，因此，上升为地方性法规的需求并不是非常迫切。

**三是社会领域的政府立法情况最为复杂，实施性立法中增设相对人义务的情况相对较多。**从创制性立法所占的比例来看，社会领域的创制性立法的数量为 21 件，在全部创制性立法中的占比为 35%，排在第一位。但是，在这 21 件创制性立法中，自主性立法有 14 件，占比为三分之二，先行先试性的立法有 7

件，占比为三分之一，而这三分之一先行先试性的政府规章，从立法内容上来看，基本都不属于地方政府的立法权限范围。

从与地方性法规的配套情况来看，社会领域地方性法规的数量为69件，政府规章中属于实施性立法的数量为55件，政府规章不但在数量上少于地方性法规，而且仅以地方性法规为制定依据的政府规章只有6件，占比为10.90%，制定依据中包括地方性法规的政府规章数量为9件，占比为16.36%，两者合计为27.26%。其他超过70%的政府规章的制定依据是法律、行政法规及相关制度，其中，以国家相关制度规定为依据的政府规章达到10件，占比为18.18%，也就是说，上海市社会领域政府规章更多的是贯彻实施国家层面的法律制度。

从实施性立法中存在增设相对人义务、减损相对人权利或增加行政机关权限的情况来看，在四大领域中，涉及的政府规章共有13件，其中，社会领域有7件，占比达到53.85%，该类政府规章在社会领域实施性立法中的占比为12.73%，而经济领域中的1件和城建领域的5件在各自领域的占比分别只有2.86%和5.68%。

综上，课题组认为，在四大领域中，社会领域实施性立法中需要地方性法规予以授权的情况预计相对较多，而先行先试性政府规章中需要上升为地方性法规的数量预计也相对较多，从整体上来看，社会领域立法，无论是制定或修订的任务，都相对较为繁重。

**四是规范政府自身行为的政府立法需要加强**。从立法数量上来看，规范政府自身行为的政府规章有22件，占比不到10%，只有8.27%。

从与地方性法规的配套情况来看，规范政府自身行为的地方性法规的数量为6件，而以地方性法规为制定依据或制定依据中包括地方性法规的规范政府自身行为的政府规章有4件，配套比例非常高。但是，从整体上来讲，规范政府自身行为的政府规章还是主要以贯彻执行法律和行政法规为主，尤其是法律，达到15件。

从制定时间来看，上海市“十二五”“十一五”和“十五”期间，即2000年以后，制定发布的规范政府自身行为政府规章的比例为63.64%，20世纪90年代制定发布的比例为31.82%，20世纪90年代前制定出台的只有1件。

综上，课题组认为，随着法治国家、法治政府、法治社会建设的不断推进，对政府共同行为的规范会日趋严格和精细化，因此，政府将会加强规范自身行为的立法工作，带头将政府的建设纳入法治化的轨道，规范政府自身行为领域的政府规章比例将会有所提升。

## 四、评估处理建议

在对上海市现行有效的 266 件政府规章进行梳理与分析的基础上，经对照《立法法》及本课题确定的评估指标，课题组对上海市现行有效政府规章的总体评估建议分为如下三个层次（见图 7）：

**一是**保持不变。课题组认为，197 件现行有效的政府规章总体上符合一级评估指标合法性、同步性和有效性的要求，可保持不变，占比为 74.06%。

**二是**由上海市政府提请上海市人大制定地方性法规或由地方性法规予以授权。需要通过该途径予以处理的政府规章共有 39 件，占比为 14.66%。包括：需要上升为地方性法规的政府规章 22 件，需要地方性法规予以授权的政府规章 17 件。

**三是**由上海市政府按照法定程序进行修订或废止，涉及的政府规章共 30 件，占比为 11.28%。包括：需要修订的政府规章 14 件，需要废止的政府规章 16 件。

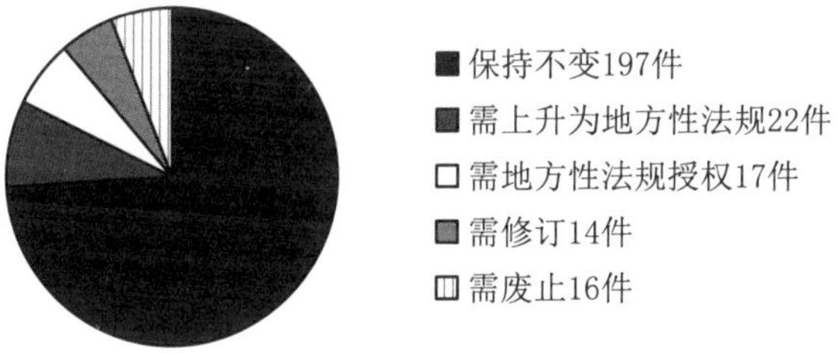


**图 7　评估处理建议**

具体评估处理建议如下：

### （一）上升为地方性法规（22 件）

经评估，课题组认为，需要上升为地方性法规的政府规章共有 22 件，占比为 8.27%。课题组建议分两种情况处理：一是一件政府规章上升为一件地方性法规；二是两件以上政府规章合并上升为一件地方性法规。

1. 需要单件上升的政府规章共 17 件

其中，属于创制性立法的有 11 件，全部为先行先试性的政府规章，在先行性立法中的占比为 55%。具体包括（见图 8）：**经济领域 4 件，**即《上海市展览业管理办法》《上海市食用农产品安全监管暂行办法》《上海市促进张江高科技园区发展的若干规定》《上海市陆家嘴金融贸易中心区综合管理暂行规定》；**社**

**会领域7件**，即《上海市公共场所外国文字使用规定》《上海市医患纠纷预防与调解办法》《上海国际旅游度假区管理办法》《上海市企业欠薪保障金筹集和垫付的若干规定》《上海市见义勇为人员奖励和保护办法》《上海市社会救助办法》《上海市公共图书馆管理办法》。**属于实施性立法的6件**，具体包括：**经济领域1件**，即《上海市无线电管理办法》；**城建领域3件**，即《上海市节约用水管理办法》《上海市促进生活垃圾分类减量办法》《上海市海域使用管理办法》；**社会领域2件**，即《上海市沿海边防治安管理办法》和《上海市公共场所人群聚集安全管理办法》。

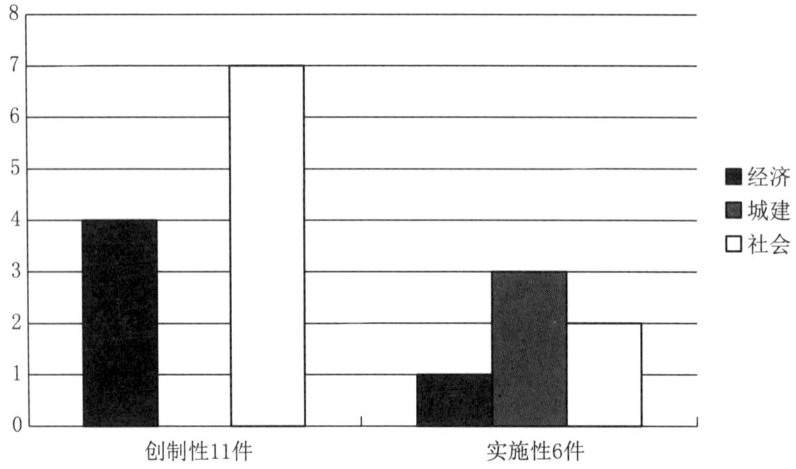


**图8 单件政府规章需上升的领域分布情况**

课题组认为，这17件政府规章需要上升为地方性法规的理由，可以分为以下四种：

**一是**存在超越设定权，有减损行政相对人权利、增加义务或增加行政管理部门权力的情况。包括：《上海市无线电管理办法》《上海市节约用水管理办法》《上海国际旅游度假区管理办法》《上海市公共场所人群聚集安全管理办法》4件。

**二是**从实际行政执法工作需要的角度出发，现行政府规章规定的行政管理手段，不足以满足行政管理实际需要。包括：《上海市促进张江高科技园区发展的若干规定》《上海市陆家嘴金融贸易中心区综合管理暂行规定》《上海市海域使用管理办法》《上海市沿海边防治安管理办法》4件。

**三是**作为创制性立法的政府规章，在内容上已超出政府行政管理范畴，属于社会性的立法内容，由地方人民代表大会立法更为合适，包括：《上海市展览业管理办法》《上海市食用农产品安全监管暂行办法》《上海市企业欠薪保障金筹集和垫付的若干规定》《上海市促进生活垃圾分类减量办法》《上海市医患纠纷预防与调解办法》《上海市见义勇为人员奖励和保护办法》《上海市社会救助办法》7件政府规章。

**四是**实施性立法直接以法律为上位法依据，但所规定内容已超出政府管理范围，包括《上海市公共场所外国文字使用规定》和《上海市公共图书馆管理办法》2件政府规章。

2. 需要合并上升的政府规章共5件

这些规章均属于社会领域，具体是指《上海市爱国卫生工作管理规定》《上海市除四害工作管理暂行规定》《上海市露天仓库消防安全管理规定》和《上海市仓库防火管理规定》4件创制性政府规章，以及《上海市水上消防监督管理办法》1件实施性政府规章。

课题组认为，这5件政府规章需要合并上升为地方性法规的理由，主要是因为所涉及领域的政府规章制定时间较早，内容规定比较分散，不利于统一规范管理。

对于这5件政府规章，课题组认为，主要是通过以下两种途径予以合并上升：

**一是**通过制定新的地方性法规将现有规章内容予以合并，即建议：在制定《上海市公共卫生条例》（建议名称）时，将《上海市爱国卫生工作管理规定》和《上海市除四害工作管理暂行规定》的相关内容予以吸收合并；**二是**通过修订地方性法规将现有规章中的内容予以吸收，即在修订《上海市消防条例》时，将《上海市水上消防监督管理办法》《上海市仓库防火管理规定》和《上海市露天仓库消防安全管理规定》中的有关内容予以吸纳。

### （二）需要地方性法规授权（17件）

1. 领域分布

经评估，课题组认为，需要地方性法规授权的政府规章共有17件，占比为6.39%。其中，13件为实施性立法，3件制定时为创制性立法、现上位法虽已出台、但规章中的创制性规定仍然没有上位法的明确授权，1件为创制性立法。具体情况（见图9）：**经济领域4件**，即《上海市活禽交易管理办法》《上海市企业信用征信管理试行办法》《上海市个人信用征信管理试行办法》《上海市公共信用信息归集和使用管理办法》；**城建领域6件**，具体包括：《上海市实施〈中华人民共和国环境影响评价法〉办法》《上海市深井管理办法》《上海市餐厨废弃油脂处理管理办法》《上海市建筑垃圾和工程渣土处置管理办法》《上海市居住房屋租赁管理办法》《上海市建筑玻璃幕墙管理办法》；**社会领域7件**，具体包括:《上海市食品安全追溯管理办法》《上海市生活饮用水卫生监督管理办法》《上海市非机动车管理办法》《上海市集体用餐配送监督管理办法》《上海市生猪产品质量安全监督管理办法》《上海市社会公共安全技术防范管理办法》6件实施性立法，和《上海市集中空调通风系统卫生管理办法》1件创制性立法。

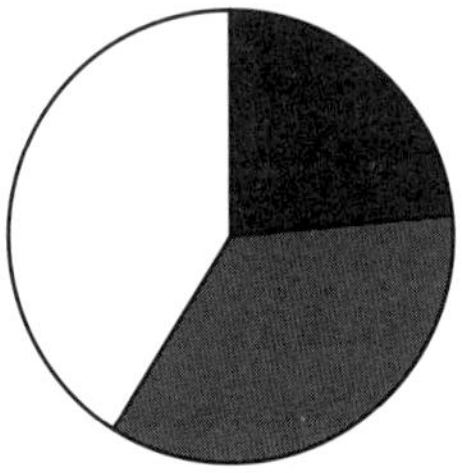


**图9　需要地方性法规授权的政府规章领域分布情况**

2. 需要授权的理由

课题组认为，这17件政府规章需要地方人民代表大会通过地方性法规予以授权的理由主要有两个：**一是**作为实施性立法的政府规章中存在增设了相对人义务、减损相对人权利的创制性条款；**二是**属于创制性立法的政府规章中存在增设相对人义务的条款，但整件规章不足以上升为地方性法规。

3. 授权的方式

对于这17件需要地方性法规授权的政府规章，课题组认为，主要可以通过两种方式实现：

**一是**提请人民代表大会通过制定新的地方性法规进行授权，涉及的具体政府规章5件。其中，《上海市集中空调通风系统卫生管理办法》，作为创制性立法中的自主性立法，存在增设相对人义务的规定，但整体上升为地方性法规的意义不大。而《上海市生活饮用水卫生监督管理办法》作为实施性立法，其上位法依据为法律，没有相应的地方性法规作为上位法依据，因此，建议在制定《上海市公共卫生条例》中对这两件政府规章中的有关规定予以授权。另外，《上海市企业信用征信管理试行办法》《上海市个人信用征信管理试行办法》《上海市公共信用信息归集和使用管理办法》3件政府规章中增设相对人义务的规定，需要在制定《上海市信用征信条例》时予以授权。

**二是**提请人民代表大会在相应的地方性法规中增设条款给予授权，其他12件政府规章均属于这种情况。也就是说，这些政府规章有相应的上位法依据，但是现行有效政府规章中的创制性条款缺少相应上位法的明确授权。

这12件需要授权的政府规章，涉及的现行有效的地方性法规共有9件，具体对应情况如下：

**一是**一件政府规章对应一件地方性法规，涉及的地方性法规有7部，即《上海市活禽交易管理办法》对应《上海市动物防疫条例》;《上海市深井管理办法》对应《上海市实施〈中华人民共和国水法〉办法》;《上海市实施〈中华人民共和国环境影响评价法〉办法》对应《上海市环境保护条例》;《上海市居住房屋租赁管理办法》对应《上海市房屋租赁条例》;《上海市建筑玻璃幕墙管理办法》对应《上海市物业管理条例》;《上海市非机动车管理办法》对应《上海市道路交通管理条例》;《上海市社会公共安全技术防范管理办法》对应《上海市社会治安综合治理条例》。

**二是**两件以上政府规章对应一部地方性法规。涉及的地方性法规有2部，即:《上海市餐厨废弃油脂处理管理办法》《上海市建筑垃圾和工程渣土处置管理办法》2件政府规章，需要由《上海市市容环境卫生管理条例》授权;《上海市食品安全追溯管理办法》《上海市生猪产品质量安全监督管理办法》和《上海市集体用餐配送监督管理办法》3件政府规章，需要由《上海市实施〈中华人民共和国食品安全法〉办法》授权。

### （三）需要修订（14件）

1. 领域分布（见图10）

经评估，课题组认为，需要修订的政府规章共有14件，占比为5.26%。其中，13件为实施性立法，1件为创制性立法。具体情况：经济领域的3件，即《上海市危险化学品安全管理办法》《上海科技馆捐赠办法》《上海市公用电话管理办法》；城建领域的4件，具体包括:《上海市道路指示牌管理规定》《上海市饮食服务业环境污染防治管理办法》《上海市房地产抵押办法》《上海市邮票和集邮品管理办法》；社会领域的1件，即《上海市印章刻制业治安管理办法》；规范政府自身建设6件，具体包括:《上海市政府采购管理办法》《上海市罚没财物管理办法》《上海市预算执行情况审计监督暂行办法》《上海市政府系统非常设机构管理暂行规定》《上海市行政规范性文件制定和备案规定》《上海市县

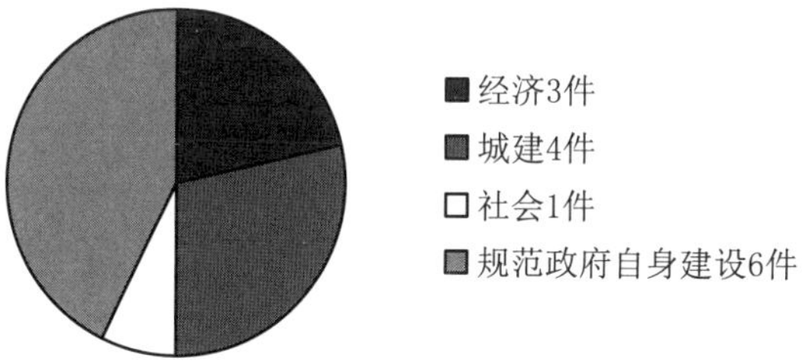


**图10　需要修订的政府规章领域分布情况**

级以上地方各级人民政府任免工作人员暂行办法》。

2. 需要修订的理由

课题组认为，这 14 件政府规章需要修订的理由主要有四个：**一是**不属于地方政府规章权限调整的范围。比如:《上海市房地产抵押办法》内容涉及的民事事项,《上海市邮票和集邮品管理办法》规范的一些行为属于市场行为。**二是**存在与上位法不一致的地方，比如:《上海市危险化学品安全管理办法》《上海市饮食服务业环境污染防治管理办法》《上海市印章刻制业治安管理办法》等上位法作了修订，政府规章中的有关规定出现与上位法不一致的地方。**三是**立法中规范的具体事务，发生了变化，已不适应经济社会发展和改革创新的实际需要。比如:《上海市道路指示牌管理规定》《上海市公用电话管理办法》《上海市政府采购管理办法》《上海市罚没财物管理办法》《上海市预算执行情况审计监督暂行办法》《上海市政府系统非常设机构管理暂行规定》《上海市行政规范性文件制定和备案规定》《上海市县级以上地方各级人民政府任免工作人员暂行办法》。**四是**原规章内容过于分散，需要通过制定新的政府规章将有关内容予以吸纳。比如:《上海科技馆捐赠办法》。

3. 修订的方式

对于需要修订的规章，作出修订的方式，一般来说主要有两种：**一是**按照简易程序修订，也叫“一揽子修订”或者“打包”修订。这是通行做法，即通过专门会议审议作出修订的决定，并将需要修订的政府规章条文放在一个修订决定中。比如：2010 年清理工作完成后，上海市政府于 2010 年 12 月 20 日以第 52 号政府令形式发布了《上海市人民政府关于修改〈上海市农机事故处理暂行规定〉等 148 件市政府规章的决定》。**二是**报请专门立项修改，即对一些需要修订但因条件不具备而暂缓修改的，作出适时修订的安排，专门立项修订，按照规定程序进行，并在修订后，按照规章公布程序向社会公布。比如：2007 年，上海市政府法制办经对当时有效的 357 件政府规章进行清理后，决定废止 70 件，宣布失效 4 件，修改 6 件、保留 283 件。但是，认为保留的 283 件中有 132 件存在与上位法不相一致或者与实际不相适应等问题需要修改，然而因为修改涉及管理体制、管理职能分工调整等，需要进一步研究、论证和协调，就明确在今后工作中有计划地逐步修改完善。这也是以往的通常做法。对于本次梳理中认为需要修订的这 14 件政府规章，课题组认为，除《上海科技馆捐赠办法》需要专门立项修订外，其他 13 件均可以适用简易修订程序。

**（四）需要废止（16 件）**

1. 领域分布情况（见图 11）

经评估，课题组认为，需要废止的政府规章共有 16 件，占比为 6%。其中，

11 件为实施性立法，5 件为创制性立法。具体情况：**经济领域的 5 件**，其中《上海市农机事故处理暂行规定》《上海市关于管理外国企业常驻代表机构的规定（试行）》2 件为实施性立法，《上海浦东机场综合保税区管理办法》《上海市个体工商户管理规定》《上海市外高桥保税区人员和车辆入出管理办法》3 件为创制性立法；**城建领域的 4 件**，具体包括：《上海市贷款道路建设车辆通行费征收管理办法》1 件创制性立法，《上海港口专用码头管理办法》《上海市排水设施使用费征收管理办法》《关于上海市深井管理办法的补充规定》3 件实施性立法；**社会领域的 7 件**，具体包括：《上海市一次性使用无菌医疗器械监督管理若干规定》《上海市著作权管理若干规定》《上海市教育督导规定》《上海市港澳居民及华侨暂住证管理办法》《上海市城镇个体工商户及其帮工养老保险办法》《上海市机关事业单位基本养老保险费统筹暂行办法》6 件实施性立法，以及《关于控制本市人口机械增长若干问题的试行规定》1 件创制性立法。

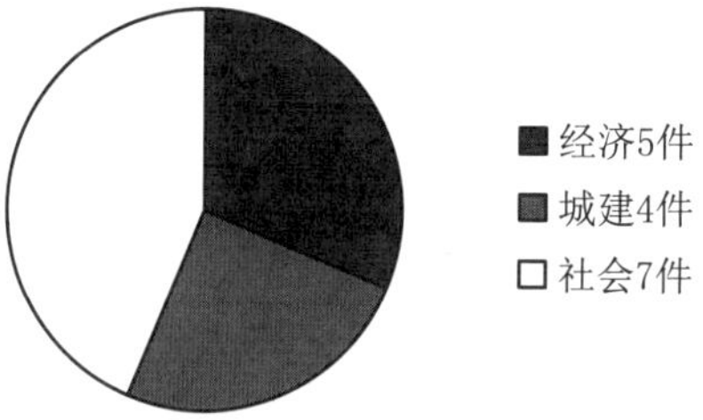


**图 11　需要废止政府规章领域分布情况**

2. 需要废止的理由

课题组认为，这 16 件政府规章需要废止的理由主要有四个：**一是**与改革发展不相适应。比如：《上海浦东机场综合保税区管理办法》，属于先行先试性立法，目前综合保税区管委会已被自贸试验区管委会取代。另外，还包括：《上海市农机事故处理暂行规定》《上海市关于管理外国企业常驻代表机构的规定（试行）》《上海市外高桥保税区人员和车辆入出管理办法》。**二是**相关立法内容被新出台的上位法取代。比如：《上海市个体工商户管理规定》，2011 年《个体工商户条例》出台，原《城乡个体工商户管理暂行条例》被替代，从内容上全面覆盖了原办法。另外，还包括：《上海市一次性使用无菌医疗器械监督管理若干规定》《上海市教育督导规定》。**三是**立法内容不属于政府规章的立法范畴。比如：《上海市著作权管理若干规定》的主要内容涉及基本民事法律关系。**四是**作为政府具体管理事项，管理理念与管理方式已发生变化，被列入清理对象。比如：《上海市贷款道路建设车辆通行费征收管理办法》《上海港口专用码头管理办法》《上海市排水设施使用费征收管理办法》《上海市城镇个体工商户及其帮工养老保险办法》《上海市机关事业单位基本养老保险费统筹暂行办法》《关于上海市深井管理办法的补充规定》《上海市港澳居民及华侨暂住证管理办法》《关于控制本市人口机械增长若干问题的试行规定》。

# 附件1　需单件上升的政府规章与地方性法规对应表

| 领域 | 序号 | 规　章　名　称 | 性　质 | 上升为地方性法规的名称 |
|---|---|---|---|---|
| 经济 | 1 | 上海市无线电管理办法 2010-05-01 | 实施性立法 | 上海市无线电管理条例 |
| | 2 | 上海市展览业管理办法 2005-05-01 | 创制性立法 | 上海市会展业条例 |
| | 3 | 上海市食用农产品安全监管暂行办法 2001-09-01 | 创制性立法 | 上海市食用农产品安全监管条例 |
| | 4 | 上海市促进张江高科技园区发展的若干规定 2001-07-05 | 创制性立法 | 上海市促进张江高科技园区发展条例 |
| | 5 | 上海市陆家嘴金融贸易中心区综合管理暂行规定 1998-08-01 | 创制性立法 | 上海市陆家嘴金融贸易中心区综合管理条例 |
| 城建 | 6 | 上海市海域使用管理办法 1994-08-01 | 实施性立法 | 上海市海域使用管理条例 |
| | 7 | 上海市节约用水管理办法 1994-08-01 | 实施性立法 | 上海市节约用水条例 |
| | 8 | 上海市促进生活垃圾分类减量办法 2014-05-01 | 实施性立法 | 上海市促进生活垃圾分类减量条例 |
| 社会 | 9 | 上海市医患纠纷预防与调解办法 2014-01-06 | 创制性立法 | 上海市医患纠纷预防与调解条例 |
| | 10 | 上海市公共场所外国文字使用规定 2015-05-01 | 创制性立法 | 上海市公共场所外国文字使用条例 |
| | 11 | 上海市沿海边防治安管理办法 2013-01-01 | 创制性立法 | 上海市沿海边防治安条例 |
| | 12 | 上海国际旅游度假区管理办法 2011-05-26 | 创制性立法 | 上海国际旅游度假区条例 |
| | 13 | 上海市企业欠薪保障金筹集和垫付的若干规定 2007-10-01 | 创制性立法 | 上海市企业欠薪保障金筹集和垫付条例 |

续表

| 领域 | 序号 | 规 章 名 称 | 性 质 | 上升为地方性法规的名称 |
|---|---|---|---|---|
| 社会 | 14 | 上海市见义勇为人员奖励和保护办法 2002-05-10 | 创制性立法 | 上海市见义勇为人员奖励和保护条例 |
| | 15 | 上海市社会救助办法 1997-01-01 | 创制性立法 | 上海市社会救助条例 |
| | 16 | 上海市公共图书馆管理办法 1997-01-01 | 创制性立法 | 上海市公共图书馆管理条例 |
| | 17 | 上海市公共场所人群聚集安全管理办法 2015-07-01 | 实施性立法 | 上海市公共场所人群聚集安全管理条例 |

# 附件 2 需合并上升的政府规章与地方性法规对应表

| 领域 | 拟并入的地方性法规 | | 政府规章 | | |
|---|---|---|---|---|---|
| | 序号 | 名称 | 序号 | 名称 | 性质 |
| 社会 | 1 | 上海市公共卫生条例（新制定） | 1 | 上海市爱国卫生工作管理规定 1995-09-01 | 创制性立法 |
| | | | 2 | 上海市除四害工作管理暂行规定 1994-05-23 | 创制性立法 |
| | 2 | 上海市消防条例（修订） | 3 | 上海市仓库防火管理规定 1989-10-01 | 创制性立法 |
| | | | 4 | 上海市水上消防监督管理办法 1995-02-01 | 创制性立法 |
| | | | 5 | 上海市露天仓库消防安全管理规定 1984-10-01 | 创制性立法 |

# 附件3 需授权的政府规章与地方性法规对应表

<table>
<tr><th rowspan="2">领域</th><th colspan="2">授权的地方性法规</th><th colspan="3">需要授权的政府规章</th></tr>
<tr><th>序号</th><th>名　称</th><th>序号</th><th>名　称</th><th>性　质</th></tr>
<tr><td rowspan="4">经济</td><td>1</td><td>上海市动物防疫条例</td><td>1</td><td>上海市活禽交易管理办法 2013-06-19</td><td>实施性立法</td></tr>
<tr><td rowspan="3">2</td><td rowspan="3">上海市信用征信条例（尚未制定）</td><td>2</td><td>上海市企业信用征信管理试行办法 2004-02-01</td><td>制定时为创制性立法</td></tr>
<tr><td>3</td><td>上海市个人信用征信管理试行办法 2004-02-01</td><td>制定时为创制性立法</td></tr>
<tr><td>4</td><td>上海市公共信用信息归集和使用管理办法 2016-03-01</td><td>创制性立法</td></tr>
<tr><td rowspan="6">城建</td><td>3</td><td>上海市实施《中华人民共和国水法》办法</td><td>5</td><td>上海市深井管理办法 1979-11-17</td><td>制定时为创制性立法</td></tr>
<tr><td>4</td><td>上海市环境保护条例</td><td>6</td><td>上海市实施《中华人民共和国环境影响评价法》办法 2004-07-01</td><td>实施性立法</td></tr>
<tr><td rowspan="2">5</td><td rowspan="2">上海市市容环境卫生管理条例</td><td>7</td><td>上海市餐厨废弃油脂处理管理办法 2013-03-11</td><td>实施性立法</td></tr>
<tr><td>8</td><td>上海市建筑垃圾和工程渣土处置管理办法 2011-01-01</td><td>实施性立法</td></tr>
<tr><td>6</td><td>上海市房屋租赁条例</td><td>9</td><td>上海市居住房屋租赁管理办法 2014-05-01</td><td>实施性立法</td></tr>
<tr><td>7</td><td>上海市物业管理条例</td><td>10</td><td>上海市建筑玻璃幕墙管理办法 2012-02-01</td><td>实施性立法</td></tr>
<tr><td rowspan="3">社会</td><td rowspan="3">8</td><td rowspan="3">上海市实施《中华人民共和国食品安全法》办法</td><td>11</td><td>上海市食品安全追溯管理办法 2015-10-01</td><td>实施性立法</td></tr>
<tr><td>12</td><td>上海市生猪产品质量安全监督管理办法 2011-05-26</td><td>实施性立法</td></tr>
<tr><td>13</td><td>上海市集体用餐配送监督管理办法 2005-08-11</td><td>实施性立法</td></tr>
</table>

续表

<table>
<tr><th rowspan="2">领域</th><th colspan="2">授权的地方性法规</th><th colspan="3">需要授权的政府规章</th></tr>
<tr><th>序号</th><th>名　　称</th><th>序号</th><th>名　　称</th><th>性　质</th></tr>
<tr><td rowspan="4">社会</td><td rowspan="2">9</td><td rowspan="2">上海市公共卫生条例（尚未制定）</td><td>14</td><td>上海市生活饮用水卫生监督管理办法 2014-05-01</td><td>实施性立法</td></tr>
<tr><td>15</td><td>上海市集中空调通风系统卫生管理办法 2011-12-01</td><td>实施性立法</td></tr>
<tr><td>10</td><td>上海市道路交通管理条例</td><td>16</td><td>上海市非机动车管理办法 2014-03-01</td><td>实施性立法</td></tr>
<tr><td>11</td><td>上海市社会治安综合治理条例</td><td>17</td><td>上海市社会公共安全技术防范管理办法 2001-04-01</td><td>实施性立法</td></tr>
</table>

# 附件4　需要修订的政府规章

| 领　域 | 序号 | 政　府　规　章 | 立法性质 |
|---|---|---|---|
| 经济 | 1 | 上海市危险化学品安全管理办法 | 实施性立法 |
| | 2 | 上海科技馆捐赠办法 | 实施性立法 |
| | 3 | 上海市公用电话管理办法 | 实施性立法 |
| 城建 | 4 | 上海市道路指示牌管理规定 | 创制性立法 |
| | 5 | 上海市饮食服务业环境污染防治管理办法 | 实施性立法 |
| | 6 | 上海市房地产抵押办法 | 实施性立法 |
| | 7 | 上海市邮票和集邮品管理办法 | 实施性立法 |
| 社会 | 8 | 上海市印章刻制业治安管理办法 | 实施性立法 |
| 规范政府自身行为 | 9 | 上海市政府采购管理办法 | 实施性立法 |
| | 10 | 上海市罚没财物管理办法 | 实施性立法 |
| | 11 | 上海市预算执行情况审计监督暂行办法 | 实施性立法 |
| | 12 | 上海市政府系统非常设机构管理暂行规定 | 实施性立法 |
| | 13 | 上海市行政规范性文件制定和备案规定 | 实施性立法 |
| | 14 | 上海市县级以上地方各级人民政府任免工作人员暂行办法 | 实施性立法 |

# 附件5 需要废止的政府规章

| 领域 | 序号 | 政府规章 | 立法性质 |
|---|---|---|---|
| 经济 | 1 | 上海市农机事故处理暂行规定 | 实施性立法 |
| | 2 | 上海市关于管理外国企业常驻代表机构的规定（试行） | 实施性立法 |
| | 3 | 上海浦东机场综合保税区管理办法 | 创制性立法 |
| | 4 | 上海市个体工商户管理规定 | 创制性立法 |
| | 5 | 上海市外高桥保税区人员和车辆入出管理办法 | 创制性立法 |
| 城建 | 6 | 上海市贷款道路建设车辆通行费征收管理办法 | 创制性立法 |
| | 7 | 上海港口专用码头管理办法 | 实施性立法 |
| | 8 | 上海市排水设施使用费征收管理办法 | 实施性立法 |
| | 9 | 关于上海市深井管理办法的补充规定 | 实施性立法 |
| 社会 | 10 | 上海市一次性使用无菌医疗器械监督管理若干规定 | 实施性立法 |
| | 11 | 上海市著作权管理若干规定 | 实施性立法 |
| | 12 | 上海市教育督导规定 | 实施性立法 |
| | 13 | 上海市港澳居民及华侨暂住证管理办法 | 实施性立法 |
| | 14 | 上海市城镇个体工商户及其帮工养老保险办法 | 实施性立法 |
| | 15 | 上海市机关事业单位基本养老保险费统筹暂行办法 | 实施性立法 |
| | 16 | 关于控制本市人口机械增长若干问题的试行规定 | 创制性立法 |

# 《上海市婚姻介绍机构管理办法》立法修订调研报告①

课题组组长：史莉莉　上海市行政法治研究所研究一室主任
课题组成员：赵如松　上海市行政法治研究所研究二室主任
　　　　　　刘　莹　上海市行政法治研究所助理研究员

## 引　言

2001年12月《上海市婚姻介绍机构管理办法》(以下简称《管理办法》)以市政府规章的形式发布，自2002年3月起施行，2004年7月修正。《管理办法》颁布实施以来，通过明确设立管理、服务规范等，在一定程度上规范了婚姻介绍机构(以下简称“婚介机构”)的行为，对于稳定行业秩序等起到了积极的作用。具体做法包括：**一是成立行业协会**。2002年11月，上海市民政局批准成立第一家婚姻介绍机构管理协会(以下简称“婚介机构管理协会”)，民政部门负责对婚介机构开展执法检查，受理信访和投诉，并对协会进行指导和监督，婚介机构的日常管理由婚介机构管理协会承担。该协会的成立促进了婚介行业的健康发展，婚介行业初步形成了政府主导、行业自律的间接管理方式。**二是开展行业整顿和清理**。2002年3月，上海市民政部门在全市范围组织开展对婚介机构的整顿清理工作，各区县民政局协调工商行政管理、公安等部门，对辖区内的婚介机构从制度明示、证明的提供、服务合同的签订、服务活动的记录等方面进行清理整顿，督促婚介机构签订《自律公约书》。经过3个月的清理整顿，48家婚介机构通过年检，换发许可证；2007年，上海市、区民政部门对婚介机构开展执法检查，针对检查中发现的问题责令限期整改；2015年，国家互联网信息办公室(以下简称“网信办”)联合有关部门在全国范围内开展“婚恋网站严重违规失信”专项整治工作。上海市婚介机构管理协会在市网信办、民政部门的指导下，在行业内开展自查自纠。**三是制定地方标准**。2011年上海

---

① 本课题完成于2021年，为上海市民政局委托课题。

市发布实施地方标准《婚姻介绍机构服务规范》，对机构场所设施人员、机构管理、服务项目、服务程序等作了规定。**四是加强服务人员培训**。2014 年至 2018 年上海婚介机构管理协会累计培训婚姻介绍服务人员 260 多人次。**五是开展督导工作**。2018 年 9 月起对全市婚介机构开展督导巡视，累计督导婚介机构 70 余家。

虽然《管理办法》对加强行业管理、规范行业活动、稳定行业秩序起到了一定的积极作用。但是，由于制定时间较早，且 2004 年的修正主要是在国务院《关于取消第一批行政审批项目的决定》（国发〔2002〕24 号文）取消婚介机构前置审批的背景下，删除了《管理办法》中与行政审批有关的条款，其他包括登记管理、服务规范等主要内容均没有调整。行业环境发生了较大变化，行业管理中一些问题集中显现，且国家和地方层面一些相关立法中的表述和规定均发生了较大的调整。因此，需要对《管理办法》作全面的修订。

## 一、修订的必要性

### （一）行业特点发生了较大变化

1. 婚姻介绍行业非营利性不断弱化，营利性特征日益明显

婚介机构在我国最早出现在 20 世纪 80 年代，主要目的是满足单身青年、大龄男女或离异、丧偶人士的择偶需求，从事婚姻介绍的单位主要是共青团、妇联、工会以及街道办事处、居民委员会等组织，具有较鲜明的公益服务色彩。与此同时，包括征婚广告、小型经营性婚姻介绍公司在内的新的择偶方式开始出现，婚姻介绍市场化进入了萌芽阶段。90 年代初期，受全民经商办企业风潮的影响，婚介机构数量激增，公益服务性质开始弱化，开始呈现出企业化、营利性等特点。就上海市而言，据统计，1995 年全市有婚介机构 38 家，到 90 年代末，增至 100 多家。2012 年至 2013 年，从事婚姻介绍服务，且登记为非营利性质的婚介机构，大约有 300 多家，后逐渐萎缩，至 2021 年 10 月底民政部门登记的非营利婚介机构有 96 家。

关于营利性婚介机构，《管理办法》曾明确，举办非营利性婚介机构的，应当依法向机构所在地的区民政部门办理登记手续。举办营利性婚介机构的，应当到工商部门（现为市场监管部门）办理登记。① 实践中，由于 2004 年至 2005

① 《上海市婚姻介绍机构管理办法》第6条："举办非经营性婚姻介绍机构的，应当依法向机构所在地的区县民政部门办理民办非企业单位登记手续，领取登记证书后，方可从事婚姻介绍服务活动。

举办经营性婚姻介绍机构的，应当到工商行政部门办理登记注册手续，领取营业执照后，方可从事婚姻介绍服务活动。"

年间，上海市婚介行业出现了一些异常情况，2005年上海市暂停了营利性婚介机构的登记，一直持续至2020年。**2020年12月，**上海市民政局、市市场监督管理局共同发布《关于本市婚姻介绍服务企业登记管理的实施意见》（以下简称《实施意见》），**再度放开营利性婚介机构登记**。《实施意见》生效并实施后，2021年1至9月，新增登记117家婚介机构，市场监管部门登记的营利性婚介机构总数达到240家。

截至2021年10月底，本市婚介机构共336家，其中民政部门登记的非营利性机构96家，市场监管部门登记的营利性机构240家，营利性机构数量相当于非营利性机构数量的2.5倍。

**通过历史沿革和行业数据的梳理，课题组认为，现阶段婚姻介绍服务行业的监管重点应是营利性婚介机构，同时非营利性婚介机构应坚守公益服务的底线，承担托底功能，回归机构设立的初心和本意。**

2. 依托互联网以及其他新媒体开展服务成为趋势，线上线下融合特征明显

互联网时代，任何行业的发展都离不开信息科技的支撑，同时也得益于互联网而飞速发展，婚姻介绍服务行业也不例外。以我国第一个婚恋网站世纪佳缘为例，2003年网站创办，当年注册会员有1000多位，2008年底会员达1900多万。2011年6月底注册用户数达到4550万。2017年9月，世纪佳缘与百合网合并重组，正式更名为“百合佳缘网络集团股份有限公司”，至2019年百合佳缘集团婚恋交友服务板块累计注册用户已达3.1亿，线下服务中心近200家，年收入超过10亿元人民币。据统计，2021年上半年度中国婚恋交友平台累计活跃用户达3655.7万人，同比2020年上半年度增长19.9%，互联网婚恋交友行业用户进一步向头部集中——其中，百合佳缘累计活跃用户以28.5%位列首位。① **同时大型婚恋网站的注册地集中于北上广深地区，给这些城市的行业监管部门带来很大的挑战**。例如，世纪佳缘网站创办于2003年，注册地在上海；珍爱网成立于2005年，注册地在深圳。大型婚恋网站注册地的相对集中，从侧面反映了超大型城市的婚恋需求。据《中国统计年鉴2017》报道，我国单身人口总数已达2.4亿，其中上海单身人口总数居全国第五。② 虽然近年来大城市结婚意愿降低、初婚年龄推后，但是，庞大的单身人群数量，仍能从一个角度反映出对于婚恋匹配的需求。**对于大型婚恋网站如何开展监管，如何有效监管，对包括本市在内的超大城市行业监管部门带来很大挑战**。

---

① 参见比达咨询《2021上半年度中国互联网婚恋交友市场研究报告》，转引自搜狐网，http://www.sohu.com/a/500539437_783965，访问日期：2021年12月10日。

② 新闻晨报：《2018单身人群调查报告：上海单身人口排全国第五》，2018年12月27日。

与此同时，除大型婚恋网站外，线下传统的婚介机构中有相当一部分也开发了自己的网站，线上线下融合特征明显。以婚介机构管理协会网站公示的会员机构为例，28 家会员机构均有自己的互联网服务网站。此外，随着科技的进步和新媒体的不断创新，可以预见，除传统互联网平台外，以移动互联、手机 App 等形式的新媒体开展的婚恋交友服务，将不断增长，且形式多样，变化迅速。

**课题组认为，互联网时代下，行业监管面临很大压力，对婚姻介绍服务行业的监管，已不能再遵循传统的监管模式，而需要采用信息化监管的手段，并且在加强行业监管的同时不能局限于仅依赖行业监管的法规政策，应充分利用好国家和地方层面已有的电子商务、个人信息保护、“互联网 + 监管”等法律法规，打开思路、多管齐下、综合治理。**

**（二）行业管理中仍存在不少问题**

1. 登记为非营利性的机构从事营利性活动，没有体现公益服务功能

**根据国家行政法规的规定，登记为民办非企业的单位不得从事营利性经营活动**。国务院《民办非企业单位登记管理暂行条例》第 2 条规定，“本条例所称民办非企业单位，是指企业事业单位、社会团体和其他社会力量以及公民个人利用非国有资产举办的，从事非营利性社会服务活动的社会组织”。第 4 条第 2 款规定，“**民办非企业单位不得从事营利性经营活动**”。并在第 25 条规定了对民办非企业单位从事营利性经营活动的行政处罚。

《管理办法》第 6 条规定：“举办非经营性婚姻介绍机构的，应当向机构所在地的区县民政部门办理民办非企业单位登记手续。”第 19 条规定：“办理民办非企业单位登记的婚姻介绍机构，应当按照市民政局与市物价部门共同制定的政府指导价收费。”**登记为民办非企业单位的婚介机构，本应从事非营利性的社会公益服务活动**。但实践中由于各种原因，上海市尚未制定政府指导价。据调研，**现存的登记为民办非企业的婚介机构，有相当一部分从事营利性的经营活动**，服务收费在 5 万—10 万元。

**究其原因**，2004 年至 2005 年，上海市婚介行业出现了一些异常情况，社会反映较强烈、信访矛盾较多。由于当时正在加强社会建设，培育社会组织发展，考虑到婚介机构主要是为单身男女提供婚介服务的组织，属于情感层面的社会服务，具有一定的公益性。因此，2005 年 2 月，上海市民政局向上海市政府上报专报后，市政府召开专题会议，明确工商部门（现为市场监管部门）不再办理营利性婚介机构的登记注册，当事人如需申请举办婚介机构的，一律到民政部门登记为非营利性机构。这一做法沿用至 2020 年 12 月。但实践中，“上有政策下有对策”，**许多需要申办营利性婚介机构的经营者因无法登记为企业，便注**

**册 1 家社会服务机构、1 家无婚介服务经营范围的企业，用两种不同类型的法人混合经营，从而达到规避监管的目的**。

登记为民办非企业单位的婚介机构，从事营利性经营活动，属于违法违规行为，2021 年上海市民政部门会同市场监督管理部门在全市范围内开展了为期 3 个月的婚介机构专项整治行动，对包括这类行为在内的婚介机构的违法违规行为摸底，并进行了处置。

2. 对大型婚恋网站等依托互联网开展婚介服务活动的婚介机构缺乏有效的监管手段

**婚姻介绍行业投诉量集中于大型婚恋网站，直接影响了行业整体形象和口碑**。据统计，2018 年上海市婚姻介绍行业投诉量 143 起，同比 2017 年投诉量增长率为 286%。其中珍爱网一家公司的投诉量占投诉总量的 39.9%，其投诉量比 2017 年增加 5 倍。近几年，百合佳缘的投诉量在总投诉量中占比也超过 50%。在上海市连续三年的投诉处理和督导服务过程中，可以发现投诉问题中 85% 属于服务合同的利益诉求，15% 主要涉及政府部门的监管问题。其中服务合同方面的问题主要表现为：(1)网站诱导消费；(2)退费困难；(3)合同中没有具体的服务细则和标准；(4)服务欺诈(包括推荐的会员和真实见面的会员信息不符，没有按照合同规定和客户要求推荐会员、拼凑服务次数等情况)等。

**究其原因**，主要有几个方面：**一是，婚介机构前置审批取消后，《管理办法》进行修正，删除了行政审批相关的条款，但保留了登记管理制度**。即第 6 条："举办非经营性婚姻介绍机构的，应当依法向机构所在地的区县民政部门办理民办非企业单位登记手续，领取登记证书后，方可从事婚姻介绍服务活动。举办经营性婚姻介绍机构的，应当到工商行政部门办理登记注册手续，领取营业执照后，方可从事婚姻介绍服务活动。"但由于各方面原因，上海市自 2005 年至 2020 年底，对营利性婚介机构暂停登记。这期间**有很多经营性婚介机构登记注册为科技、信息、管理、咨询、传媒公司开展婚姻介绍服务活动，实际上不受《管理办法》的规制**。**二是，行业主管部门执法力量有限，基本上没有行政处罚**。在属地管理模式下，区民政部门承担了大量的管理任务，但区民政婚姻登记业务部门人员有限，基本上只有一名工作人员负责婚介机构管理的相关工作，有些工作人员甚至没有执法证，外出执法为满足两名执法人员的基本要求，往往需要在上海市社会团体管理局执法人员的协助下才能完成。课题组在 2019 年开展立法后评估工作过程中经调研了解到，本市较大的几个区，如浦东、杨浦、徐汇等，三年来均未对婚介机构予以行政处罚。①

① 上海市行政法制研究所：《〈上海市婚姻介绍机构管理办法〉立法评估研究》，2019年10月发布。

对大型婚恋网站等依托互联网开展婚介服务活动的婚介机构如何实施有效监管？课题组认为，婚姻介绍服务行业已发生了深刻的变化，依托互联网开展服务成为趋势，线上线下融合特征明显。在这样的现实环境下，对婚介机构的事中事后监管已非民政部门一家能够完成，单纯依靠行业管理的法规政策也无法实现有效监管，需要用足国家和地方层面电子商务、个人信息保护、“互联网+监管”的法律政策资源，需要民政部门、市场监管部门、网信部门、公安部门等多部门数据共享、协同配合、齐抓共管。

3. 规定不明确、法律责任缺失，限制了《管理办法》作用的发挥

**规定不明确、可操作性不强、法律责任缺失，在一定程度上限制了《管理办法》作用的发挥**。一方面，《管理办法》的规定不够明确。例如，第4条第3款规定：“各级政府的有关部门应当按照各自职权，做好婚姻介绍机构的相关管理工作。”其中有关部门指哪些部门，并不明确。另一方面，部分禁止性规定和义务性规定，没有对应的法律责任规定。例如，《管理办法》第12条规定：“婚姻介绍机构应当在服务场所的醒目位置放置许可证，明示服务项目，公开收费价格。”但是对于违反规定的婚介机构，并没有明确相应的法律责任。再例如，第10条规定：“婚姻介绍机构在互联网上设立网站或者网页，应当根据国家有关规定办理手续，并向市民政局备案。”但是对于不履行备案程序的，也没有规定相应的法律责任。同时，《管理办法》对婚介机构未尽审核义务的行为也未明确法律责任。

**（三）法律和政策环境发生了较大变化**

1. 法律环境

（1）需要衔接《中华人民共和国电子商务法》的相关规定

2018年8月，《中华人民共和国电子商务法》（以下简称《电子商务法》）颁布，并自2019年1月1日起施行。其中第2条规定了适用范围：“中华人民共和国境内的电子商务活动，适用本法。本法所称电子商务，是指通过互联网等信息网络销售商品或者提供服务的经营活动。”**据此，依托互联网开展婚姻介绍服务活动的，也在《电子商务法》规范的范围之内。《电子商务法》中的证照公示（第15条）、服务信息披露（第17条）、禁止垄断（第22条）、服务信息保存（第31条）等规定，均适用于依托互联网开展婚姻介绍服务活动的婚介机构**。

（2）需要衔接《中华人民共和国个人信息保护法》《中华人民共和国民法典》的相关规定

2021年8月，《中华人民共和国个人信息保护法》（以下简称《个人信息保护法》）颁布，自2021年11月1日起施行。其中第1条明确了立法目的：“为

了保护个人信息权益，规范个人信息处理活动，促进个人信息合理利用，根据宪法，制定本法。”第 3 条规定了适用范围：“在中华人民共和国境内处理自然人个人信息的活动，适用本法。”**婚姻介绍服务活动，作为为征婚者提供的以促成婚姻为目的的服务活动，需要核验征婚者包括身份证明、婚姻状况、健康状况、学位学历、工作状况等在内的大量个人信息，且需要留存信息，通过信息匹配向征婚者推送合适的人选。因此婚姻介绍服务活动中与个人信息处理相关的活动，应适用《个人信息保护法》的相关规定。**《个人信息保护法》中，个人信息处理应遵循目的正当性、最小侵害性（第 6 条），个人信息处理的原则（第 7 条），个人信息留存的必要最短期限（第 19 条）等规定，均适用于婚姻介绍服务活动。**值得注意的是，《个人信息保护法》中并未出现“隐私权”或者“隐私信息”的表述，但是其中设专章规定了敏感个人信息的处理规则。**[①]2020 年 5 月通过的《中华人民共和国民法典》（以下简称《民法典》）中虽有隐私权的表述，但主要强调的是，隐私权是人格权中的一类权利。同时规定了“自然人享有隐私权。任何组织或者个人不得以刺探、侵扰、泄露、公开等方式侵害他人的隐私权。隐私是自然人的私人生活安宁和不愿为他人知晓的私密空间、私密活动、私密信息”（第 1032 条第 2 款），“自然人的个人信息受法律保护”（第 111 条）。**可见，隐私和个人信息需要加以区分，隐私信息只是个人信息中的一部分，是自然人不愿意被外界知晓、公开、泄露的私密信息，例如生物识别信息、医疗就诊信息、资金账户信息、宗教信仰信息等。课题组认为，就婚姻介绍服务活动而言，核验和留存的主要是个人信息而非隐私信息。据此，原《管理办法》中隐私权保护的相关规定，**[②]**需要与国家上位法加以衔接，予以调整。**

（3）需要适应国家《民办非企业单位登记管理暂行条例》的修订，弱化民办非企业的称谓

2016 年 5 月，民政部公布《民办非企业单位登记管理暂行条例（修订草案征求意见稿）》并公开征求意见。为了更准确地反映社会服务机构的定位和属性，与《中华人民共和国慈善法》的表述相衔接，此次修订将“民办非企业单

---

① 《中华人民共和国个人信息保护法》第28条：“敏感个人信息是一旦泄露或者非法使用，容易导致自然人的人格尊严受到侵害或者人身、财产安全受到危害的个人信息，包括生物识别、宗教信仰、特定身份、医疗健康、金融账户、行踪轨迹等信息，以及不满十四周岁未成年人的个人信息。

只有在具有特定的目的和充分的必要性，并采取严格保护措施的情形下，个人信息处理者方可处理敏感个人信息。”

② 《上海市婚姻介绍机构管理办法》第16条（隐私权保护）：“婚姻介绍机构或者媒体应当保护征婚当事人的隐私权。未经征婚当事人同意，不得将征婚当事人的信息资料用于征婚以外的事项。”

位”名称改为“社会服务机构”。自2018年开始，社会团体、基金会、民办非企业三大条例分别修订的提法不再出现，取而代之的是三合一思路，即统一制定《社会组织登记管理条例》。2018年、2019年，制定《社会组织登记管理条例》连续两年列入国务院立法计划。2020年7月8日，《国务院2020年立法工作计划》对外公布，《社会组织登记管理条例》的制定再次被列入工作计划。据此，《管理办法》的修订，需要与国家层面立法的修订方向相适应和衔接，在条文中弱化“民办非企业”的称谓。

（4）衔接上海市人大常委会关于规章行政处罚罚款限额的规定，提升行政处罚罚款限额，以体现过罚相当原则

根据《中华人民共和国行政处罚法》第13条的规定，在没有相应法律法规的情况下，市人民政府制定规章对违反行政管理秩序的行为，可以设定一定数量的罚款，其限额由市人民代表大会常务委员会规定。1996年上海市通过了《上海市人民代表大会常务委员会关于市人民政府制定规章设定行政处罚罚款限额的规定》，区分非经营活动与经营活动分别设定罚款限额，其中规定“对非经营活动中违反行政管理秩序的行为设定罚款，不得超过一千元。对经营活动中违反行政管理秩序的行为设定罚款，不得超过三万元”。**2006年第一次修正，不再区分非经营活动与经营活动分别设定罚款限额，而是统一设定**。对违反行政管理秩序的行为设定罚款的限额为三万元，对涉及公共安全、人身财产安全、生态环境保护、有限自然资源开发利用方面违反行政管理秩序的，罚款限额为十万元。**2014年第二次修正，删除了2006年修正中对公共安全、生态环境保护等四个领域单独设定罚款限额的表述，对违反行政管理秩序的行为设定罚款的限额统一提升至三十万元。《管理办法》颁布于2001年，其中行政处罚区分经营性行为与非经营性行为分别设定，罚款上限为三万元，已明显滞后，需要适时调整**。

**综上所述，虽然国家和地方层面没有就婚姻介绍行业或者婚介机构进行专门规范的上位法，但是一些综合性立法和婚姻介绍行业的监管有密切的关联度，其中一些定义、表述、分类均有很大的变化，基于和国家及地方层面立法相衔接相配套的客观需要，需要对《管理办法》进行修订，以保证立法的协调性**。

2. 政策环境

在国务院《关于取消第一批行政审批项目的决定》（国发〔2002〕24号文）取消婚介机构前置审批的背景下，《管理办法》于2004年进行了修正，主要是删除了《管理办法》中设立条件、负责人限制条件、申请材料、申请和审批、分支机构的条件和审批、年检等与行政审批相关的条款。同时在行政处罚部分，

删除了违反许可管理规定的相关款项。但《管理办法》仍保留了登记管理制度。

国务院2019年发布了《关于加强和规范事中事后监管的指导意见》(国发〔2019〕18号),在指导思想中明确:“坚持放管结合、并重,把更多行政资源从事前审批转到加强事中事后监管上来,落实监管责任,健全监管规则,创新监管方式,加快构建权责明确、公平公正、公开透明、简约高效的事中事后监管体系,形成市场自律、政府监管、社会监督互为支撑的协同监管格局。”在基本原则中提出分级分类、科学高效监管,充分发挥现代科技手段在事中事后监管中的作用。明确创新和完善监管方式,深入推进“互联网+监管”、提升信用监管效能、全面实施“双随机、一公开”监管等。

**鉴于婚姻介绍服务行业线上线下融合的主要特征,课题组认为,对包括大型婚恋网站在内的婚介机构如何通过创新监管方式实现有效监管,是《管理办法》修订需要考虑的问题。**

## 二、修订的总体思路和主要内容

### (一)总体思路

1. 从机构管理到行业规范和发展

《管理办法》制定之初,管理对象主要是为了满足单身人士的择偶需求,由工青妇等群团组织设立的具有鲜明公益色彩的婚姻介绍机构。当时的立法目的主要是围绕这些公益机构的设立、运营和相关管理活动展开的。然而,伴随着经济社会的发展,上海市的婚姻介绍行业也得到了高速发展,已经成为国内婚介市场较为发达、较为集中的地区之一。截止到2021年10月底,上海市共有336家婚姻介绍机构,其中营利性机构达240家。但是由于《管理办法》的相关规定仍然停留在机构管理的层面上,未能对整个婚姻介绍行业形成有效规范,因此婚姻介绍行业内不按约履行服务合同、夸大宣传、婚托、泄露个人信息等现象时有发生,导致普通民众对婚姻介绍行业产生信任危机。为此,本次修订拟从机构管理提升至行业管理,并将政府规章的名称确定为《上海市婚姻介绍服务办法》(以下简称“修订建议稿”)。目的是伴随着经济社会发展,为上海市婚姻介绍行业的规范有序发展提供相匹配的法治保障。

2. 强化婚介机构的主体责任

营利性婚介机构的发展、线上线下婚介服务的高度融合已是婚姻介绍服务行业发展的必然趋势,因此对婚介机构加强监管、实现有效监管是本次修订考虑的主要问题。本次修订,重心在于确保婚介机构主体责任的有效落实。简言之,就是“立规矩”,明确规定婚介机构的从业基本要求和行为规范,确立婚介机构在信息公示、信息保护、诚信经营、档案留存、从业人员培训和管理等方面的主体责任，并通过加强行为监管，对违反规定的行为设立相应的行政处罚，在婚姻介绍行业内确立“守规矩、讲诚信、重服务”的风气，以消除婚姻介绍服务隐患、严守行业底线。

3. 充分发挥行业协会的监督和自律功能

婚姻介绍服务行业的可持续健康发展，离不开一个良好的社会多元化共治格局，即婚介机构作为市场主体按照市场化机制进行自我管理的前提下，形成由行业协会、政府以及社会力量共同推动、规范婚介机构在市场竞争中有序发展的格局。作为政府和婚介机构之间桥梁的行业性组织，行业协会应发挥重要的作用。婚介机构管理协会自成立以来，在规范行业行为，推动行业自律方面取得了一定的成绩，但是其功能的发挥依然不够，因此本次修订就行业组织的社会评价和行业惩戒等作出明确规定。

**（二）修订的主要内容**

1. 总则

总则部分的修订内容主要涉及三个方面：

**一是调整了立法目的和适用范围**。本次修订将管理重点从婚介机构调整为婚姻介绍行业，因此修订建议稿对立法目的和适用范围作出了必要的调整。在立法目的方面，修订建议稿明确《上海市婚姻介绍服务办法》的立法目的是：“规范婚姻介绍服务活动，维护各方合法权益，促进婚姻介绍服务行业健康发展”（第1条）。在适用范围方面，明确规定，“本市行政区域内，开展婚姻介绍服务活动，以及规范婚姻介绍服务活动和促进婚姻介绍服务行业发展的相关工作，适用本办法”（第2条第1款）。

**二是对“婚姻介绍服务”给予了明确的界定**。“婚姻介绍服务”是婚介机构日常活动的主要内容，也是婚姻介绍服务行业规范的核心内容。“婚姻介绍服务”质量的优劣，直接关系到婚姻介绍服务行业能否持续健康发展，因此也就成为本次修订后的《上海市婚姻介绍服务办法》中监管所强调的“管行为”的关键内容。为此，必须对“婚姻介绍服务”的含义给予明确界定。考虑到本市《婚姻介绍机构服务规范》（DB31/T520-2011）已经就“婚姻介绍”“婚姻介绍服务机构”“婚姻介绍服务人员”“征婚者”作出了明确界定，因此修订建议稿不再对相关术语重新界定，而仅对婚姻介绍服务明确界定如下：“婚姻介绍服务是指由依法登记的婚姻介绍服务机构向征婚者提供的，以促成婚姻为目的的服务活动。”（第3条）

**三是根据行政管理的客观需要增加了管理部门**。如前所述，营利性婚介机构的发展、线上线下婚介服务的高度融合已经是大势所趋，在这种情况下，婚姻介绍服务所涉及的管理部门不仅有原《管理办法》规定的民政部门和工商部门（现市场监管部门），还包括公安、网信等相关部门。为此修订建议稿将相关管理部门的范围根据实际需求作了拓展，明确规定“市、区民政部门承担本行政区域内婚姻介绍服务行业管理职责，规范婚姻介绍服务活动、促进婚姻介绍服务行业发展，指导婚姻介绍服务行业组织依法开展工作。”（第5条第1款）“市、区市场监管、公安、网信等部门应当按照各自职责加强对婚姻介绍服务行业的监管。”（第5条第2款）

2. 机构和人员

基于从机构管理转向行业管理、强化婚介机构主体责任的总体思路，修订建议稿在第二章机构和人员部分，共规定了8个条款，明确了婚介机构及从业人员的各项义务。同时删除了原《管理办法》“设立及管理”一章的内容，因民办非企业的登记管理和市场主体的登记管理，国家立法中均有比较明确的规定。① 作为实施性的地方政府规章，若没有进一步细化的规定，则没有必要重复规定。

**修订建议稿第8条规定了婚介机构的服务信息公示要求，第9条规定了婚介机构的信息核验义务**。信息公示一方面有助于征婚者依据自己的需求和婚介机构的口碑选择合适的服务机构，另一方面也助于在征婚者与婚介机构发生纠纷时，监管部门有效地启动监管。关于信息核验，根据《管理办法》第13条的规定，只有当婚介机构对征婚者提供的证明有疑义时才有核实义务。在本次修订中，我们直接规定了婚介机构的信息核验义务，一方面，婚介机构要对征婚者负责，婚姻介绍的征婚者是双方的，对一方信息的核验也是对另一方当事人的保护，**同时信息核验义务的履行是判断婚介机构服务水平的一项重要标准**；另一方面，大数据技术的发展，也为信息核验提供了可能。比如，政府及其部门开发的一些手机应用如“随申办”“学信网”等，本身就具备“亮证”“验证”等功能，可以由征婚者通过身份核验后，在缔结服务合同时，当场向婚介机构出示验证。电子验证与征婚者提供的书面证书复印件相印证，基本上可以证明征婚者的各项信息。

**修订建议稿第10条规定了婚介机构的义务**，包括两方面内容：一是对内的管理性义务，包括对婚介机构服务人员的培训和管理。本条第1款明确培训的内容包括法律法规、职业道德、服务技能、安全等方面；管理的内容主要包括服务质量跟踪，服务人员工作经历、服务评价情况记录。通过培训和管理，目的

---

① 见1998年9月国务院《民办非企业单位登记管理暂行条例》、1999年12月民政部《民办非企业单位登记暂行办法》、2021年4月国务院《市场主体登记管理条例》。

是保证从业人员的行为边界、职业素养，以及服务过程中对安全义务的履行。二是对外服务性义务，即婚介服务合同的缔结和履行。本条第2款和第3款，分别体现的是对外服务性义务中的积极义务和消极义务。积极义务是婚介机构需要根据一定的算法，对征婚者的条件和其征婚要求进行精准匹配，从而为合适的人提供相识的机会。消极义务是指，婚介机构不能为了扩大征婚者的匹配机会而进行夸大宣传。

**修订建议稿第11条规定了征婚者的权利和义务**。第1款规定了征婚者的权利。服务性合同的内容是服务，服务的体验性是服务接受者最为重视的内容，但服务性合同缔结前，双方处于初次接触的“双盲”状态，因此修订草案规定了征婚者有权了解婚姻机构和服务人员的有关信息、查验证件，以通过这些信息的获取，对可能的服务体验作出初步的判断。同时服务与货物不同之处在于无法通过型号、规格、材质等进行量化，因此，要使服务合同得到遵守，就要对合同内容加以明确。婚介服务机构作为合同的提供方，有义务对合同中的服务内容进行说明，在充分说明的基础上，按照服务合同的约定提供服务。第2款则规定了征婚者的义务。婚姻介绍服务是以促成婚姻为目的的服务活动，属于情感层面的社会服务，相对于其他服务行业，具有人身性、情感性、隐私性和财产性等特点。因此，修订草案规定，征婚者应当如实向婚姻介绍服务机构披露本人身份、婚姻、健康、学历、工作等信息。只有在此基础上，婚介机构才可能对征婚者做婚姻的“尽职调查”，同时上述信息，也是双方征婚者决定是否接受婚介机构的匹配服务的基础性信息。

**修订建议稿第12条规定了个人信息保护**。如前所述，婚姻介绍服务活动，作为为征婚者提供的以促成婚姻为目的的服务活动，需要核验征婚者包括身份证明、婚姻状况、健康状况、学位学历、工作状况等在内的大量个人信息，且需要留存信息，通过信息匹配向征婚者推送合适的人选。婚姻介绍服务活动中与个人信息处理相关的活动，应适用《个人信息保护法》的相关规定。但《个人信息保护法》中并未出现“隐私权”或者“隐私信息”的表述，而是设专章规定了敏感个人信息的处理规则。因此，隐私和个人信息需要加以区分，隐私信息只是个人信息中的一部分，就婚姻介绍服务活动而言，核验和留存的主要是个人信息而非隐私信息。与《管理办法》第16条隐私权保护相比，用个人信息代替“隐私权”，对婚介机构义务的规定更加明确，避免因“隐私权”概念界定上的模糊导致条文规定失去可操作性。

**修订建议稿第13条规定了信息资料留存**。征婚者的信息资料、服务过程资料等，是婚介机构在从事服务活动中形成的具有保存价值的各种历史记录。保存价值，主要体现在信息资料对服务溯源的重要作用。特别是对婚介机构提供服务过程中，有无违法或违规行为；征婚者在接受服务过程中，有无向婚介机构提供真实的信息。原《管理办法》第 17 条规定：“婚姻介绍机构或者媒体在提供服务过程中，应当做好服务活动的记录。”课题组认为，只有服务记录不足以实现溯源目的，在发生服务纠纷时，也不足以厘清当事人的责任。信息资料留存的范围应当更加广泛，具体的留存办法可以由民政部门另行规定。

3. 规范和管理

修订建议稿在第三章规范和管理部分，共规定了 3 条，分别是地方标准（第 16 条）、服务合同（第 17 条）和投诉举报（第 18 条）。

在立法缺失的情况下，行业标准、地方标准是行业自律管理的重要依据。在制定了相关立法的情况下，行业标准、地方标准则是立法的重要补充。推行服务合同示范文本制度，是保护当事人合法权益的重要手段，体现了政府部门及行业协会予服务于管理，管理服务并重的理念。合同示范文本根据当事人法律地位一律平等的原则，明确了各方权利和义务，可杜绝不平等的“霸王条款”；为一些不熟悉有关法规政策，不懂有关专业知识的征婚者提供了具体的辅导和帮助，可减少签约的盲目性，降低上当受骗的概率；推行合同示范文本制度，也有利于合同仲裁机构和人民法院及时解决合同纠纷，保护当事人的合法权益。实践中，上海市民政部门及行业协会已经起草了《上海市婚姻介绍服务合同示范文本》（2021 机构版），将在行业内推广使用。**总体上，由国家标准、地方标准、行业示范合同等构成的标准化管理体系，可以实现规范行业、促进发展的目的**。

**修订建议稿第 18 条规定了投诉举报制度**。《管理办法》第 20 条规定的争议解决途径包括自行协商、向婚介协会投诉、请求消费者协会调解以及向人民法院提起诉讼四种争议解决方式。课题组认为作为受政府监管的婚姻服务行业，争议解决中政府应有所作为。因此在修订建议稿第 4 款规定：“民政、市场监管、公安、网信等部门应当按照各自职责健全投诉举报处理工作机制，及时受理相关投诉举报，并依法处理。”这里增加了公安、网信部门的介入，主要因为不法分子可能假借征婚之名，利用虚假网址、手机应用行诈骗之实，网上各种“杀猪盘”屡禁不止，给人民的生命财产安全造成极大损害，需要公安、网信等部门协同配合、齐抓共管。

4. 行业建设

修订建议稿第四章“行业建设”部分，明确了行业组织的工作职能，赋予了行业组织开展一定社会评价和行业惩戒的手段。共规定了 3 个条款，分别是行业组织工作（第 19 条）、社会评价（第 20 条）和行业惩戒（第 21 条）。上海市于 2002 年成立了婚介机构管理协会，实践中按照其协会章程开展行业自律活动，并接受市民政局的指导，承办委托的事项。但婚介机构管理协会专职人员较少，行业管理手段有限，工作开展仍然很大程度上依托行政机关，没有行政机关的支撑，独立开展行业自律活动的能力较低。名正方能言顺，此次修订对行业协会的工作职责用专门条款加以明确，以规章效力保证其履职尽责，以保障行业协会更好地维护和促进行业发展。第 20 条“社会评价”，目的是通过行业内的信用评价，使诚实守信，提供优质服务的婚介机构获得更好的发展。

5. 行政处罚

如前所述，本次修订强化了机构的主体责任，在第二章“机构与人员”部分，用 8 个条款明确了婚介机构的义务。根据义务责任相匹配的原则，在“法律责任的行政处罚”部分，就婚介机构的禁止性规定、义务性规定均设置了对应的行政处罚。对包括未履行服务信息公示义务，未履行信息核验义务，未履行培训和管理义务，未建立投诉处理机制，订立婚姻介绍服务合同过程中故意隐瞒重要事实或者提供虚假情况等在内的行为设定了罚则。同时，鉴于上海市最新修正的《上海市人民代表大会常务委员会关于市人民政府制定规章设定行政处罚罚款限额的规定》中，已不再对非经营活动与经营活动分别设定罚款限额，而是统一设定，且对设定罚款的限额统一提升至三十万元。考虑到近年来本市婚姻介绍行业投诉量主要集中于大型婚恋网站，且这些婚恋网站业务量和营业额都比较大，原《管理办法》中一百元以上三万元以下的罚款已不足以形成有效的威慑，本次修订将行政处罚提升至二千元以上五万元以下。

# 上海市养老服务机构事中事后监管办法立法研究①

课题组顾问：王天品　上海市行政法治研究所副所长
　　　　　　娄国剑　上海市民政局法规处副处长
课题组组长：史莉莉　上海市行政法治研究所研究一室主任
课题组成员：陈素萍　上海市行政法治研究所研究二室主任
　　　　　　仲　霞　上海市行政法治研究所助理研究员

## 引　言

2018 年 12 月 29 日，《中华人民共和国老年人权益保障法》（以下简称《老年人权益保障法》）修改后发布实施，取消了从 2013 年开始实施的养老机构设立许可制度，将养老机构由事前审批转为事中事后监管。养老机构取消设立许可，是国家应对人口老龄化带来的养老服务业发展需要作出的制度性安排，也是国家深化“放管服”改革的重要举措，给养老机构管理带来了深远的影响。

上海市作为人口深度老龄化的超大型城市，养老服务业已进入了又好又快发展的新阶段，养老服务需求多样化、养老服务供给持续增长、服务功能和内涵不断拓展。本市的养老服务业已经构建了“五位一体”的社会养老服务体系，多方参与的养老机构行业监管格局初步形成。但是，目前民政部门事中事后监管的手段单一、执法力量不强、部门协同监管薄弱、处罚力度不足、监管效果不明显等现象依然存在，养老机构服务质量和服务能力有待进一步提升。因此，在国家取消养老机构设立许可的大背景下，如何进一步加强对养老机构的事中事后监管，促进养老服务质量提升，确保老年人和养老机构双方的合法权益，形成切实有效的事中事后监管体制机制，成为当前迫切需要研究和解决的问题。为此，上海市民政局联合上海市行政法治研究所，开展了课题研究，并组建了养老机构事中事后监管办法起草小组，在梳理研究国家、其他省市和上

① 本课题完成于 2019 年，为上海市民政局委托课题。

海市民政部门相关政策文件的基础上，初步形成了《上海市养老机构综合监管办法》(以下简称《办法》)。现将课题研究情况报告如下：

## 一、开展养老机构事中事后监管研究的背景

### (一) 需要体现国家、上海市对养老行业监管的最新要求

新修改的《老年人权益保障法》对养老机构的监管提出了新的要求，"地方各级人民政府加强对本行政区域养老机构管理工作的领导，建立养老机构综合监管制度"，"县级以上人民政府民政部门负责养老机构的指导、监督和管理，其他有关部门依照职责分工对养老机构实施监督"。国家民政部和上海市民政局都发布了贯彻落实新修改《老年人权益保障法》的意见，明确加强养老机构事中事后监管的具体举措。同时，国家民政部正在修改《养老机构管理办法》，还正在起草《关于改革完善养老服务综合监管制度的指导意见(征求意见稿)》、《养老服务市场黑名单管理办法(试行)(征求意见稿)》等，对建立职责明确、分工协作、手段多样、行之有效的综合监管制度提出了具体举措。从地方层面看，2019 年 5 月 31 日，上海市政府印发了《上海市深化养老服务实施方案(2019—2022 年)》，提出"对养老服务机构实行分类管理，区分养老服务的不同领域、形态、类型和功能，逐步建立全覆盖、全方位、全过程的监管格局，按照'谁审批、谁监管，谁主管、谁监管'的原则，明确各部门监管职责，建立各司其责、各尽其责的跨部门协同监管机制"。

### (二) 需要对新形势下养老机构监管体系进行重构

上海作为全国老龄化程度最高的城市之一，养老机构也是发展最快速的地区，截至 2018 年底，共有养老机构 712 家，床位近 15 万张。养老机构入住人群中失能、失智老人比例较高，在国家层面取消养老机构设立许可后，并不意味着可以放弃或者放松监管，由于养老事关人民福祉，全面开放后，养老服务新业态不断涌现，养老服务内涵不断丰富，在政府"放管服"的时代背景下，民政部门作为行业主管部门，对事中事后监管有更高的要求，仅凭一个部门、一级政府、一个环节、一种方式难以适应新的发展需要，按照事前审批设计的监管体系需要重构。目前养老机构事中事后监管体系还存在诸多的不完善，包括部门综合监管基础薄弱、综合监管手段不足、处罚不力等问题。因此，上海亟须在地方层面制定综合监管办法，加强对养老机构的事中事后管理。

### (三) 需要适应养老服务多模式发展的监管需求

养老服务业快速发展，总体来看，国家和上海市级层面相关规章、规定、规范对养老服务的界定还不够明确、分类标准比较笼统，监管边界还比较模糊，

比如，医养结合机构与养老机构和医疗机构的关系、养老机构与老年公寓的区别、养老社区与养老服务设施的关系、会员制等金融手段监管等，都需要深入研究，找到有效监管的办法。

## 二、上海市养老机构的管理现状

### （一）取得的经验和成绩

多年来，上海市围绕构建“9073”养老服务格局，积极推动养老服务行业的发展，取得了明显成效。具体如下：

1. 政策法规的顶层设计不断加强

上海市在养老机构监管方面的依据和参照标准，国家层面的主要是民政部的《养老机构设立许可办法》（已废止）、《养老机构管理办法》，地方层面的主要是《上海市养老机构条例》、地方标准《养老机构设施与服务要求》（2014年）；2019年5月31日，研究制定了《上海市深化养老服务实施方案（2019—2022年）》（以下简称“实施方案”），从总体要求、工作目标、主要任务、保障措施、工作机制等五个部分对养老服务明确了框架内容。按照养老服务“放管服”改革以及“取消养老机构设立许可”的要求，积极转变管理方式，将重心转移到事中事后监管，完善信用为核心、质量为保障、放权与监管并重的服务管理体系。也可以说，实施方案从全市层面，对养老服务监管提出了总体和目标措施。

2. 部门之间的协作监督机制

养老机构“放管服”不是民政一家的事情，涉及多家部门，包括市场监管、规划资源、公安、卫生、应急、财税、发展改革等部门，以及水电气有线电视等企业。民政部门在日常检查中，注重将联合检查和专项检查相结合，通过部门之间的密切配合，及时发现问题及时处置。如某家民办养老机构非法集资案件，就是由审计部门在对养老机构审计中发现并及时告知民政部门后得到了及时处理。又如，民政部门在养老机构服务质量大检查、大整治专项行动工作中，取得突出成效，也是与各部门的密切配合、联动执法分不开的。

3. 对养老机构的服务持续强化

在养老机构设立许可放开之前，养老机构从设立到执业涉及部门多、环节多、审批程序多，周期比较长。为加快审批，民政部门主动作为，为筹建中的养老机构出具《筹建证明》，为其办理规划、施工许可、环评、食品经营许可、享受优惠等各类手续提供极大的方便。同时，结合《养老机构设立许可手册》和《养老机构设立许可指南》，对每项需要行政相对人申请提交的材料具体规定进行认真梳理，明确了建设、环评、消防、食品安全等审批所需要的具体文件名称，做到一次告知，对养老机构的服务主动跨前一步。取消设立许可以后，民政部门和其他部门协作，推出了养老机构设立“一网通办”业务。

4. 政府信息公开机制有序运行

国家和上海市发布许多养老服务“放管服”方面的政策文件，但由于信息不对称或者缺少实施细则，很多政策基层不知道、看不懂、难落地，为此，上海市民政部门按照信息公开的要求，能公开的全部在市民政局官网上公开，并开发了《养老服务信息平台》，集成各类养老服务信息，方便基层和群众查询了解。同时，对政策进行必要的解读。如针对养老机构收费信访增多的问题，上海市民政局社会福利处和市发改委收费管理处联合对养老机构收费相关的二十多项问题逐项作出问答。

**（二）存在的主要问题**

起草小组在调研过程中了解到，上海市在养老机构设立许可取消后如何加强事中事后监管方面，主要存在以下困难与问题，具体如下：

1. 部门之间职责需要进一步厘清

《养老机构管理办法》《上海市养老机构条例》等法律法规对民政部门和发展改革、卫生计生、医保、消防、食品药品监管等其他部门在养老机构管理中的职责作出了规定，但是这些规定都是描述性的，比较笼统和原则，导致管理中还存在部门职责和边界不清晰的问题，部门综合监管存在一定的法律障碍。如《消防安全责任制实施办法》规定，民政部门负责养老机构等民政服务机构审批或管理中的行业消防安全。民政部门承担养老机构行业消防的责任并不合理。

2. 综合监管工作机制需要进一步完善

养老作为一项综合系统性工作，需要民政、卫生计生、医保、消防、食品药品监管等多个政府部门共同配合与协作。但目前部门综合监管工作机制尚不够完善。主要体现在：一是执法主体间缺乏有效的跨部门监管联动机制，如区级层面的养老机构监管多部门定期例会、监督检查制度有待完善。二是信息共享机制不畅。其他相关部门未对民政部门查处（查实）的养老机构违法违规行为在本部门职权范围内予以运用，并实施有效的部门联合惩戒。因此，失信养老机构未能“一处失信，处处受限”。此外，相关行政管理部门对养老机构的行政处罚信息也尚未建立主动公开和信息共享的机制。如民政部门对养老机构开展医疗服务的过程中违反医疗管理法规被卫生行政部门处罚的信息并不充分掌握。由于部门间信息不对称，使民政部门难以形成对养老机构经营合规状况的全面、客观评价，并运用到日常监管工作中。部门间监管处罚“信息孤岛”问题仍然存在，对养老机构的监管难以充分发挥信息化的优势。

3. 监管方式需要进一步改革创新

随着社会经济的快速发展，养老服务市场也发生了很大的变化，社区养老、居家养老等新形态的养老机构不断涌现。传统意义上的监管方式，包括随机抽查、执法检查、日常监测、跟踪审计、专项监督、绩效评估、等级评价、满意度测评、信用体系等，已经不能满足现代新形势下的监管需要。而“双随机、一公开”“互联网＋监管”“负面清单”等新的监管方式在行政管理领域不断创新和推进。这些新的监管方式和手段，对强化事中事后监管，重点改变重审批轻监管的行政管理方式，把更多行政资源从事前审批转到加强事中事后监管上来发挥了重要作用。

4. 监管惩戒力度需要进一步加大

民政部门对养老机构的违法违规行为一般不予行政处罚，通常通过责令改正、下达监督意见等形式对违法机构予以告诫，责令养老机构改进或停止违法行为，显然，这样的惩戒处罚力度偏弱，存在违法成本低、无法形成监管威慑的问题。而其他部门（如食品药品监管、卫生监督）的监管惩戒措施也往往以警告、罚款、没收违法所得等“一过性”的形式“罚完事了”，这对严重恶意违法的行为及屡查屡犯的养老机构难以发挥持续性的惩戒作用，严重影响了实际的监管效果。

5. 监管保障措施需要进一步加强

目前，对养老机构的执法主体主要在区级民政部门，受编制等因素的影响，区级民政部门能够参与执法的人员很少，出现了有行政处罚权而无人执法的窘境。可以说，缺少日常监管力量是制约养老机构设立许可取消后各级民政部门面临的最大难点和痛点。同时，民政执法权限下沉后，要求以乡镇（街道）名义开展执法工作，对乡镇（街道）的执法也带来了较大的压力，这些工作都需要人财物方面的保障。因此，事中事后监管需要有关部门增加编制，充实队伍，尤其是基层的执法队伍。如果难以增加编制，那么需要整合社会领域的监管队伍，建立类似于市场监管的部门队伍，否则日常监管难以落地。

6. 退出机制需要进一步建构

目前，《老年人权益保障法》等法律法规提出了对违法违规的养老机构予以退出的说法，但因为养老机构入住对象的特殊性，操作起来比较难落地。现有的处罚对一些严重违法主体也缺乏威慑力。上海很多养老机构建于20世纪八九十年代，设施陈旧，改建难度大，难以达到现有标准，特别是消防设施滞后。虽然近年来年年进行“薄弱养老机构设施改造”和“消防设施改造”，但由于历史原因，不具备改造条件的养老设施仍无法整改到位。对不具备相关条件且多次整改不到位的养老机构，以及违法违规的养老机构的停业、撤销、取缔等行政处罚中存在老年人安置难度大、成本高、职责不清等问题，造成养老机构“退出难”。

## 三、起草养老机构综合监管办法的主要思路

以加强养老服务综合监管体系建设，促进养老服务质量和服务能力提升为目标，以“政府主导、机构自治、行业自律、社会监督相结合”为监管原则。《办法》细化了综合监管相关法律制度，丰富了监管手段和惩戒措施，实行以标准规范和信用监管为基础，“双随机、一公开”为主要监管、重点监管为补充的监管方式，建立了养老机构退出机制等。同时《办法》还提升了监管信息透明度，失信“黑名单”制度，要求充分运用信息共享平台，建立信息联动机制，从而通过信用监管有效规范养老服务行业。

《办法》分为总则、监管主体、监管方式、监管内容、监管机制、监管后果六章。主要内容包括以下五个方面：

### （一）明确养老机构的内涵与外延

《上海市养老机构条例》第3条规定：“本条例所称的养老机构，是指为老年人提供集中居住和照料护理服务的机构。”由此可见，目前养老机构的定义和标准，其实是住宿类长期照护机构，提供集中居住和照料护理的服务机构，老年公寓、社区托养机构等都无法涵盖进来。随着经济社会的发展，养老服务需求开始呈现多样化，各种新型的如养老社区、长者公寓、嵌入式小型机构等养老服务模式出现，养老机构监管的范围要进一步拓展。

根据国务院审批制度改革和“放管服”的要求，结合上海市实际，在《上海市养老机构条例》《上海市社区养老服务管理办法》定义的基础上，参照民政部《关于改革完善养老服务综合监管制度的指导意见（征求意见稿）》和《上海市深化养老服务实施方案（2019—2022年）》，《办法》将适用对象明确为“养老服务机构”，更加强调了养老服务功能。同时第2条将“养老机构”的适用范围进行拓展，纳入了“提供社区养老服务的机构”，体现了养老服务行业发展新业态，更加符合养老服务行业监管的现状。

### （二）建立养老机构综合监管机制

《老年人权益保障法》第44条规定：县级以上人民政府民政部门负责养老机构的指导、监督和管理，其他有关部门依照职责分工对养老机构实施监督。在实践中，养老机构作为专业的服务行业受到多部门监管，职责分散，除民政部门外，依法对养老机构开展日常监管的政府相关部门主要包括：卫生健康、市场监管、人社（医保）、应急、环保、物价、工商、公安、审计等。

为更好地规范养老服务行业、加强安全和行为监管，根据养老服务“放管服”改革以及取消养老机构设立许可的要求，起草小组将改革后各主要监管主体与职责进行了梳理。民政部门是养老机构的主管部门，依法负责日常监督检查、组织开展评估、公布评估结果、处理投诉举报以及违法行为行政制裁等；卫生健康部门依法负责养老服务机构内设医疗机构的备案管理、对提供医养结合服务的机构开展日常监督检查、对违法行为进行行政制裁等。市场监督管理部门依法对养老机构食堂、餐饮服务等进行准入监管，开展日常监督检查，对违反食品安全法的行为进行行政制裁。人社（医保）部门依法对纳入医保定点资格的养老机构内设医疗机构医保经费的使用进行监测、日常监督，对违法医保规定的行为进行行政制裁。应急管理部门依法对申请设立的养老机构，出具建设工程消防设计审核、消防验收合格意见或者消防备案凭证，对其消防安全状况开展日常监督检查。环保部门依法对申请设立的养老机构出具环境保护验收（评价）报告或者审查（备案）意见，对环境违法行为进行监管查处。其他物价、审计等部门按照国家有关规定，承担相应的行政职责。

经职责梳理可见，养老机构设立许可取消后，规划、应急、环评、市场监管等部门的设立门槛仍然存在，部分养老机构在管理程序上出现了衔接不畅。例如民办非企业登记的公益性养老机构采用“先证后照”模式，通过双重管理继续听取行业主管部门的意见，而工商登记的经营性养老机构实行“先照后证”，登记机构只能认定其法人资格、业务或经营范围等，不对机构具体的服务内容等进行认定。改革后民政部门事中事后监管的主体责任压力进一步增大。

因此，综合监管体系的完善对于养老服务全行业监管尤为重要，是确保养老机构健康有序发展的关键。为此，《办法》分章对监管主体、监管内容和部门协同作了明确规定。

1. 建立市、区和街道（乡镇）三级联动的综合监管联动机制

建立健全养老机构备案管理制度，按照属地化的原则将备案管辖权等下放到区民政局，发挥区民政部门服务、监管的作用，加强区级和街道（乡镇）层面对养老机构的日常监督管理。

2. 建立养老机构综合监管机制，制定责任清单

综合监管体系由民政部门牵头、相关行政部门参加。由民政部门发挥主体作用制定责任清单，将用地规范、医疗安全、食品药品安全、消防安全、托管资金安全等监管责任细化、分解，明确各部门监管职责，加强机构养老服务行为监管。按照“谁审批、谁监管，谁主管、谁监管”的原则，建立各司其责、各尽其责的跨部门协同监管机制，实行“履职照单免责、失责照单问责”。

3. 建立养老机构分级分类管理制度

区分养老服务的不同领域、形态、类型和功能，对养老机构实行分级分类管理。聚焦老年人生命财产安全和服务质量，从养老服务的设施设备、安全管理、日常管理和服务评价等方面进行评定分级，确定监管频次，逐步建立全覆盖、全方位、全过程的监管格局。

**（三）丰富监管手段和方式，完善监管惩处机制**

监管实践中，民政部门主要依赖现场检查、巡查、督查等方式对养老机构开展日常监管，对养老机构的违法违规行为一般不予行政处罚。通常通过责令改正、下达监督意见等形式对违法机构予以告诫，责令养老机构改进或停止违法行为，惩戒力度偏弱，存在违法成本低，无法形成监管威慑的问题。虽然有部分区推行了基于养老机构评价考核结果的奖励机制，但尚未统一形成全面、科学的监管评价结果运用机制。而其他行政部门如食品药品监管、卫生监督等的监管惩戒措施也往往为警告、罚款、没收违法所得等“一过性”的形式，尚未形成执法长效机制，这对严重恶意违法的行为及屡查屡犯的机构难以发挥持续性的惩戒作用，影响实际监管效果。为此，《办法》对监管方式和惩戒措施作了明确规定。

1. 采取“双随机、一公开”的主要监管方式

建立随机抽取检查对象、随机选派执法检查人员的“双随机”抽查机制，通过抽查、抽检等方式，集中监督力量，提升监管效率，提升监管效果。

2. 加强信息化建设，建立“互联网＋监督”模式

随着信息技术和互联网的迅猛发展，社会各个领域和行业的信息化程度不断提升。养老机构的经营管理也已逐步进入了信息化时代，而“物联网”“云计算”“大数据”等技术正不断被引入社会管理领域，这为养老服务行业监管的信息化奠定了坚实的基础。《办法》明确规定信息公示和信息归集，要求民政与卫生健康、市场监管、应急管理等部门进行专业监管信息联动、共享，推动联合监管、联合执法、联合惩治。利用信息和互联网技术对养老机构进行科学高效的监管，打造养老机构的“互联网＋监督”模式，形成全过程、动态化、多元化、信息化的综合监管模式。

3. 综合运用提醒、约谈、告诫谈话等手段

告知养老机构相关规定，指出存在问题，提出整改要求，并督促落实整改。通过强化对养老机构及有关管理人员的事中监管，及时化解风险。

4. 建立绩效评估和服务质量等级评价机制及相应惩戒措施

将养老机构日常监督执法结果、第三方绩效评估以及行业组织服务质量等级评价等作为确定政策性补贴的依据，与相关激励惩戒措施相衔接。对于经营

规范、诚信执业、无违法违规行为的养老机构予以表彰、奖励，并优先考虑给予承接政府购买服务项目的资格；对经营失范、考评不合格甚至被监管部门多次查实存在违法违规行为的养老机构，予以行业内通报，加强指导，督促整改，根据相关规定暂停享受有关优惠政策。对于拒不整改或经整改后仍然不合格的，依照相关规定责令停业整顿或者依法撤销登记或吊销法人登记证书。

**（四）引入信用监管理念，建立失信惩戒制度**

社会信用体系建设涉及经济社会生活的各个方面，养老服务行业信用建设是社会信用体系建设的重要组成部分，对于促进机构和个人自律，形成有效的市场约束，具有重要作用。为规范养老机构失信信息归集和使用管理，促进养老机构诚信健康发展，2018年，上海市民政局、市发展改革委联合制定了《上海市养老机构失信信息归集和使用管理办法（试行）》，建立覆盖养老服务行业法人、从业人员和服务对象的行业信用体系。《办法》在上述文件基础上进一步细化、完善信用监管体系。

1. 在日常监管的基础上，完善信用监管，实现养老机构的信用分级管理

养老服务信息平台与市公共信用信息平台加强对接，归集各类养老机构信用信息。逐步建立养老机构信用分制度，对养老机构信用状况、履约能力进行全面的判断和评估，供社会查询和参考。

2. 建立失信养老机构“黑名单”制度

对失信主体，加大抽查比例和频次，依法限制享受政府补贴资金、税费减免等，限制参加政府采购（政府购买服务、政府投资项目招标）；对严重失信的养老机构和相关人员，依法加大惩治力度。

3. 进一步加强对不良和失信养老机构的惩处力度

对违法行为依法予以严肃查处，对于年检不合格的养老机构责令停业整顿并限期整改，对不按要求整改的机构依法予以退出。

4. 发挥行业协会作用，加强行业自律和诚信建设

推动行业组织积极开展对养老机构的评价、培训、指导，对养老机构的运营状况、服务能力、服务质量、群众投诉、社会信誉、安全条件等进行服务质量星级评定并定期向社会公开评定结果。履行好行业代言人角色，发挥社会专业化组织的监督作用，提升行业组织的权威性与影响力，引导养老机构加强自律管理。

**（五）建立养老机构退出机制**

退出机制的制定，不仅有助于养老机构加强日常经营管理，保障老年人的合法权益，同时也能督促机构规范化发展，进一步调整自身的运营活动和养老服务质量的提高，推动养老服务行业良性循环、优质发展。

国家和上海市虽然对养老机构的管理作出诸多明确规定，但都没有明确退出机制。经过梳理，起草小组发现，对不具备相关条件且多次整改不到位的养老机构，以及违法、违规的养老机构，停业、撤销、取缔等行政处罚没有法律依据；缺乏退出机制，只有“进口”没有“出口”的制度设计显然不合理。同时，养老机构在其退出时会遇到老年人安置的问题，这直接关系到老人的正常生活以及寻求替代养老服务，因此养老机构退出制度的核心问题是如何继续保障老年人的养老服务需求。为此，《办法》明确了养老机构退出经营的衡量指标，并对老人的善后安置以及机构的资金清算加以明确规定。

# 社会募捐管理制度及立法研究报告[①]

课题组组长：刘　平　上海市行政法制研究所所长
课题组成员：王天品　上海市行政法制研究所助理研究员
　　　　　　刘　莹　上海市行政法制研究所助理研究员

## 引　言

党的十六届四中全会提出要“健全社会保险、社会救助、社会福利和慈善事业相衔接的社会保障体系”，在社会保障体系的建设过程中，民间的力量日益得到彰显。社会募捐在不断发掘民间救助资源、促进公益事业发展过程中起到巨大的作用。然而，社会募捐中存在的一些问题，如不及时加以解决，将会影响整个公益事业的发展。因此，政府要着力解决的就是如何有效规范社会募捐的各个环节，采取怎样的激励措施，促进社会募捐的发展，这也正是启动本课题的目的之所在。

为此，上海市行政法制研究所组建了本课题组并展开了一系列的调研活动。课题组走访了上海市慈善基金会，了解社会募捐的整个运作过程；在网上发布了调查问卷，希望可以更广泛地了解人们对社会募捐的参与及认知情况，归纳出目前募捐中亟待解决的问题；举行座谈会，邀请上海市各基金会的相关人员到场，全方位地明晰社会募捐操作实践中各个方面的具体问题。课题组还到社会募捐工作开展得较好的普陀区进行调研，了解基层组织在社会募捐中的作用，慈善超市、“一口上下”等制度创新在我市社会募捐、社会救助实践中的具体效果。

## 一、本课题确立的研究范围

从事课题研究，首先要清楚地界定研究的范围。本课题组研究的社会募捐主要是：

---

① 本课题完成于2005年。

**（一）为了开展公益事业而进行的募捐**

《中华人民共和国公益事业捐赠法》第3条规定：“本法所称公益事业是指非营利的下列事项：（一）救助灾害、救济贫困、扶助残疾人等困难的社会群体和个人的活动；（二）教育、科学、文化、卫生、体育事业；（三）环境保护、社会公共设施建设；（四）促进社会发展和进步的其他社会公共和福利事业。”本课题研究的正是为上述救灾、扶贫、环保、教育等公益事业而展开的社会募捐活动。

**（二）主要是指公募行为**

《基金会管理条例》首次以是否面向公众为标准，将基金会分为公募基金会（面向公众募捐的基金会）和非公募基金会（由个人或企业等组织出资设立，资金由设立者提供，不面向社会募集的基金会）。依此标准，募捐行为也可以分为公募和私募。“社会募捐”，顾名思义是指面向社会不特定多数人进行的募捐，属于公募。因为社会募捐面向公众的属性，公众面对劝募行为做出的不同应对（捐或不捐、捐钱或捐物、是否对受赠人附加条件、是否对捐赠程序有特殊要求）决定了公募的复杂性。并且社会募捐中，劝募行为一旦做出，就会产生较大的社会影响，积少成多的捐赠汇集成巨大的物流或现金流，接受、管理、分发过程中的任一环节出现问题，对整个社会募捐都可能产生巨大的负面结果。

**（三）主要是对钱款和物品的募集**

社会募捐的客体十分广泛，包括钱款、物、人体器官、骨髓、血液、精液以及行为等。对人体器官、骨髓等的捐赠，因为在捐赠的接受、管理、分配各环节的专业性较强，只能由专门的机构来进行，法律另有规定的从其规定。对行为的捐赠，就是通常所说的做义工，因为在管理制度设计上与捐款、捐物有很大的不同，课题组拟将其纳入公益事业的队伍建设中来，形成在专业化的社工队伍的带领下，搭建完善的义工服务平台，充分发挥义工的专业特长，更好地发挥其在公益事业中的作用。

随着公民财产范围的扩大，股票、债券等有价证券、权益凭证等也逐渐成为捐赠的客体。股票是股权的表征，目前我国股份有限公司中，进行股票分红的数量只占较小的比例。除了在上市公司发行的股票可以在二级市场上变现以外，股票的价值很难体现。加之股票的价值波动性较大，价值评估较为困难，因此，捐赠股票难以获得相应的税收抵扣。债权与股票不同，是债权的凭证，债权是期待权，一般而言，其票面价值在规定的债务履行期届至的时候，可以获得相应的金钱给付。但债权又是一种请求权，不排除债务丧失偿还能力并且没有有效担保的情况下债权落空的可能。因此，债券和股票一样，可以作为捐赠物，但尽管有票面价值，却不可以获得税收抵扣。即使是以国家信用作保的国债。另外，各种有价证券，要根据法律法规要求的程序，履行相应的变更手续。

综上，本课题研究希望达到的目标是：针对社会募捐过程中存在的各种问题，提出相应的解决对策，并在此基础上进行制度设计，最终从立法的角度对社会募捐活动进行规范，从而最大限度地调动民间各方力量，推动上海市公益事业的发展。

## 二、社会募捐的现状

### （一）社会募捐活动的广泛开展，卓有成效

随着人民物质生活水平的提高，爱心捐助、扶贫帮困的公益事业得到长足发展。党的十六大报告指出，从 1996 年始，全国各级民政部门共接收、发放社会各界捐款捐物折合人民币 236 亿元，使 4 亿人（次）得到帮助。① 全国建立了 2.3 万个捐助接收站点，基本形成覆盖全国城市的社会捐助网络。②社会捐助已经逐步成为全社会范围内奉献爱心的公益活动。义演、义卖、设立募捐箱等各种形式的募捐活动广泛开展，慈善理念逐渐深入人心，2004 年印度洋海啸发生后，我国对灾区进行了积极的救助，来自民间、数额巨大的救助资金在短时间集合并发往灾区，让我们充分感受到慈善事业的巨大力量。截止到 2004 年 12 月 31 日，民政部直接接收的社会捐赠达 141638.6 万元，接受其他部门转入的社会捐赠款数达 8322.5 万元，接受直接捐赠的衣被总数为 6850 万件，接受其他部门转入的捐赠衣被总数为 1319 万件。③

然而，相对于巨大的社会需求而言，公益事业目前的发展状况还远远不够。以慈善捐赠为例，民政部救灾救济司副司长的庞陈敏在 2004 年 11 月 30 日接受《人民政协报》采访时指出，我国“整个公益慈善事业处于一种自然发展状态”，“美国 2001 年的慈善捐赠达到了 2000 亿美元，是国内生产总值的 2% 左右。如果我国也达到这个比例的话，我们的 GDP 是 10 万亿，那么捐赠应该能达到 2000 亿人民币。但我们目前整个捐赠事业一年可能还不到 100 亿”。一方面是我国的经济发展状况决定了社会各界对公益事业的捐赠应该还有极大的提升空间，另一方面是捐赠公益事业的过程中存在的诸多不尽如人意的问题，在某种程度上阻碍了公益事业的发展。

---

① 参见《九成人参加过社会捐助》，《中国青年报》2004 年 11 月 8 日。

② 数据来自《覆盖全国城市的社会捐助网络基本形成》，《法制日报》2004 年 1 月 4 日。

③ 数据来自《2004年民政事业统计年报快报》，民政部官方网站 http://www.mca.gov.cn/news/content/recent/2005118153858.html。

受经济发展水平、市民综合素质等多方面因素的影响，上海市公益捐赠事业的发展水平及规范化程度在全国居于领先地位。继2004年1月在普陀区开展的上海市经常性社会捐助试点工作开始，至11月底，全市已建立了60个经常性捐助接收点，募集衣被近10万件，先后发往云南、青海、重庆等省市，支援当地灾民和贫困群众，一个覆盖全市的捐赠网络正在形成。① 相当数量的民间性的慈善组织运作规范，积极推动慈善事业的发展。以上海慈善基金会为例，成立十年来，通过"慈善一日捐""慈善义卖"等形式，共募集捐款8.5亿元，使用资金4.7亿元，让38万市民直接受益。② 相对于上海国际化大都市的地位及社会需求而言，上海公益捐赠事业的发展还远远不够。

**（二）社会募捐中的制度性障碍亟待解决**

1. 接受捐赠的组织的覆盖不够普及、便民，捐助的渠道还不够畅通

根据民政部救灾救济司委托所做的《中国都市地区普通公众参加社会捐助活动的意愿和行为取向分析》的课题研究报告，社会募捐的促发机制有以下几种：③（1）公众对突发灾害作出捐赠的回应；（2）工作单位推进；（3）媒体在引导公众参与社会公益活动；（4）生活物品的更新换代，产生大量可供捐赠的剩余资源，这是经常性捐赠最主要的促发机制。相对于前三种促发机制较强的目的性而言，居民生活物品的更新换代更具随意性。因此，便捷的捐助方式，会促使居民更多地将剩余物资捐出，然而在这方面，以往做得还不够。为此，课题组走访了社会募捐开展得比较好的普陀区，目前，在该区的每个街道，都有慈善组织协助设立的捐赠点，但捐赠点仍不能全面覆盖街道内的每个社区。

课题组所做的网上调查问卷也显示，针对"您觉得上海的社会募捐中存在哪些不足？"这个问题，除了"缺乏透明度（70.5%）""组织募捐的机构过多，真假难辨（51.6%）"之外，就是"捐赠渠道不畅通，不知道去哪儿献爱心"，占到48.3%。

2. 缺少对公益捐赠的激励政策

公益捐赠本质上是一种奉献行为，但这并不否定对这一行为可以有其相应的促发机制和激励措施。对公益捐赠的激励，最有力的手段就是税收优惠政策。税收优惠政策是指企业对社会事业提供的慈善捐赠经费可以让企业通过不同的方式享受减免税收的社会政策。毋庸置疑，在一个常态完整的市场经济条

---

① 来源于新华网上海频道2004年12月17日消息，http://www.sh.xinhuanet.com/2004-12/17/content_3412452.html。

② 《十年慈善情》（庆祝上海市慈善基金会成立十周年宣传册），第2页。

③ 参见刘能：《中国都市地区普通公众参加社会捐助活动的意愿和行为取向分析》，《社会学研究》2004年第2期。

件下，税收减免政策给社会公益捐赠事业带来的影响是积极而巨大的，也是最具实质性的。但税收上的优惠不明确，执行标准的不统一，以及优惠力度的不够，使得这一最有力的社会捐助驱动机制起不到应有的作用。

**第一，税收减免的比率低**。根据原《中华人民共和国企业所得税暂行条例》第6条第4项规定："纳税人用于公益、救济性的捐赠，在年度应纳税所得额3%以内的部分，准予扣除。"《中华人民共和国个人所得税法实施条例》第24条规定，个人将其所得通过中国境内的社会团体、国家机关向教育和其他社会公益事业以及遭受严重自然灾害地区、贫困地区捐赠，捐赠额未超过纳税义务人申报的应纳税所得额30%的部分，可以从其应纳税所得额中扣除。无论是个人捐赠还是企业捐赠，捐赠额都不是在应纳税所得额中全额扣除的。尤其是对企业所得税应纳税额的扣除只有3%，比率太低，对企业捐赠不能形成良好的刺激。课题组进行的社会募捐网上问卷调查结果也显示，对于"您觉得上海的社会募捐中存在哪些不足？"这一问题的回答，有36.9%的人认为对捐赠人缺少优惠政策。

**第二，执行标准不统一**。《中华人民共和国企业所得税暂行条例实施细则》第12条规定，纳税人只有向中国青少年发展基金会、希望工程基金会、宋庆龄基金会、减灾委员会、中国红十字会、中国残疾人联合会、全国老年基金会、老区促进会以及经民政部门批准成立的其他非营利的公益性组织进行的捐赠，方可在应纳税所得额3%的比率内予以扣除。而财政部、国家税务总局则规定，企业、事业单位、社会团体和个人等社会力量，向红十字事业的捐赠，在计算缴纳企业所得税和个人所得税时准予全额扣除。① 向中华健康快车基金会和孙冶方经济科学基金会、中华慈善总会、中国法律援助基金会和中华见义勇为基金会的捐赠，准予在缴纳企业所得税和个人所得税前全额扣除。② 财政部、国家税务总局的规定与国务院的规定不一致，纳税人要得到优惠就要对捐赠的对象进行选择。就上海的情况来看，各种基金会有56家，非基金会社团约2840家，③ 只有少数几家公益组织可以享受税收优惠，可能产生少数几家公益组织在接受社会捐赠领域的垄断行为，导致公益事业发展的不平衡。

《中华人民共和国外商投资企业和外国企业所得税法实施细则》规定，对

---

① 参见财政部、国家税务总局《关于企业等社会力量向红十字事业捐赠有关问题的通知》（财税〔2001〕28号）。

② 参见财政部、国家税务总局《关于向中华健康快车基金会等5家单位的捐赠所得税税前扣除问题的通知》（财税〔2003〕204号）。

③ 参见马建国、杨焕凤：《非营利机构基金集合信托方式初探》，载马伊里、杨团主编：《公司与社会公益》，华夏出版社2002年版。

“用于中国境内公益、救济性质以外的捐赠”在计算应纳税所得额时可以列为成本、费用和损失的会计项目中。外资企业可以通过会计手段将捐赠计入成本等，直接从应纳税所得额中扣除，但内资企业却不可以，外资企业在税收优惠问题上存在超国民待遇。

**第三，税收优惠的宣传力度不够**。有关税收优惠的法律规定比较繁杂且专业性较强，国家对税收优惠政策没有广泛宣传，受赠人在接受捐赠的时候也没有对捐赠人的告知义务，税收优惠不为捐赠人所知的情况普遍存在，不能激发潜在的捐赠行为。

**第四，缺少有效的评估机制**。目前只有捐钱可以得到税收减免，捐物则不行。一些单位流动资金比较紧张，物资相对富余，捐出了与金钱等值的大量物资，却不能享受同样的优惠，这在一定程度上挫伤了捐赠人的积极性。

3. 组织募捐的机构过多，募捐款物的管理和使用较为混乱

《中华人民共和国公益事业捐赠法》（以下简称《公益事业捐赠法》）第10条规定：“公益性社会团体和公益性非营利的事业单位可以依照本法接受捐赠。”但在实践中，民政部门，一些相关政府机构、各种公益性社团、基层组织，某些媒体或个人都可以接受公益捐赠。任何单位和个人，无需办理任何手续，都可组织发起一场募捐活动。以至于“组织募捐的机构过多，真假难辨”作为社会募捐中存在问题，排在第二位（51.6%）。

造成这种现象的原因是公益事业捐赠法虽对受赠人作出限制，并未对“公益捐赠”和“私益捐赠”的概念作出严格区分。私益捐赠是为了帮助解决特定对象生活、医疗、教育等方面的困难而实施的捐赠行为。公益捐赠是指自然人、法人或其他组织为发展社会公益事业或资助不特定的社会成员而作出的无偿向公益性社会团体和公益性非营利的事业单位捐赠财产的行为。就整个社会而言，公益捐赠作为一种资源，其存量是有限的，如果不加合理地利用，会造成无端的浪费，从而影响捐赠人再次捐赠的积极性。同时发起捐赠过多过滥，一方面使人感到疲于应付，产生厌烦感。另一方面，捐赠人缺乏对劝募人信用识别的能力和经验，一旦受骗，会对社会募捐的整体事业产生不信任感。

4. 硬性摊派的现象时有发生，捐赠人捐赠后缺乏必要的知情权

在我们所做的问卷调查中，对“您通常是参加由谁发起的社会募捐”，在被访的577人里，参加过由所在单位组织的募捐的有338人，占58.6%，居第一位。其次分别是居住社区（37.4%）、慈善组织（21.8%）和新闻媒体（6.2%）。但对于我们提出的另一问题“您认为由谁发起社会募捐比较好?”，被调查者中有64.6%的人认为，由慈善组织发起社会募捐比较好。其他的分别是政府部门（41.8%）、居住社区（31.5%）、所在单位（25.5%）以及新闻媒体（18.4%）。为什

么认为最好由慈善组织发起募捐，但实践中参加最多的却是由所在单位组织的募捐？为什么单位并非专业的劝募机构，但单位组织的募捐却最成功？究其原因，还是因为我们更多的是“单位人”而非“社会人”。个人与单位之间存在牢固的隶属关系，可以这样说，这种隶属关系在促成募捐活动顺利开展的同时，捐赠中也可能存在摊派现象。也因为单位包办捐赠事宜，为什么捐、捐给谁，当事人可能并不知晓（也可能出于对单位的信任而不再关心），更不用说拿到捐赠凭证进行税收减免了（当然单位作为捐赠人的税收代扣代缴人，也可能直接拿到捐赠凭证，为当事人进行了税前的扣除）。这样，当事人在捐赠中的知情权以及对捐赠的参与意识不能得到保证，对捐赠所收获乐趣难以有切身的体会，从长远看，对捐赠人的捐赠积极性，对整个社会慈善意识的提高并无益处。

**（三）社会募捐法律资源分散、残缺，不足以提供充分的法治保障**

**规范社会募捐的法律比较分散**。就捐赠行为而言，《公益事业捐赠法》涵盖了教、科、文、卫、体、环保、社会公共设施各方面的捐赠。慈善捐赠所具有的一些区别于其他公益捐赠的特点不能得到充分体现。原《中华人民共和国合同法》（以下简称《合同法》）在“赠与合同”一章中强调具有社会公益性质的赠与的诺成性，是为了解决赠与合同的履行问题，对慈善捐赠有一定的规范作用，但对规范社会募捐过程中各个行为而言，显然是不够的。并且合同法调整的是平等主体之间意思表示一致产生的私法行为，而社会募捐在各国都是需要公法介入的。就接受捐赠的主体而言，《基金会管理办法》和《社会团体登记管理条例》对一些专门从事慈善事业的组织予以规范。基金会法人的确可以依此法律进行自律，但在我国，可以进行公开劝募并接受捐款的组织不止基金会和依法登记的社会团体。而《社会团体登记管理条例》仅是为了方便社会的管理而进行的立法，与传统民法对社团法人和财团法人的分类并不适应，容易产生错误理解。就一些特殊形式的社会捐赠，比如经常性捐赠、义卖、义演等，有《救灾捐赠管理暂行办法》《社会福利性募捐义演管理暂行办法》以及《民政部关于进一步开展经常性社会捐助活动的意见》等法律法规对慈善募捐事业进行规范。一方面立法层次过低，难以提供强大的法律依据；另一方面都只对募捐过程中的某一环节或某一方面立法，既无整体性又可能因产生内部矛盾而不相适应。

**立法还存在明显空白**。《公益事业捐赠法》作为规范社会募捐的基本法律，对接受捐赠的行为予以规范，但对其前提性行为——公开劝募行为没有规范，出现法律空白，而该空白恰恰是问题的多发地带。因为对劝募行为没有规定，相应的联合劝募组织等行业组织也无成立的法律依据，因而无法解决多头募捐浪费社会募捐资源的严重问题。

**有些法律缺乏可操作性**。以对社会募捐起较大激励作用的税收优惠制度为例,《公益事业捐赠法》《企业所得税暂行条例》《企业所得税暂行条例实施细则》《个人所得税法实施条例》等许多法律文件中都提到捐赠额外负担在应纳税所得额之前的扣除问题,但如何实现这一优惠,使这一优惠政策具备切实的可操作性,却成为实践中的一个难题。

综上,有必要针对上海市社会募捐发展状况、存在问题以及未来发展的方向,制定专门的地方性法规,以推进公益性社会募捐事业的发展。

## 三、制度完善的思路及指导原则

2005 年,完善社会救助制度是上海市政府的重点工作之一。根据完善社会救助制度的要求,促进上海市公益性社会募捐事业发展的指导思路应当是突出"两手抓",即一手抓社会募捐资源的有机整合,避免劝募活动开展得过多过滥;一手抓各项公益事业向社区的延伸,使公益事业的开展拥有广泛的群众基础,实现民间力量的大力推动与政府的主导相衔接,共同促进上海市各项公益事业的发展。

**社会募捐中应当确立"积极鼓励,促进发展;行业自律,政府指导;统筹协调,资源整合;规范有序,分类管理"的指导原则**。首先,对整个公益事业来说,政府和整个社会都应当持鼓励和促进的态度,毕竟这个事业的发展是重要的,发展空间是巨大的,而发展的现状是不足的。其次,政府应当从社会募捐的直接组织者的角色中淡出,转向对制度设计、政策鼓励、日常监管等方面工作的加强,使劝募活动从借助行政权力,以自愿之名行摊派之实的发展误区中走出。再次,社会募捐的资源虽然巨大,却是有限的,为了取得最大的绩效,应当使劝募资源得到最优的配置,由专业性机构进行统筹协调与资源整合显得十分必要。最后,与专业化运作相适应的,是专业化分类管理,以建立整个劝募活动各个环节的秩序规范。

## 四、促进社会募捐事业发展的基本制度设计

### (一)社会募捐中的主体制度

整个社会募捐包括劝募、捐赠、接受捐赠,关系中涉及的当事人主要有捐赠人、劝募人、转赠人以及受益人。捐赠人是指自愿将款、物赠予特定或不特定受救助对象的公民、法人或者其他组织。劝募人是指面向不特定对象进行劝说、动员以募集款、物实施救助的单位和组织。

课题组认为，鉴于社会募捐整个运作过程的专业性，也为了加强对劝募活动的规范，对于慈善性社会募捐，应当在《公益事业捐赠法》的基础上，对捐赠法律关系中的各方主体的资格及其享有的权利和所负担义务予以进一步明确。

（1）捐赠人的权利义务

《公益事业捐赠法》第 9 条规定："自然人、法人或者其他组织可以选择符合其捐赠意愿的公益性社会团体和公益性非营利的事业单位进行捐赠。捐赠的财产应当是其有权处分的合法财产。"《公益事业捐赠法》并未对捐赠人设定义务，其鼓励捐赠的立法目的是显而易见的。然而，在每一种具体的法律关系中，主体的权利义务总是确定的，只有这样，才能在发生纠纷的时候更好地定分止争。

在捐赠法律关系中，捐赠人享有的权利包括：

第一，捐赠意愿受到尊重的权利。捐赠是当事人对其财产的一种处分行为，是一种民事法律行为，意思表示自由是民事法律行为的基本构成要素。捐与不捐，捐给何人，捐作何用，完全取决于当事人的意思。捐赠在作出捐赠的意思表示时可以附条件，根据《中华人民共和国民法通则》（以下简称《民法通则》）第 62 条规定，附条件的民事法律行为在符合所附条件时生效。因此，如果捐赠人的捐赠意愿得不到尊重，可能从根本上导致捐赠行为的无效。因此，从鼓励捐赠的目的出发，捐赠意愿应当受到尊重。

第二，索取捐赠凭证、获得税收抵扣的权利。捐赠凭证是捐赠的证明，并且可以作为扣税的依据，所以，转赠人在接受捐赠时应当自觉地向捐赠人给付捐赠凭证。在转赠人未予给付的时候，捐赠人有索要的权利。这样一方面可以保证捐赠人享受到捐赠带来的各种优惠，激励捐赠人再次进行捐赠行为；同时对转赠人对捐赠款、物的管理和使用形成有效的监督与制约。

第三，对捐赠款、物使用情况的知情权。捐赠人在捐出款、物后，有权了解捐赠款、物的流向、使用等情况。这既是当事人的一种权利，也是当事人对其捐赠意愿是否受到尊重的验证。

第四，对余款的处分权。赠与是一种处分行为，赠与一旦完成，财产所有权即发生相应地转移。然而，赠与又是一种目的性行为，当捐赠的目的已经实现或无法实现，而同时又有余款产生的时候，理论上，对余款的处分要征得捐赠人的同意。考虑到社会募捐一般要通过转赠人进行分发、转赠，将余款退回，会产生相当的管理费用，并且，一般而言，将余款用于相同的救助目的并不与捐赠人的本意相违背，因此，课题组认为，捐赠人应当享有的是对定向捐赠余款实施相同救助的决定权，而非对余款的直接处分权。

在享有捐赠权利的同时，捐赠人还要履行如下义务：

第一，公益捐赠的捐赠人在认捐后负有履行捐赠合同的义务，尤其是当捐赠非即时履行的情况下。因为具有救灾、扶贫等社会公益、道德义务性质的赠与合同或者经过公证的赠与合同，是诺成性合同而非实践合同。这在《合同法》中已有明确的规定。

第二，捐赠人对捐赠物存在瑕疵的告知义务。《合同法》第191条规定："赠与的财产有瑕疵的，赠与人不承担责任。附义务的赠与，赠与的财产有瑕疵的，赠与人在附义务的限度内承担与出卖人相同的责任。""赠与人故意不告知瑕疵或者保证无瑕疵，造成受赠人损失的，应当承担损害赔偿责任。"也就是说，捐赠原则上没有对捐赠物的瑕疵担保责任。但是，捐赠人对捐赠物存在的瑕疵负有告知的义务，因未告知的瑕疵致人损害的，捐赠人应当承担相应的法律责任。当然捐赠是无偿的，捐赠人对捐赠物瑕疵的注意程度要低于买卖等有偿行为。从主观上讲，只有故意才能构成承担责任的要件，因为疏忽或其他原因未履行告知义务，不需要承担相应的法律责任。

但捐赠涉及财产处分权，无民事行为能力人和限制民事行为能力人处分财产的行为是无效的，所以依据《民法通则》，捐赠人还应当具有实施捐赠相应的民事行为能力。在捐赠过程中，捐赠人享有相应的权利和义务。无民事行为能力人或者限制民事行为能力人做出的、与其行为能力不相适应的捐赠，应当征得其监护人的同意。对于未征得监护人同意的捐赠，监护人可以采取相应的补救措施。

（2）转赠人的资格限制及其权利义务

《公益事业捐赠法》第10条规定："公益性社会团体和公益性非营利的事业单位可以依照本法接受捐赠。"有权接受公益捐赠的只有公益性社会团体和公益性非营利事业单位。然而在实际操作中，可以接受捐赠的人的范围很广。民政部门，一些相关政府机构、各种公益性社团、基层组织，某些媒体或个人都可以接受公益捐赠。造成这种现象的原因是《公益事业捐赠法》中的"受赠人"的概念包括了接受捐赠的人，以及捐赠的直接受益人。然而，课题组认为，私益捐赠中的受赠人可以是任何人，但公益捐赠的受赠人应当是有限制的。为了与《公益事业捐赠法》的受赠人概念相区分，并且，考虑到社会募捐中所募集的款、物一般都要被分发、转赠至受益人手中，我们这里引入"转赠人"的概念，以与《公益事业捐赠法》中的受赠人的概念相区分。

课题组认为，社会募捐中的转赠人的范围应当加以限制。受一国经济发展水平所限制，社会捐赠资源是有限的。如果不对劝募行为以及可以接收劝募所得款、物的主体作出限制，就不能避免重复募捐、多头募捐，甚至出现借募捐诈骗钱财等触犯刑法的情况的发生。正是这些情况，最易引发群众的反感，不仅浪费有限的社会捐赠资源，使需要帮助的人得不到帮助，而且更严重的是，会从根本上阻碍公益捐赠事业的可持续发展。

根据《公益事业捐赠法》和《基金会管理条例》的相关规定，我国目前可以接受社会捐赠的主体主要有三种：公益性社团法人、公募基金会法人，以及非营利性事业单位法人。因为我国目前并未采纳传统民法上社团法人与财团法人的二分法，基金会法人也属于传统的社会团体法人范畴。事业单位法人则是一些有政府背景（国家机关举办）或国资背景（利用国有资产举办）从事不以营利为目的的公益活动的单位。课题组认为，从规范社会募捐、厘清目前募捐领域的混乱局面出发，这样的限制是必要的。除此以外的其他组织或需要得到救助的个人，直接从事劝募活动和接受劝募所得款、物的行为是被禁止的，如有募捐需要，只能委托并通过上述转赠人来进行。

至于国家机关，我们认为，原则上应当从直接劝募市场上退出，不宜纳入转赠人的范围。但在某些情况下，比如在接受外国政府或国际组织的捐赠时，国家可以成为转赠人。

综上，我们认为，转赠人是指具有社会救助功能，接受公民、法人或者其他组织的捐赠后，有能力实施救助的公募基金会法人。

与捐赠人的权利义务相对应，受赠人的义务包括：

向捐赠人给付捐赠凭证的义务；按捐赠人意愿使用捐赠款物的义务（捐赠人有明确捐赠对象的，应当遵照捐赠人的意愿，全额转赠募捐款。捐赠人没有明确的具体的受益对象的，受赠人应当按照通常目的使用募捐款）；接受主管部门业务指导与检查监督的义务；向社会公布受赠及捐赠使用情况，接受社会各界监督的义务；在捐赠人承诺捐赠而未履行的情况下，依法向捐赠人追索的权利义务。

需要指出的是，追索权既是转赠人的义务，同时，对捐赠人而言，也是转赠人可以向其行使的一种权利。

（3）劝募人的资格限制

劝募是社会募捐中的重要环节，劝募开展得成功与否，直接影响到社会募捐的效果。义演、义卖、义赛等多种形式的劝募活动广泛开展，“快乐慈善”等理念的提出，大大激发了人们对公益捐赠的热情。劝募人就是在劝募环节中，向不特定对象进行劝说、游说、发动，以鼓励、引导、启发不特定公众捐出款、物，支持公益事业的发展。我国许多管理规范的慈善组织，其透明度与社会公信力也很高。比如中华慈善总会，对于社会募捐，都有很详细的前期调查与事后备案的制度。上海市慈善基金会为了增加其公信力，还专门委托专业的信用评价机构对其进行信用评估。然而，实践中，人们还是会把“缺乏透明度”列为社会募捐中存在的首要问题，课题组认为，不能忽视的一个原因是组织募捐的主体即劝募主体过多，人员素质良莠不齐，一些组织和个人的违法违规行为产生“劣币驱逐良币”的后果，影响了其他运作规范的公益组织的劝募活动。

针对调查显示的劝募主体的排位，[①] 课题组认为，为了减少多头募捐等混乱局面的出现，对劝募人的主体资格也应当作出限定，有资格进行劝募的主体，应当是转赠人或转赠人委托的有能力从事劝募活动的单位或组织，个人不能成为劝募人。劝募人的范围大于转赠人，是为了壮大劝募力量，扩张转赠人的劝募行为能力。受转赠人委托从事劝募活动的人，其对外所实施劝募行为的法律后果由委托人承担。当然，实践中也不乏未经委托直接从事劝募活动的，比如有些媒体发布的公益广告，比如一些演艺组织凭借明星的号召力组织发动的募捐活动。在这种情况下，因为捐赠凭证要从转赠人或民政部门统一领取，所以，即使未经委托，自发的劝募活动也应当在劝募活动后及时与转赠人取得联系。

为了使劝募活动更加规范，在社会募捐的过程中，劝募人更多地是作为义务主体，其承担的义务主要包括：

佩戴统一的劝募标识；使用统一规范的劝募用语、宣传口号；向捐赠人交付捐赠凭证；当日内，将募集款、物以合理的方式交付转赠人。同时，在劝募活动中不得强募或摊派；不得超越备案的载体或者地域范围、时间进行劝募；劝募活动不得扰乱正常社会秩序；不得借劝募实现或变相实现某种商业目的。

（4）受益人的权利义务

受益人是最终得以使用捐赠款、物的人，是整个社会募捐过程的终极得利人。在社会募捐法律关系中，受益人主要是权利主体，享有获得救助的权利，但同时也应当负担一定的义务。

第一，受益人应按照捐赠人的意愿使用捐赠款、物，不得将款、物用于与捐赠目的相违背的活动，更不得将款、物用于赌博等违法行为。

第二，当救助目的已经实现，或救助目的无法实现时，受益人应当对捐赠的余款予以返还。

**（二）社会募捐中的程序规范**

社会募捐从公开劝募到接受捐赠、使用捐赠是个完整的过程，在这个过程中，涉及的金额往往相当庞大，引起社会各界人士的广泛关注，为了不浪费有限的社会捐赠资源，使劝募所得的捐款用得其所，需要建立程序性的规范，对社会募捐整个过程中的各种行为进行规治。

---

① 排名情况是：慈善组织（64.6%）、政府部门（41.8%），居住社区（31.5%），所在单位（25.5%），新闻媒体（18.3%）。

1. 建立劝募环节的程序规范

对劝募的规范应从以下几个方面着手：

第一，劝募人应当建立社会募捐的联席会议制度，或者组织募捐领域的行业协会，每年根据公益事业发展的需要制定劝募计划。

第二，从事劝募活动的组织或单位，在劝募活动开展前，应当到主管部门进行备案，备案的内容包括：劝募人的名称；宣传口号；劝募的时间、地点；所募集款、物的计划用途；挂靠的转赠人及其接受捐赠款的账号；劝募人员的主要来源等基本信息及人数等。情况紧急，来不及事前备案的，应在劝募结束后，及时向主管机关进行事后备案。

第三，向社会公告劝募结果，接受社会各界的监督。劝募是整个社会募捐的起始阶段，由劝募人向社会公开此次募捐的事由，以吸引不特定当事人进行捐赠。劝募的方式很多，可以在道路、广场等露天公共场所面向公众公开进行的募捐活动；可以通过媒体发布劝募事由，公布接受捐赠的方式，进行赠与合同的要约邀请；也可以通过邮寄的方式，委托拥有信息来源的第三方（比如中国电信、中国移动运营商、贝塔斯曼书友会等）发送邀请捐赠的信函等。因为劝募环节面向不特定当事人，劝募环节运作的不规范直接影响当事人对社会募捐的态度，所以，应当设立劝募环节的行为规范。

（1）劝募行为的备案制度

香港的社会募捐制度搞得比较好，对劝募行为的规范，我们可以借鉴香港的做法。在香港，若某项活动需要在公众地方举行（主要是售旗日和一般慈善筹款活动），必须首先根据《简易程序治罪条例》（第 228 条）第 4（17）（i）条，向社会福利署申领公开筹款许可证。至于通过奖券活动进行的筹款活动，则须按照《赌博条例》（第 148 章）第 22（1）（a）（i）条，向影视处申领牌照。①

为加强慈善筹款活动的透明度和问责性，社会福利署曾于 2003 年拟订一份《慈善机构筹款活动最佳安排参考指引》及一套公开登记册制度，供慈善机构自愿遵守。慈善机构可灵活选择全面采用或只采用部分指引。社会人士则可参考该指引，藉以衡量慈善机构举办筹款活动时的表现。《参考指引》A2 条规定："所有由慈善机构举办或代表该机构举办的筹款活动，须公开慈善机构的名称和筹集善款的目的。募捐印刷品，亦须载有机构的地址或其他联络

---

① 摘自《有关监管慈善筹款活动的安排的调查报告摘要》，这里"一般慈善筹款活动"包括售卖徽章、纪念品或类似对象的慈善活动；逐家逐户募捐（特别是在公共屋）；在固定柜位设立捐款箱；慈善义载；以及传奉献袋募捐等。这里"奖券活动"在《赌博条例》中的定义包括抽奖、大马票、字花、红票、铺票，以及任何涉及猜测未来事件的结果和经碰机会而分发奖品的博彩游戏 / 计划。

资料。”①

因为劝募行为难以纳入《中华人民共和国行政许可法》规定的行政许可项目，同时，劝募的开展很多时候是因为自然灾害等一些紧急状态的产生，为救灾而进行的劝募有很强的时效性，而审批需要一个过程。如果无需审批，多头募捐、重复募捐会频频发生，招致群众反感。故课题组认为，较为理想的做法是建立募捐备案制度。具体而言，劝募人应将拟劝募的事由、目的，发动募捐的时间，接受捐款的时间，接受款、物的转赠人等各种与劝募活动有关的情况向社会募捐的主管部门（民政部门）进行事前备案。备案一方面可以加强主管部门对社会募捐活动的管理，另一方面通过备案也增加了劝募活动的公信力。如果需要发起劝募的情况紧急，来不及事前进行备案，也要在劝募结束后及时向主管部门进行事后备案。

（2）劝募收入的结算与公告制度

为了加强劝募的公信力，便于接受社会公众的监督，劝募人应当在劝募活动结束后的 7 日内，到领取捐赠凭证的转赠人或民政部门结算，并将劝募收入情况通过媒体向社会予以公告，以减少劝募活动中的虚假劝募情况的发生，加强劝募主体的财务自律。

目前，针对特定事项发动的财务报告制度是可行的，据了解中华慈善总会在大型募捐活动后，就会在《中国青年报》《北京青年报》等媒体向社会公布募集资金的财务报告。②香港特别行政区《慈善机构筹款活动最佳安排参考指引》C5 条规定：“作为最佳的做法，慈善机构宜在切实可行范围内，就个别筹款项目编制财务报表，以供公众查阅。针对筹款额高及明确的计划，机构应尽可能为个别涉及公众募捐（在公众地方、透过广播、在互联网上、在报章 / 杂志或其他刊物等方式进行）的筹款项目或活动，于有关项目 / 活动结束后 90 天内或每年（如该项目 / 活动历时超过一年）一次，编制经外界审核（或审阅）的独立财务报表。”③

---

① 该条还有3点说明：（i）所有与捐款人及准捐款人通讯的函件应说明有关筹款活动的目的，并同时包括充足的联络资料，方便捐款人及准捐款人向该慈善机构作进一步查询。（ii）如募捐所得款项并非用于某特定项目，有关的慈善机构应倍加小心，避免误导捐款人或准捐款人以为捐款会用于该项目。（如慈善机构筹款作一般用途，最佳的做法是清楚说明在有关筹款活动中提及的项目为机构过往工作的部分例子。）（iii）慈善机构宜提供完整的本港地址。但倘若此举并不可行（如有关慈善机构在港并无办事处），又或鉴于慈善活动或募捐活动的性质（如透过电话募捐），提供完整地址并不合理，有关机构亦应提供足够资料，以便捐款人或准捐款人可于一般办公时间联络到机构的雇员或义工，以解答他们的疑问。

② 徐海屏：《小额募捐在中国》，《中国新闻周刊》2004 年 6 月 23 日。

③ 这些财务报表在所有要项上均应据实呈报及准确无误，当中披露的资料宜包括：（a）筹款总收入（已发出或没有发出收据的捐款）；（b）筹款总支出（包括薪金及经常费用）；（c）净收入用于何处，以及当有关收入全数或部分转拨为慈善机构的收入时，应在机构的周年报表中说明；以及（d）在所有要项上均根据公认会计准则及香港会计师公会厘订的准则编制。

2. 对接受捐赠行为的规范

无论是捐款还是捐物，捐赠凭证应当成为一种强制性的制度，每笔捐款的进入，每件物品的收受，都要给付相应的接受凭证。接收凭证应由主管部门监督印制，载明接收捐赠的时间、地点，捐赠的性质与数额，捐赠人的姓名或名称，受赠人的名称等事项。捐赠凭证可以作为所得税扣除的依据。受赠人对捐赠人的姓名及名称有应捐赠人的要求予以保密的义务。

3. 对使用捐赠行为的规范

转赠人应当依捐赠人的意愿制定对捐款、捐物的使用计划，对款、物是否交付至指定的或符合要求的受益人，受赠人有进行监督的义务，应当建立有效的定期回访与抽查制度。受赠人对捐款应当通过正规的交付渠道进行分发，应通过缔结委托合同确定委托人在捐赠款、物分发过程中的义务与责任。

4. 转赠人的年报制度

财务制度对社会透明化是提高受赠公信力的一个有效的途径。公益捐赠的转赠人应当定期接受审计，并向社会公布审计结果。应该在每个会计年度终了时向主管机关提交年度会计报告，并同时将会计报告公开。公开的方式是在权威媒体上发布，公众也可以到转赠人住所地进行查询。年报制度一方面使行政机关对转赠人的活动进行有效的业务监督，另一方面可以更好地发动群众进行舆论监督。

5. 建立对转赠人的监督评估制度

转赠人对捐赠的使用情况，捐赠人及社会各界可以进行查询，主管机关可以对其实施的相关事项的定期检查（年检）及各种专项检查。除此之外，为了促进受赠人即从事社会募捐的公益性团体的规范运作，课题组认为，还可以建立中介组织（第三方）对其进行社会募捐的绩效评估制度。

**（三）创建我市慈善组织的协调制度**

建立社会募捐的协调机制可以减少重复的慈善募捐活动，使慈善募捐更加专业化、规范化。我国台湾地区的“中华社会福利联合劝募协会”，就是协调机制的一个例子。它通过一个专责募款的机构，有效地集结社会资源，并统筹合理地分配给需要的社会福利机构或团体，使得社会福利机构得以专心推广服务计划，而社会大众也可避免重复募款的干扰。其功能包括：合理地分配社会资源；提供社会福利服务适切地协助；缜密地监督每一笔社会资金的流向与运用；公开信息与透明责信；有效的监督评估体制的建立。

上海市应当建立上海市社会募捐联合会（属行业协会性质），联合会应当由从事公益捐赠事业的非营利性社会团体、公募基金会及非营利性事业单位组成，其主要职能包括：

1. 作为行业协会的自律职能

作为行业协会的联合会，开展全行业的自律是联合会的首要职责。为达到自律目的，联合会应当负责制定年度社会募捐发展规划；定期对募捐款、物使用情况进行监督；接受公众对社会募捐中的违规行为的质疑与投诉并及时做出处理；制定规范募捐活动各环节的自律性行为规范等。

2. 作为为协调中心的资源整合功能

负责劝募信息在各慈善组织之间的互通有无。在遇到类似印度洋海啸等重大灾难的时候，组织开展联合劝募活动，对劝募力量进行整合，以最小的劝募投入，产生最大的社会效益，防止劝募活动过多过滥。

社会募捐需求信息上的资源共享。联合会可以汇集涉及公益事业各方面的救助需求，并依托已在社区建立的捐赠网点，与“一口上下”制度形成联动，统筹实施救助活动。

负责捐赠资源的合理分配。虽然各项款、物由各组织分别募集与使用，但联合会可以根据需求，出面协调，使捐赠资源在各公益组织之间流动起来，实现资源的最优化配置。

负责对捐赠使用情况的监督。

**（四）完善税收优惠制度**

税收优惠政策的实施，减少了政府在社会财富转移支付中的环节，节约全社会的再分配成本。税收优惠的存在，对社会捐赠可以起到积极的促进作用。所以本课题组认为，为了使税收成为激励社会捐赠的有效杠杆，要从以下几个方面着手：

1. 将现有税收优惠政策予以落实

要落实现有的优惠政策，首先要加强对税收优惠的宣传。比较有效的途径包括，在劝募环节发布的劝募广告中增加对税收优惠的告知，形成对捐赠的刺激。在接受捐赠的环节，在向捐赠人给付的捐赠凭证中，以类似格式条款的形式，公布相应的法律条款。

其次，要从程序上保证税收优惠的落实，税务机关应当在企业及个人所得税的征收中，明确抵扣具体步骤与计算方法。单位代征个人收入调节税的可由单位依捐赠凭证代为抵扣，税务部门直接征收个人收入调节税的则由税务部门依捐赠凭证抵扣。

2. 进一步提高公益捐赠的税收减免比率

针对实践中存在的税收优惠力度不够，不能形成对社会募捐有效激励的情况，应当进一步提高公益捐赠的税收减免比率。同时，可以考虑在地税部分对慈善捐款实施政策倾斜。

### （五）发挥社区在社会募捐事业中的作用

1. 强化社区在社会募捐中的作用

社区是由居委会演变而来的，作为群众自治性组织，在改革过程中，其承载的社会性功能也越来越多。社区在社会募捐中的作用，体现在发动募捐、接受捐赠及实现救助的各个环节中。

在发动募捐、接受捐赠的环节，社区可以发挥密切联系群众的优势，发动募捐、接收捐赠的成本都比较低。目前上海市在许多社区都设立了经常性捐赠接收站，方便群众把闲置的生活用品捐出。在社区设立的经常性捐赠接收站点，主要有两种模式：一是由公益组织在社会设立一级机构或联络站等派出机构，二是由政府组织设立，对政府民政部门负责。两种模式各有优劣。由公益组织主导设立的模式，无论是作为一级组织还是作为联络点，组织性质明确，权责明晰；缺点是各类公益组织很多，如果没有整合，会造成不必要的浪费。由政府主导设立，优点是有较高的公信力，管理效率较高；缺点是捐赠接收点的性质不明，权责难以理顺。

长期以来，社区虽然是群众自治性组织，但一直由街道办事处组织设立，协助政府日常工作的开展，组织社区人员的选举，并负责社区工作人员工资的发放。街道办事处作为政府的派出机构，政府主导捐赠点的设立模式容易形成。但政府从直接劝募市场的淡出应当是社会募捐事业发展的主要方向，当然也包括在社区层面上。政府应当从行业管理的角度对社会募捐事业进行总体把握与控制，比如促成慈善联合会的建立，比如完善“一口上下”的运行机制。社区经常性捐赠点的设立，属于捐赠网络的建设，应当也完全有可能由慈善组织来完成，这和企业建立自己的营销网络类似，专业性的公益组织也应当努力建立自己的公益捐赠网络。

2. 完善社区“一口上下”的运行机制

自1993年始，上海开始按照国际方式，科学地测定城市贫困线，并建立了一整套资金救助与实物救助并举，以及防止重复、交叉、遗漏的“一口上下”的管理制度。“一口上下”制度，就是在社区这个平台上，社会各方的救助信息资源得到了整合，困难对象都通过街道、乡镇的“社会救助事务所”这个“口子”申请救助；政府救济和社会互助的所有款物，都通过这个“口子”向下发放；社会救助所工作人员、居委会社会救助协理员的工作更加深入，使信息闭塞、行动不便的困难居民都能及时得到救助，尽量避免救助对象的重复或遗漏。

3. 增加慈善超市的设立，提高超市的管理效率

为慈善目的而开展的社会募捐，相对比较成熟，有许多好的经验可资借鉴。比如“慈善超市”，就是将“市场机制”引入募捐事业的一种尝试。一方面它解

决了经常性捐赠存在的捐赠物资的整理、清洗、维修装配、包装、储藏、运输以及发放等问题。慈善机构为了这些旧物资而发生费用，从经济核算的角度来说往往很不划算，通过“慈善超市”的运作方式，不仅可以消化费用开支，还可以赚取利润来筹集扶贫济困资金。二是“前店后厂”的模式，可以安置很多下岗人员和残疾人就业。三是“慈善超市”可以使一些不太宽裕的居民获得低廉的生活日用品。

“慈善超市”是借鉴“好意慈善事业组织”的产物。该组织成立于1902年，是非营利机构开办的一种免税“公司”，总部设在洛杉矶，分支机构遍布美国各地，并在世界37个国家中有会员。其主要业务是接受、处理、销售市民们捐赠的旧物，用销售这些物资得到的善款为残疾人、失业者、新移民等兴办各种类型的福利工厂、职业培训机构和就业安置场所。“好意慈善事业组织”的经营方式一般采用“前店后厂”模式，即前面是“慈善商店”，后面是捐赠物品的维修处理车间、工厂。捐赠物资通过洗涤、整理、修配、包装、估价等一条龙作业后，上架销售，非常专业化。职员一般需要接受商业管理培训，并有一个实习期，然后才能获得全薪工作。

我国的“慈善超市”出现于上海，随后广州、温州、苏州、太原、北京等地也都陆续开办起来，由于刚刚起步，很多地方还局限于前门接受捐赠，后门负责分发的简单状态，上海将“慈善超市”运用商业化模式运作，取得了很好的效果。“慈善超市”有专门的收银台、引导员，商品以人民币定价，采取合法现金交易，实现了募捐、帮困和变现功能。“慈善超市”的估价员是志愿者，有的本职工作是市计委价格认证中心的价格鉴证师。目前“慈善超市”需要进一步解决的问题是货源的组织工作，要做好宣传工作，呼吁市民捐出剩余物资，尤其是二手电器。要与社区建立联动机制，因为社区是接受家庭捐赠的主力阵地。一些便民的捐赠途径，比如电话预约上门接受捐赠也要在社区的协助下才能最大限度地发挥作用。

**（六）加强社会募捐的队伍建设**

慈善事业需要凝聚社会的力量去发展壮大，同时，职业化也是慈善事业未来发展的趋势。

1. 社工的专业化建设

“社工”是从事“社会工作”的资质，就像财会人员、驾驶员的资质一样。从香港的立法和实践看，“社工”是指依社会工作专业知识与技术，协助个人、家庭、团体、社区，促进、发展，或恢复其社会功能，谋求其福利的专业工作者。比如，非营利组织中的管理人员和项目主管及其下属机构的老人护理员、邻里辅导员等。2004年7月1日，劳动和社会保障部提出的第9批职业标准，将“社会工作者”载入其中，“社工”正式纳入职业化的发展道路。《上海市社会工作者职业资格认证暂行办法》的出台，使上海社工职业化建设走在全国前列，但目前还没有包括“社工”定义、主管机关、资格取得、执业、行业公会及罚则等内容，对社工行业作出全面规范的立法。究竟是立法引导社工的职业化，还是社工的职业化发展到一定程度促进立法的完善，是值得讨论的问题，但并无疑问的是，规范化、制度化对社工的发展具有重要的意义。

在职业化的同时，专业化是社工的另一个发展方向。上海市浦东新区开展了司法社工的试点，专业社工所占比例不到1%。① 专业从事慈善事业的社会工作者，是未来慈善事业发展的中坚力量，要大力加强专业化社工队伍的建设。

2. 充分发挥义工在社会募捐中的作用

义工是拥有各种职业背景，自愿从事社会工作的人。只有义工队伍的不断壮大，才能和社工形成一定数量的配比，在社工的组织、协调下，开展各种公益活动。课题组通过调研了解到，上海市的许多区域，已经开始了义工队伍的建立。比如，普陀区的社会工作协会就向全区发放了义工志愿表格，表格中除了当事人的基本情况外，还有个人的专长、志愿从事的工作项目、适宜的工作时间等。但目前的问题是，所有的表格都通过手工填写，表格的发放、填写与回收及整理需要很长的时间。一旦有义工需求，就要查阅大量的表格，才能确定适宜的人选，十分麻烦。所以，建立义工资源的数据库、供需交流的网络平台就显得十分重要。与此相适应，在社区层面还要建立并加强社会工作者协会与社区民间组织服务中心、社区经常性捐赠点、慈善超市建立联动机制，使义工资源可以在社区内以及各社区之间进行最优化配置，充分发挥社会的力量，办好慈善事业。

---

① 参见《上海专业社工人才流失严重》，中国社会工作网http://www.csww.cn/article_n/layer3/content.asp?id=2281。

# 《上海市检验检测条例》立法后评估报告[①]

课题组组长：赵如松　上海市行政法治研究所主编
课题组成员：陈素萍　上海市行政法治研究所研究二室主任
范文成　上海市昆仑律师事务所主任
杨　焱　莫特大中国区顾问咨询部主管
邓海娟　上海市行政法治研究所副研究员
陈书笋　上海市行政法治研究所副研究员
蒋宏吉　上海赛美斯法律咨询有限公司高级经济师
陈　洁　上海市行政法治研究所助理研究员
丁　凡　上海市行政法治研究所实习研究员

## 引　言

2016 年 11 月 11 日，上海市十四届人大常委会第三十三次会议通过了《上海市检验检测条例》（以下简称《条例》），对上海市行政区域内检验检测服务的市场行为、市场规则、检测资质许可、监督评审制度、检验检测机构的主体责任、政府部门的监管职责以及法律责任等作出了明确规定。《条例》共 6 章 48 条，于 2017 年 1 月 1 日起施行。

实践证明，作为我国第一部专门用于全面规范检验检测机构和行为的地方性法规，《条例》的颁布和实施，填补了法律空白，在深化简政放权、放管结合、优化服务改革，最大限度减少政府对市场资源的直接配置和直接干预，加强和规范事中事后监管，着力提升政务服务能力和水平，更大激发市场活力和社会创造力，增强发展动力方面是有益的。《条例》的颁布和实施充分体现了上海市检验检测行业发展的特点，有效回应了上海市经济社会发展的需求，对激励和引导上海市检验检测产业健康发展起到了一定的法治保障作用，同时对全国检

① 本课题完成于 2020 年。

验检测市场的规范及相关立法也起到了一定的示范和引领作用。《条例》出台后，上海市检验检测产业保持了较快增速，截至 2018 年年底，全市 966 家检验检测机构营业总收入达到 239.3 亿元，同比增长 22.2%，立法成效显著。

为检视《条例》实施以来所取得的成绩，总结经验和不足，确保《条例》设定的各项制度能够落在实处，更好地发挥《条例》在检验检测领域的规范和引领作用，上海市市场监督管理局委托上海市行政法治研究所开展《条例》的立法后评估工作。

接受委托后，上海市行政法治研究所即组成了《上海市检验检测条例》立法后评估小组（以下简称“评估组”），制定了详细的工作方案，会同有关部门、行业协会和检验检测机构，通过实地调研、集中座谈、调查问卷等形式，围绕评估指标体系，以《条例》实施两年半以来的基本情况为评估对象，开展了相关立法后评估工作。

## 一、评估概况

评估组根据上海市市场监督管理局关于本次立法后评估的相关要求和意见、建议，为本次立法后评估设定了三个主要目标：

一是评估《条例》对于规范检验检测行为、促进检验检测市场规范发展、优化行业营商环境等方面的成效，以及在推动上海市“五个中心”建设和打响“四大品牌”等方面发挥的主要作用；

二是评估《条例》规定的“一机制、一规划、三目录、九制度”等各项制度的具体落实情况，查找《条例》执行过程中存在的主要问题；

三是根据立法后评估过程中所发现的问题，以问题为导向，提出切实可行的改进与完善建议。

本次立法后评估工作总体上包括三个阶段：

一是调研阶段。2019 年 9 月，评估组设计了调查问卷，并发放至检验检测机构；分别召开了由检验检测机构、行业协会参加的座谈会，并与行业主管部门就《条例》规定的主要内容进行探讨，对涉及相关制度的实施情况进行评析，形成协会和机构调研报告及《上海市检验检测条例立法后评估报告（初稿）》。

二是听取意见和补充调研阶段。2019 年 10 月至 11 月，在充分听取有关单位、专家对报告初稿的意见、建议的基础上，针对关键性问题，开展深入调研，同时完善相关数据分析报告。

三是报告撰写和评审阶段。2019 年 11 月下旬至 12 月上旬，完成《上海市检验检测条例立法后评估报告》并拟提交专家组评审后，根据相关意见修改定稿。

评估组在本次评估中主要采取了以下三种评估方式：一是书面问卷调查。共发放调查问卷155份，调查对象主要是上海市的检验检测机构。共收回有效问卷155份，回收率100%。二是专家座谈会。共组织专家座谈会2次，听取了包括行政管理部门、行业协会、检验检测机构等代表的意见。三是实地调研。评估组先后赴国有企事业单位、民营、外资等不同性质的检验检测机构开展实地调研，对《条例》规定的制度执行情况进行直观评估，并听取意见建议。评估组在以上充分调研的基础上形成本报告。

## 二、分项评估结论

结合本次立法后评估的目的及《条例》的具体情况，评估组确定了以下6个一级指标、19个二级指标（见表1）作为本次评估的评估指标，并对照评估指标，对《条例》在立法和实施方面的情况逐项进行了评估。具体评估结论如下：

### （一）合法性

合法性，是指立法必须在立法依据、立法权限、立法程序和立法内容等四个方面符合相关法律规定。本次评估将合法性指标细化分为以下4项二级指标：

**表1 评估指标**

| 一级指标 | 二级指标 |
| --- | --- |
| 合法性 | 依据合法；权限合法；程序合法；内容合法 |
| 合理性 | 正当性；平等性；适应性 |
| 协调性 | 与同位法之间的协调性；与配套制度的协调性；与其他公共政策之间的协调性 |
| 立法技术 | 文本结构的完整性；立法语言的准确性 |
| 专业管理制度 | 专业性；可操作性；实效性 |
| 实施效果 | 公众的知晓度；公众的认可度；守法有效性；执法有效性 |

1. 依据合法

依据合法是指立法权的来源、效力位阶合法，它是立法行为合法性的证明，而非内容合法性的证明。从法制建设情况看，检验检测领域没有专门的、统一的上位法，相关规定散见于《中华人民共和国计量法》《中华人民共和国标准化法》《中华人民共和国认证认可条例》等法律法规中，本《条例》属于创制性地方立法，在立法依据方面的表述为"根据有关法律、行政法规"，符合相关立法规定，依据合法。

2. 权限合法

立法权是由特定国家机关行使的，在国家权力体系中占据特殊地位的，制定、认可和变动法的综合性权力。立法行为必须符合《中华人民共和国宪法》《中华人民共和国立法法》中有关立法权限划分的规定，没有违背法律保留、法律优先等原则。《中华人民共和国立法法》第73条规定："地方性法规可以就下列事项作出规定：（一）为执行法律、行政法规的规定，需要根据本行政区域的实际情况作具体规定的事项；（二）属于地方性事务需要制定地方性法规的事项。除本法第八条规定的事项外，其他事项国家尚未制定法律或者行政法规的，省、自治区、直辖市和设区的市、自治州根据本地方的具体情况和实际需要，可以先制定地方性法规。"《条例》规范的主要内容，是关于本市行政区域范围内面向社会接受委托从事检验监测以及相关的监督管理活动，依据《中华人民共和国立法法》第73条的规定，属于地方立法的事权范围，由上海市人大立法，符合法定立法权限的规定。

3. 程序合法

符合法定程序是指符合《中华人民共和国立法法》《规章制定程序条例》中规定的有关立法的程序性规定，包括法规、规章的立项、起草、审查和审议、决定和公布等。《条例》于2016年11月11日由上海市人大常委会按照法定立法程序制定，2017年1月1日正式实施。制定程序符合法律规定。

4. 内容合法

内容合法是指立法内容没有与上位法的规定相抵触，符合基本法理和有关立法公平正义的价值取向。《条例》作为创制性地方性法规，在立法内容上是在《中华人民共和国计量法》《中华人民共和国标准化法》《中华人民共和国认证认可条例》等法律法规规定的基础上，结合上海市检验检测工作的实际需求，出于规范检验检测行为、促进行业健康发展、营造公平竞争市场环境的目的而制定的，内容围绕检验检测机构和人员、检验检测行为、监督管理等展开，这些内容并不与上位法规定相冲突，符合基本法理和有关立法公平正义的价值取向。

因此，评估组认为，《条例》在依据合法、权限合法、程序合法、内容合法等四个二级指标上都不存在问题。

**（二）合理性**

立法的合理性，是立法的核心理念之一，主要是指立法规定在无法与上位法依据一一对应时，立法应当从符合法治的基本精神和原则的高度去考虑和规定。本次评估将合理性指标细化为以下三项二级指标：

1. 正当性

正当性，即立法的主要规定除了围绕实现立法目的要求外，条款的具体规定，还要符合公平、正义的基本价值观念，符合社会公共利益。《条例》的立法目的是规范检验检测活动，营造公平竞争的市场环境，促进检验检测行业健康有序发展。评估组对《条例》的各项条款逐一进行评估后认为，无论是对检验检测行为的规范，还是对事中事后监管的要求，都较好地体现了立法正当性的要求。比如，《条例》第 33 条规定："检验检测监督管理部门应当依法将检验检测机构和人员的行政处罚信息予以公开，并将其受到的行政处罚等信息纳入市公共信用信息服务平台。对于信用状况不良的检验检测机构和人员，检验检测监督管理部门应当在日常监管中将其列为重点监管对象，增加检查频次，加强现场核查。市、区人民政府有关部门在政府购买服务、授予荣誉或者提供政策扶持时，应当查询市公共信用信息服务平台，对信用状况不良的检验检测机构和人员，依法予以限制。"该条规定通过信用约束，在客观上提高了违法成本，倒逼检验检测机构和人员诚信经营。这种信用管理模式，符合维护社会公共利益的价值取向。

2. 平等性

平等性是指平等对待原则，即立法不存在对同类权利义务主体的差别化对待和处理的规定。《条例》有关行政相对人权利与义务的规定均是针对某一领域不特定的主体，不存在对某一领域某类主体的歧视与差别对待问题。例如《条例》第 20 条第 1 款规定："检验检测机构属于事业单位法人且面向社会接受委托的，应当向社会公布其资质许可范围内能够提供的检验检测项目。在公告的项目范围内，除下列情形外，不得拒绝提供检验检测服务。"该条款针对属于事业单位法人且面向社会接受委托的检验检测机构，明确设立了普遍服务义务，并明确适用于全社会所有提交合格检验检测项目的单位和人员，充分体现了立法的平等对待原则，保护了消费者的合法权益。

3. 适应性

适应性是指法律规范与改革发展的同步性，即立法是否存在阻碍改革的规定，与政治、经济、社会、文化发展是否相适应。评估组发现《条例》的主要规定与上海市社会经济的发展情况契合程度较高。其中，联合现场评审、简化市场准入程序，推行信用管理、加强事中事后管理，加强行业自律、社会共治等方面的规定，都充分体现了《条例》顺应改革发展的要求，固化中国（上海）自贸试验区改革成果、推动检验检测"放、管、服"改革的价值追求。

**因此，根据《条例》在正当性、平等性、适应性等三个二级指标上都不存在**

**问题的评估结论，评估组认为《条例》在合理性方面不存在问题。**

**（三）协调性**

协调性，是指立法在符合合法性相关内容的前提下，与其他法律规范在规定上不存在内容交叉重叠、相互抵触等问题。主要包括以下三项二级指标：

1. 与相关同位法之间的协调性

立法规定须与其处于同一法律位阶的其他法律规范之间相互协调。《条例》的相关同位法，主要是《上海市计量监督管理条例》《上海市产品质量条例》《上海市食品安全条例》《上海市建设工程质量和安全管理条例》《上海市大气污染防治条例》等。评估组通过文本比对和深入调研认为，《条例》与上述地方性法规之间不存在不协调或冲突的情况。

2. 与配套规范性文件的协调性

立法规定须与以其为依据制定的配套规范性文件之间相互协调。评估组通过调研发现，截至 2019 年 9 月底，上海市市场监督管理局（原上海市质量技术监督局）与市卫生健康委员会、市气象局、市司法局、市农业农村委员会等多部门联合发文建立联合评审操作制度。这些文件主要包括《关于对公共场所卫生技术服务机构开展联合评审和监管工作的通知》《关于对雷电防护装置检测资质机构开展联合评审和监管工作的通知》《关于对法人或其他组织申请从事司法鉴定业务开展联合评审的通知》《关于对农产品质量安全检测机构开展联合评审和联合监管的通知》。这些规范性文件的出台，促进了上海市联合评审制度的建立、推广和完善，有力地推动了检验检测行业的发展、“五个中心”建设和打响“四大品牌”。而这些规范性文件的相关规定也是对《条例》相关条款的完美诠释和高操作性的细化。

3. 与其他公共政策之间的协调性

公共政策具有适时性和创造性，能够及时地适应变化的社会环境，反映社会利益的合理诉求。因此，需要评估立法与公共政策之间的协调性，保障和调整合理的社会利益。

检验检测是国家重点发展的高技术服务业、生产性服务业和科技服务业，被称为“传递信任的行业”。检验检测事业如何为上海的创新驱动发展战略和全球影响力科技创新中心建设发挥应有作用，是《条例》所关注的重点问题。例如，《条例》规定了联合现场评审制度，在不改变原有管理体制的前提下，通过实施“一次申请、一次评审、分别发证”，显著减轻了检验检测机构的评审负担。再如，根据《条例》的规定，上海市市场监督管理局持续优化资质认定告知承诺制，实现了在全市范围内对所有检验检测领域实施“先发证、后评审”，将原有近 3 个月的等待期，缩短为最快申请当日即可拿证，大幅节省评审时间，为广大检验检测机构提高检测技术能级、参与市场竞争提供了便利。这些制度安排为检验检测行业发展提供了制度保障，对促进行政审批制度改革，持续优化营商环境发挥了应有作用。

**综上所述，评估组认为，《条例》在与相关同位法之间的协调性、与配套规范性文件的协调性、与其他公共政策之间的协调性等三个二级指标上都不存在问题。**

### （四）立法技术

立法技术的好坏，对于立法质量、立法实施，包括执法和守法均有非常直接和重大的影响。本次评估将立法技术指标细化分为以下二项二级指标：

1. 文本结构的完整性

文本结构的完整性，是指地方性法规是否由法律规则一般要求的假定、处理和制裁三部分构成。《条例》在宏观体例的设置和逻辑结构的安排方面非常合理。《条例》由六章构成，第一章为总则，第二章到第四章作为分则，具体对检验检测机构和人员、检验检测行为、监督管理的相关内容进行了规定，第五章为法律责任，第六章为附则，主要是对企事业单位内部机构的适用及实施日期作出了规定。从整体上来看，文本结构非常完整。

2. 立法语言的准确性

立法语言的准确性，即立法中法律用语具有内在逻辑的严密性和表达的准确性，不存在概念之间矛盾、前后不一致、语言使用不规范等情况。通过对《条例》法律文本用语的分析，评估组认为，《条例》使用了法言法语，相关技术用词精准，符合立法语言的要求。总体上讲，《条例》立法语言准确规范，在语言逻辑和内部结构方面也不存在相互矛盾和冲突的问题。

**综上所述，评估组认为无论是从文本结构，还是从立法语言来看，《条例》的立法技术都较为成熟。**

### （五）专业管理制度

对专业管理制度的评估，主要是评估立法所设立的专业管理制度的内容及规定是否反映了所调整领域的内在规律，与客观规律的相符程度，以及实际的效果如何。本次评估将专业管理制度的评估细化分为以下三项二级指标：

1. 专业性

专业性，强调立法规定必须与社会实际相一致，不仅要避免相关规定滞后于社会实际，也要防止相关规定过于超前，从而导致规定无法执行，造成不必要的社会浪费或者政府强行推进而得不偿失。评估组认为，《条例》作为我国第一部专门用于全面规范检验检测机构和行为的地方性法规，其创设了许多制度，凸显了专业性较强的特点。比如，《条例》第 21 条创设了政府购买服务制度，规定："本市各级国家机关、事业单位、社会团体等因履行职责或者提供公共服务的需要，使用财政性资金委托他人进行检验检测的，应当通过政府购买服务的方式进行。"调研证明，在实践中引入通过招标和限额采购方式的"政府购买服务制度"，本身是被绝大多数受访者所认可的，其实践情况也是令人满意的。

又如，《条例》第16条创设了人员管理的规定，"检验检测机构应当建立必要的检验检测人员培训和考核制度，确保检验检测人员具备相应的专业技术能力。检验检测机构在聘用检验检测人员之前，应当通过市公共信用信息服务平台查询其信用记录，不得聘用法律法规禁止从事检验检测活动的人员。法律法规对检验检测人员有从业资格要求的，检验检测机构应当聘用具备相应资格的人员"。检验检测机构有责任加强对人员的管理。除建立必要的检验检测人员培训和考核等管理制度之外，还应当在聘用检验检测人员前查询其信用记录，核实其从业资质，不得聘用法律法规禁止从事检验检测活动的人员。该条文对检验检测机构的人员专业资格规定了具体的条件，体现了专业能力方面的具体要求，不仅符合客观实践需要，也在一定程度上促进了检验检测机构业务能力的有效提升。

2. 可操作性

可操作性，是指立法既要充分考虑管理相对人自觉守法的可能性和可行性，又要充分考虑行政执法机构及执法人员有效执行法律的可能性和可行性，以确保相关规定的实际操作和实施。评估组认为，从整体上来看，《条例》可操作性较强。比如，《条例》第28条创设了"简化评审制度"，即规定："除直接涉及国家安全、公共安全、生态环境保护以及直接关系人身健康和生命财产安全的资质许可事项外，信用记录良好、无违法违规行为的检验检测机构申请资质许可变更或者延续的，资质许可部门可以依法简化现场评审或者采用书面评审等方式。"机构与协会普遍对该制度评价较好，认为其操作性较强。其中，告知承诺制度给检验检测机构带来了很大的便利，帮助机构快速取得资质，解决了因资质情况影响业务发展的情况，企业实实在在收获了简化评审制度的政策红利。

但由于《条例》属于地方性法规，因此相关规定还是比较原则性的，具体内容还是需要依赖于政府规章和规范性文件来予以实现的，在操作性方面还有进一步提升和改进的地方。比如，《条例》第15条创设了重大信息报告义务，"检验检测机构在从事检验检测活动中发现被检对象不符合法定要求和强制性标准的规定，并且可能严重危害公共安全的，应当立即向相关行业主管部门报告，并告知委托人。"检验检测机构在从事检验检测活动中发现被检对象不符合法律、法规、规章、强制性标准的规定，并且可能严重危害公共安全的，向相关行业主管部门报告，能使行政监管部门尽早发现问题，尽最大可能防范和减少危害发生。但是，评估组召开的机构和协会代表座谈会上，有机构反映目前重大信息报告制度在可操作性方面尚需进一步优化运作机制。如条例中对“重大信息”的定义及上报的时间节点的界定还不够清晰，重大信息报告的归口目前还不够明确，公布的渠道还不够多元化等问题，都有待进一步明确和优化，以提升可操作性。

3. 实效性

专业管理制度的实效性，强调立法时所设计制度的目标和要求是否被转化为现实，并对社会产生积极的规范促进作用。

《条例》共设定了九大制度，即“责任保险制度”“政府购买服务制度”“信用管理制度”“联合评审制度”“采信计量认证制度”“简化评审制度”“联合监管制度”“分类监管制度”“统计制度”，评估组分别对这九大制度开展了评估。

（1）简化评审制度的落实情况优良

简化评审制度方面采取的主要措施是实行了告知承诺制度。上海市市场监督管理局在前期自贸区试点的基础上，不断扩大资质认定“告知承诺”的地域范围、领域类别和办理事项，并于2018年9月在全市范围内实施了告知承诺制度。调查显示，对该项制度受调查者满意率高达93.54%。受访者共同认为，告知承诺制度设计精准、流程高效、操作性强、贯彻到位，为检验检测机构的评审提供了很大的便利，节约了大量的时间，能够帮助检验检测机构快速取得资质。

（2）联合评审制度的落实情况优良

两年半以来，上海市市场监督管理局会同市司法局、市农业农村委员会、市卫生健康委员会、市气象局等部门对相关领域检测机构实施联合现场评审制度，在较大程度上减轻了机构负担，对该项制度受调查者满意率高达93.55%。受访者共同认为，联合评审制度的引入，在较大程度上减轻了企业和评审专家的工作量，加之相关管理部门之间协调较好，因此企业受益明显。例如，通过该制度，同样的扩项变更内容仅需要一次评审就可同时获得相应资质，不仅提高了扩项的效率，也为企业节省了大量的费用和时间。此外，上海市市场监督管理局还会同中国合格评定国家认可委员会（CNAS）对检验检测机构同时申请资质认定（CMA）和CNAS认可的，实施“二合一”联合评审，鼓励检验检测机构申请CNAS认可。

（3）政府购买服务制度的落实情况优良

上海市各级国家机关、事业单位、社会团体等因履行职责或者提供公共服务的需要，使用财政性资金委托他人进行检验检测的，基本能严格遵守《条例》

的相关规定，通过政府购买服务的方式进行。该项制度受调查者满意率高达 96.13%。他们共同认为，政府购买服务制度的建立，有序推进了政府管理部门获取所需检验检测服务的有效性，提升了检验检测结果的公信力，为维护公平公正的市场竞争环境和稳定的社会秩序起到了很大的作用。

（4）联合监管制度的落实情况优良

上海市市场监督管理部门与公安、生态环境、交通、农业农村等部门已经建立了较为成熟的联合监管机制和信息共享机制，在解决多头监管难题的同时，有效形成了监管合力。此外，针对行业存在的突出问题，上海市市场监督管理部门和其他检验检测监督管理部门一起，不断加强检验检测机构监管，强化对移送案件线索的督查督办，防止“同案不同罚”“处罚避重就轻”等问题。统计显示，上海市市场监督管理部门 2016 年全系统查办检验检测机构违法案件仅 1 件，2017 年《条例》实施后全年查办案件 26 件，2018 年查办案件达到 57 件，处罚力度明显加大。调查显示，对联合监管制度受调查者满意率高达 94.84%。他们共同认为，这些制度的引入，避免了检验检测机构被连续检查的情况，为企业节省了大量的时间和精力，同时也节约了监管部门和机构的时间成本，提高了信息沟通反馈的效率。

（5）分类监管制度的落实情况优良

《条例》实施以来，上海市市场监督管理部门会同有关检验检测监督管理部门以检验检测机构“双随机”监督抽查为抓手，聚焦民生安全和“检测乱象”问题，对社会关注度高、反映问题集中的机动车、生态环境、食品农产品领域实施重点监管，加大抽查比例。行政执法信息及时归集市公共信用信息服务平台，将信用状况不良的检验检测机构和人员列为重点监管对象，增加监管频次，并在政府采购、授予荣誉或者政策扶持时，依法予以限制。调查显示，根据行业风险程度、能力认定结果、日常监管记录、投诉举报等情况实施的分类监管，有效提高了监管针对性，受调查者满意率高达 94.84%。他们共同认为，分类监管制度的引入，能够有效鼓励检验检测机构不断完善内控机制，规范检验检测工作的开展，提升检验检测报告的质量。对风险较低的机构来说，分类监管制度减轻了企业频繁被监管检查的负担和成本，避免了过多投入精力，而对风险程度较高的领域和机构而言，通过监管情况的公示，也能让检验检测机构保持互相警示，对行业整体的发展产生了积极影响。

（6）信用管理制度的落实情况优良

调查显示，《条例》实施以来，上海市在重点领域已经初步建立检验检测机构信用评价体系和诚信档案，利用事中事后综合监管平台、国家企业信用信息系统等资源，实现检查结果、处罚信息的公开，达到了“一处失信、处处受制”

的惩戒效果。目前绝大多数检验检测领域的信用管理数据更新较为及时，执行情况良好，相关信用报告和记录已经成为委托方在选择委托对象时的重要参考。对该项制度受调查者满意率高达 94.83%。他们共同认为该项制度对检验检测行业的发展具有重要的意义。

（7）统计制度的落实情况优良

统计制度的建立与完善对于检验检测行业的发展具有重要的作用。上海所有检验检测机构都能够认真履行《条例》规定的义务，及时完整地向管理部门报送相关统计资料。上海市质量技术监管部门也能认真开展检验检测行业统计分析，每年定期向社会发布本市检验检测行业发展报告。该项制度受调查者满意度高达 98.06%。

（8）采信计量认证制度的落实情况一般

上海市目前仅由上海市市场监督管理局与市应急管理局在职业卫生技术服务领域建立了采信计量认证机制，对重复内容不再考核。但是在其他领域尚未能落实采信计量制度。目前多数情况下，计量认证还仅能作为一项资质申请的前提，与《条例》设定该项制度的初衷存在较大距离。虽然调查问卷反映出受调查者对采信计量认证制度的认可度高达 94.19%，但多数表示领域有待进一步拓展。

（9）责任保险制度的落实情况差

虽然《条例》规定了责任保险制度，但是由于险种设定等方面的问题，实践中，一方面保险机构推出的保险品种较少，不能满足检验检测机构的客观需求；另一方面，检验检测机构的保险意识也比较落后，检验检测机构实际投保的很少。据统计，目前 966 家机构中投保的仅 41 家（外资 17 家、民营 14 家、国有 9 家、集体 1 家），且所投保的险种与《条例》设定责任保险制度时的初衷尚存在一定的差距。针对该项制度，受访者满意度仅有 67.1%。评估组认为《条例》所设定的保险制度未能得到有效实施，有待在今后一段时间内，予以重点加强。

**综上所述，评估组认为《条例》在专业管理制度的设定方面，无论是专业性、可操作性还是实效性，都基本达到了设立这些专业管理制度时的原意，但随着经济、社会的发展，以及新形势、新情况和新挑战的不断涌现，这些管理制度在不同程度上都面临适度调整、升级换代、与时俱进的问题，有不断完善的客观需求和进一步提升实效性的必要。**

**（六）实施效果**

法的生命来自实施。因此对《条例》实施效果的评价也是立法后评估的一项重要内容。本次对《条例》实施效果的评价主要围绕以下四项二级指标展开：

1. 公众的知晓度

立法所调整的法律关系主体只有对立法规定有所了解，才有可能按照制度的要求来规范自己的行为。因此，对制度的知晓程度，可以从一个侧面判断制度的实现程度。从实际调研和问卷的回收情况来看，《条例》作为专业性较强的地方性法规，引发了社会知晓度总体上偏低，一般只有业内人士了解一些《条例》规定的基本情况，但了解深度不等。而普通民众普遍表现出不了解的情况。

2. 公众的认可度

认可度，是指公众，尤其是立法所调整的法律关系主体对立法规定的认可和信任程度。当各方主体对立法规定持认可态度时，不仅自己会自觉守法，还会积极地维护法律的实施，推动立法目的的实现。这时，立法目的实现的可能性也较大；反之，当各方主体抱有抵触情绪时，立法实施的阻力就会增加，立法实施的成本也会增加。

考虑到普通民众对《条例》的知晓度偏低，因此评估组仅对知晓程度较高的群体开展了问卷调查。在调研过程中发现，被调查者对《条例》基本规定认可度很高。调查问卷统计数据显示，97.42% 的被调查者认为《条例》规定的适用范围“适当”或“非常适当”。

3. 守法有效性

守法有效性是指公众，尤其是立法所调整的法律关系主体，对自身是否能够将立法中的相关规定内化为自觉行为的评价。如果能够做到自觉内化，那么则说明该项立法的守法有效性高。从行业协会、检验检测机构对自我守法情况的调查问卷看，除责任保险投保情况的执行情况不是特别理想之外（认为执行“非常好”或“好”的占比只有 67.10%），其他各项制度的守法情况都较好，大部分评价“非常好”或“好”的占比都在 90% 以上（详见表 2）。

从调研情况来看，大部分相关行政相对人自觉守法的意识较强。主要表现为：

一是检验检测机构均能够做到与客户签订规范的检验检测合同，约定《条例》明确的关键事项。上海市具有事业单位性质的检验检测机构切实执行“普遍服务义务”，除特殊原因外，不再拒绝个人消费者的委托检验，解决了消费者“送检无门”的窘境。

二是关于样品获取，绝大多数检验检测机构通过修改体系文件和合同、报告的格式，与委托人约定采样、抽样的具体要求，在样品交接时共同确认样品的基本状态，并在报告上明确标注样品信息，确保了样品的可追溯性。对于检测过程，机构进一步关注对标准、技术规范的符合性。

三是报告出具后，检验检测机构均能够执行报告副本和原始记录保存 6 年

**表 2　自我守法情况评价**

| 序号 | 法　定　义　务 | “非常好”“好”占比 |
|---|---|---|
| 1 | 行业协会的作用发挥情况(《条例》第 9 条) | 91.61% |
| 2 | 机构能力保证的执行情况(《条例》第 11 条) | 98.71% |
| 3 | 政府鼓励制度的执行情况(《条例》第 11 条) | 96.77% |
| 4 | 公示资质证书的执行情况(《条例》第 12 条) | 98.06% |
| 5 | 网络交易平台的公示情况(《条例》第 12 条) | 83.23% |
| 6 | 报告义务执行情况(《条例》第 13 条) | 95.48% |
| 7 | 责任保险投保情况(《条例》第 14 条) | 67.10% |
| 8 | 检测人员资格要求(《条例》第 15 条) | 96.77% |
| 9 | 检测机构对人员信用记录的查询制度执行情况(《条例》第 15 条) | 94.83% |
| 10 | 人员培训与考核制度执行情况(《条例》第 15 条) | 98.06% |
| 11 | 报送统计信息(《条例》第 34 条) | 98.06% |
| 12 | 行业协会制定行业规范和自律规则(《条例》第 36 条) | 93.55% |

的规定，有利于解决纠纷产生后原始记录无法查证、监督管理部门查处违法行为中较难取证等现象。

当然在有些领域，行政相对人守法意识还有待进一步提高。例如，上海市建筑行业中，部分设备产权、安装单位伪造检验检测报告的现象仍然存在，由于各管理文件中对于伪造报告的情况均无相应规定，管理中缺乏处理依据，这使得对报告造假的监管力度较轻，发现了也难以处理，违法成本很低。再如，在外地取得资质在上海市执业的所谓“外地检验监测机构”的守法意识较低。由于资质认定实行属地化管理的原则，上海市质量技术监管部门及检验检测监督管理部门无其名录，且对其资质无审批权限，对其监管难以开展，从而形成了管理“真空”。这使得部分外地检验检测机构肆无忌惮地违法违规从事检验检测工作，典型的有超资质范围出具检验检测报告、非授权签字人批准检验检测报告、采用非本机构人员开展检验检测工作等。

4. 执法有效性

行政执法的目的是实现立法意图，保障立法规定在现实生活中得以实现。行政执法的有效性，既能够反映立法规定实施的情况，也能够反映立法的质量与水平。

从调查问卷来看，被调查者普遍认为，《条例》的立法目的基本实现；上海市各级政府及相关行政管理部门基本履行了《条例》所赋予的各项职责；《条例》设置的大部分制度无论是合理性还是实效性都可圈可点，基本达到了制度设定的初衷，而与检验检测工作相关的行政执法也得到了被调查者的普遍认可，评价执法效果“非常好”和“好”的占比在90%以上（详见表3）。

从调研情况来看，评估组认为，《条例》中涉及的行政管理部门在保障立法规定在现实生活中得以实现的力度比较大，执法成效较为明显，主要表现为：监管部门从重事前资质审批转变为加强事中事后监管，以创新监管方式为切入点，有效整合政府监管资源，切实提高监管成效。

一是实施联合监管，目前上海市市场监督管理部门与公安、生态环境、交通、农业农村等部门已经建立了较为成熟的联合监管机制和信息共享机制，组建行业监管专家库，编制专项监督检查计划，对违法违规机构实施部门间联合

**表3　行政执法效果评价**

| 序号 | 法定职责 | “非常好”“好”占比 |
|---|---|---|
| 1 | 机构信息报告目录公开执行情况（《条例》第13条） | 94.2% |
| 2 | 政府采购规定的执行情况（《条例》第21条） | 96.13% |
| 3 | 不采购被处罚单位服务的执行情况（《条例》第21条） | 96.78% |
| 4 | 联合现场评审（《条例》第26条） | 93.55% |
| 5 | 计量认证资质许可执行情况（《条例》第27条） | 94.19% |
| 6 | 简化现场评审或者采用书面评审执行情况（《条例》第28条） | 93.54% |
| 7 | 检验检测机构名录及其项目范围公布（《条例》第29条） | 94.84% |
| 8 | 联合监管机制和信息共享机制（《条例》第30条） | 94.84% |
| 9 | 开展监督检查，组织能力验证和比对，依法查处违法违规行为（《条例》第30条） | 96.13% |
| 10 | 分类监管制度执行情况（《条例》第31条） | 94.84% |
| 11 | 行政处罚信息公开（《条例》第33条） | 96.77% |
| 12 | 开展检验检测行业统计分析（《条例》第34条） | 96.77% |
| 13 | 及时处理投诉举报（《条例》第37条） | 97.42% |

惩戒，在解决多头监管难题的同时，形成了有效监管合力。

二是建立以"双随机、一公开"监管为基本手段、以重点监管为补充、以信用监管为基础的新型监管机制。上海市市场监督管理局会同有关监管部门以检验检测机构"双随机"监督抽查为抓手，聚焦民生安全和"检测乱象"问题，对社会关注度高、反映问题集中的机动车、生态环境、食品农产品领域实施重点监管，加大抽查比例。行政执法信息及时归集市公共信用信息服务平台，将信用状况不良的检验检测机构和人员列为重点监管对象，增加监管频次，并在政府采购、授予荣誉或者政策扶持时，依法予以限制，达到了"一处失信、处处受制"的惩戒效果。但离《条例》制定之初所设想的"大检验检测监管格局"尚有较大的改进、完善空间。

## 三、总体评估

在专题调研、专家座谈、问卷调查的基础上，评估组通过综合分析，以及对照评估等级及划分标准（见表4），经过充分讨论后一致认为，**《条例》立法及其实施情况的总体评估结论为"较好"**。具体分析如下：

**表4　总体评估等级及划分标准**

| 等　级 | 划　分　标　准 |
|---|---|
| 好 | 立法目的已经实现；主要规定的全部具体要求落实到位；对社会管理产生积极的规范促进作用；社会认可度高。 |
| 较好 | 立法目的基本实现；主要规定的多数具体要求落实到位；对社会管理产生一定的规范促进作用；社会认可度比较高。 |
| 一般 | 立法目的的实现度不高；主要规定的少数具体要求落实到位；对社会管理规范促进作用不大；社会认可度不高。 |
| 较差 | 立法目的基本没有实现；主要规定的少数具体要求基本落实到位；对社会管理规范没有起到促进作用；社会认可度较低。 |
| 差 | 立法目的没有实现；主要规定的具体要求基本没有落实到位；对社会管理规范没有促进作用；社会认可度很低。 |

### （一）关于立法目的的实现程度

**评估组认为，《条例》立法目的实现程度好于"基本实现"，但是尚未达到"完全实现"的标准。**

《条例》的立法目的有三：一是规范检验检测活动；二是营造公平竞争的市

场环境；三是促进检验检测行业健康有序发展。评估结果显示，《条例》通过强化和落实主体责任的方式，明确了检验检测机构及其人员所必须遵循的基本规范，并在此基础上提出了更高的职业要求，同时通过监督管理，为从业人员构筑了自我管理、自我提升的氛围。这些要求与措施，对于规范上海市检验检测机构及其人员的日常行为规范，激发市场主体活力，规范检验检测市场，营造公平竞争的市场环境以及促进检验检测行业健康有序发展起到了积极的推动作用。

《条例》实施过程中，有关检验检测监督管理部门在简化办事流程、诚信建设、信息公开、鼓励创新、规范市场行为等方面都有不同程度的制度创新，对各方的权利义务、监督管理与法律责任等的落实情况良好。调查问卷也显示，有98.7% 的受访者认为《条例》贯彻实施整体效果良好，而认为《条例》三大立法目的基本实现的比例分别为 98.06%、91.62%、96.78%。

评估组认为，《条例》在营造公平竞争的市场环境方面的作用尚有待进一步发挥，从而有效解决目前存在的不良价格竞争、招标项目对企事业单位存在不当偏好等问题。同时，检验检测监督管理部门应当继续努力，尽快在监管上形成更为有效的大市场监管格局，解决检验检测行业由于涵盖面广、体系庞杂、机构数目庞大，且绝大多数属于微小型企业而引发的质量参差不齐、承受风险能力较弱等问题，以确保检验检测行业能够实现健康有序的发展。

### （二）关于主要规定的落实情况

**评估组认为，自《条例》颁布实施以来，检验检测监督管理部门基本能够做到各司其职，积极开展《条例》宣传贯彻工作，基本落实了《条例》的相关规定；多数检验检测机构能够积极落实主体责任，不断提高检验检测规范性；检验检测行业协会、能力认定机构、保险机构等社会第三方力量能够积极参与行业治理，共同推动检验检测行业的健康发展，《条例》的主要规定多数基本落实到位，在评估等级中处于“较好”状态。**

1. 机构主体责任基本得到落实

《条例》实施以来，多数检验检测机构能够落实主体责任，积极履行社会责任，不断提升检验检测行业“传递信任”的本质特征和赖以生存的社会公信力。这主要表现在四个方面：一是能够严格遵守《条例》的相关规定，在其经营场所、官方网站、网络交易平台经营活动主页面的醒目位置公示其资质证书、认可证书；二是能够积极履行社会责任，在发现被检对象不符合法定要求或者强制性标准，可能存在严重危害环境或者公共安全情形时，及时向检验检测监督管理部门报告；三是在人员聘用方面落实信用记录查询义务，并在内部建立和不断完善人员培训考核制度，确保检验检测人员具备相应的专业技术能力；四是基本能够做到数据、结果的真实、准确、完整，不违反《条例》相关规定，共同维护上海市检验检测行业的良好声誉和形象。

2. 检验检测行为基本实现规范

根据上海市市场监督管理局提供的相关执法记录和统计数据，《条例》针对合同签订、样品获取、实验室检测、出具报告和报告使用等主要环节设定的相应规范基本得到了检验检测机构的遵守。这主要表现在三个方面：一是能够做到与客户签订规范的检验检测合同，约定《条例》明确的关键事项。上海市事业单位性质的检验检测机构能够切实执行“普遍服务义务”；二是能够做到与委托人书面约定采样、抽样的具体要求，在样品交接时共同确认样品的基本状态，并在报告上明确标注样品信息，确保了样品的可追溯性。此外，还能通过与委托方约定“非标方法”的方式，在一定程度上解决了资质认定的局限性问题；三是能够执行报告副本和原始记录保存 6 年的规定，有效解决了原来存在的执法、纠纷解决中取证难等问题。

3. 审批制度改革初步取得成效

《条例》实施以来，相关检验检测监督管理部门按照国务院“简政放权、放管结合、优化服务”的改革要求，结合中国（上海）自贸试验区改革经验，不断创新和优化现行审批方式，积极推出了检验检测资质联合评审制度、“CMA 与 CNAS 二合一”联合评审制度、计量认证结果采信制度、资质认定告知承诺制度。这些制度的推出，在较大程度上减轻了检验检测机构的负担，减少了评审机构的重复数据采集和评审工作，节约了评审时间、有效提升了评审效率。

4. 事中事后监管基本得到强化

《条例》实施以来，各监管部门从重事前资质审批转变为加强事中事后监管，以创新监管方式为切入点，有效整合政府监管资源，不断创新监管举措，先后推出联合监管、分类监管等事中事后监管模式，并不断加大处罚力度，切实提高了监管成效，确保了检验检测市场竞争环境的不断优化，确保了检验检测行业的健康有序发展。

5. 社会多元共治初步得以实现

调查显示，检验检测有关行业协会通过加强行业自律和诚信建设，积极参与监管部门的监督检查、能力验证、专家队伍建设、信用评级等工作，对行政监管形成了有力的支撑；CNAS 等第三方实验室认可机构通过加强对已获认可检验检测机构的跟踪监督，通过开展专项整治行动，清理一批不再符合认可条件的检验检测机构，对行政监管提供了有力补充；相关保险机构面向检验检测行业试点，尝试性推出特定用途保险产品，引导机构提高赔付能力和风险抵御水平。这些社会第三方力量通过明确角色定位、发挥各自特点，共同参与检验检测行业管理的方式，有效促进了多元共治的监管格局的形成。

6. 配套扶持政策不断有序推出

调查显示，检验检测监督管理部门按照《条例》规定，通过科学制定《上海市技术基础发展和改革“十三五”规划》《上海市加强质量认证体系建设促进全面质量管理的实施方案》等产业发展规划，不断出台《关于落实〈促进本市检验检测产业发展的指导意见〉的实施方案》等产业发展配套扶持政策，建设中国合格评定国家认可委员会（CNAS）上海服务平台，提供认可业务咨询、人员培训、资质认定“二合一”评审、监管信息共享服务等方式，鼓励检验检测机构开展技术创新和国际交流合作，不断提高检验检测技术能级，有效推动了检验检测产业的健康发展。

**（三）关于对社会管理规范化的促进作用**

**评估组认为，《条例》对规范检验检测活动，营造公平竞争的市场环境，促进检验检测行业健康有序发展起到了积极的促进作用，评价结论为“较好”。**

1. 检验检测活动得到有序规范，公平竞争的市场环境开始形成

调查显示，一方面，《条例》实施以来，联合监管机制的建立、分类监管制度的实施，信用管理制度的引入，行政监管与技术监管的有效衔接，行政处罚力度的加大，以及有关行业协会、能力认定机构、保险机构等在编织社会共治网络方面卓有成效的工作，使得上海市检验检测机构及其人员的检验检测活动得到了有序规范，检验检测市场秩序得到了良性发展。

另一方面，上海市市场监督管理局会同有关检验检测监督管理部门细化、落实的联合现场评审制度，采取的“一网通办”“双减半”等便民政策，持续优化的资质认定告知承诺制度，以及严格执行落实的政府购买服务机制等，显著减轻了检验检测机构的评审负担，进一步降低制度性交易成本，大幅节省了评审时间，为广大检验检测机构提高检测技术能级、参与市场竞争、贯彻国家有关政策提供了便利，确保了各种性质检验检测机构公平参与市场竞争。数据显示，2018 年上海市检验检测行业总收入中，通过政府购买服务方式实现检验检测业务收入总计 18.1 亿元，占比 7.6%。

2. 行业结构布局日趋合理，技术能级水平大幅提升，检验检测产业得到了快速健康发展

调查显示，《条例》实施以来，通过综合施策、精准发力，上海市检验检测产业发展保持较快增速，质量和效益显著提升。据统计，2018 年上海市检验检测机构数量为 966 家，较 2017 年增加 77 家；全年共出具检验检测报告 2054 万份，实现营业收入共计 239.3 亿元，同比增加 22.2%；检验检测机构户均产值达 2470.6 万元、人均产值 42.4 万元，都高于全国同期平均水平。解决就业人数不

断增加，2018 年全行业从业人数为 56300 人，其中，本科及以上学历 33803 人，占 60.04%，中高级以上职称 14159 人，占 25.15%，均呈上升趋势。科技和硬件投入进一步提高，966 家机构检验检测仪器设备原值 201 亿元，实验室面积 232.6 万平方米，较上年增长 12.5%。行业发展结构进一步呈现市场化特点，企业法人 768 家，占 79.50%；事业法人 158 家，占 16.36%，事业法人占比低于全国平均水平 11.32 个百分点，呈下降趋势。检验检测能级不断提升，国家级检验检测实验室的建设进展迅速，截止到 2018 年底，围绕上海市战略性新兴产业和先进装备制造业布局，在机器人、汽车电气化、工业互联网等领域已建成 50 个国家质检中心。此外，2018 年全年上海市有 42 家检验检测机构参与“一带一路”沿线国家和地区业务，为海内外企业“走出去、请进来”提供必要的技术支撑。积极参与进口博览会场馆建设和布展工作，在建设工程和建材产品质量安全检测、进口食品和餐饮安全检测、特种设备安全检验等领域提供优质服务。

**（四）关于社会认可度**

**评估组认为，《条例》的社会认可度“较高”。**

本次社会调查统计结果显示：虽然《条例》作为专业性较强的地方性法规，社会知晓度总体上偏低，但是《条例》的总体社会认可度比较高。受调查者普遍认为，《条例》的立法目的基本实现；上海各级政府及相关行政管理部门基本履行了《条例》规定的各项职责。受调查者普遍认为《条例》设置的大部分制度无论是合理性还是实效性都可圈可点，基本达到了制度设定的初衷，而与检验检测工作相关的行政执法也得到了受调查者的普遍认可。

综上所述，通过对《条例》立法目的实现情况、主要规定具体落实情况、对社会管理规范化的促进作用以及社会认可度的分析，评估组认为，《条例》的立法理念既符合当时上海市经济、社会发展的客观需要，也具有一定的前瞻性，实施以来，通过落实主体责任、完善行为规范、简化市场准入程序、加强事中事后监管、推动产业发展等方式，基本实现了《条例》规范检验检测活动、营造公平竞争市场环境、促进检验检测行业有序发展的三大立法目的。

## 四、立法后评估建议

通过对《条例》的全面评估，评估组认为，虽然从总体上看，《条例》的立法理念符合客观需要，并具有一定的前瞻性，立法质量较高，实施整体上较为平稳有序，执行情况较好。但是《条例》在执行中仍然存在有待进一步完善的内容，主要涉及四个方面：

**一是履行“重大信息报告”不便利。**根据《条例》相关规定，检验检测机构在从事检验检测活动中发现被检对象不符合法定要求或者强制性标准，可能存在严重危害环境或者公共安全情形的，应当履行立即向检验检测监督管理部门报告的义务。这对于发挥检验检测作用，构建社会共治格局具有重要意义。为此，《条例》还规定，“检验检测监督管理部门应当根据各自职责和行业管理的需要，对前款规定的严重危害环境或者公共安全的情形制定信息报告目录，并对外公布”。目前司法行政、住房城乡建设、市场监管等部门分别出台了较为原则性的目录，但报告的要求不够具体，且分散在各领域，检测机构难以全面知晓，给机构履行“重大信息报告义务”带来诸多不便。

**二是“责任风险管理”有短板**。作为第三方证明组织，检验检测机构需要为其出具的检验检测报告承担包括连带赔偿责任在内的相应法律责任。因此，为了提高检验检测机构的赔付能力和风险抵御水平并督促检验检测活动合法合规，《条例》鼓励检验检测机构投保机构责任保险和人员职业责任保险。虽上海市已推出了检验检测职业责任险，但截至 2018 年底，全市 966 家检测机构中仅有 41 家购买了责任保险，且国内检测机构的购买比例显著低于外资检测机构，检测机构购买保险意愿不高。

**三是“采信计量认证”待发展**。为优化检验检测机构申请资质认定的程序，《条例》第 27 条规定了采信计量认证制度，明确“检验检测机构申请以计量认证为前置条件的资质许可的，资质许可部门应当依法采信计量认证结果，对相同内容不再重复考核”。截至 2019 年底，仅有上海市市场监督管理局前期会同市应急管理局（原安全监管局）在职业卫生技术服务领域有所实践，在其他领域未实质性推进。因此，该项制度效能的发挥尚有待检验检测监督管理部门积极打破制度藩篱，提升管理协作能级。

**四是“质控信息化”待提高**。多数检验检测机构的实验室质量管理仍然停留在人工记录层面，管理效率不高，检测数据、结果容易被人为改动。据相关调研显示，建立实验室信息管理系统（LIMS）的检验检测机构仅占 30% 左右，且其中相当比例的系统功能单一，无法实现样品受理、数据自动采集、报告生成、信息查询及仪器设备实时管理等功能，从而无法对检测数据、原始记录形成有效溯源，检验结果的客观性和科学性缺乏有效流程保证。

基于本次评估结论，评估组认为上海市检验检测监督管理部门应当加强统筹协调，依据《条例》的相关规定，进一步发挥政府相关部门监管、鼓励和引导功能，优化营商环境，推动检验检测产业健康发展。为此，评估组建议如下：

第一，检验检测相关管理部门依据各自职责，根据产品质量、食品安全、环境监测、农产品质量安全、建设工程质量安全、司法鉴定等管理需要，分别在各自领域制定检验检测机构“重大信息报告目录”，细化、明确检验检测机构应当报告的情形和报告程序，并按照《条例》规定，由各部门分别向社会发布目录，或者由一个部门汇总后在统一的平台上发布。

第二，充分发挥市场监管、保险监管等部门引导、鼓励作用，强化机构风险管理意识和能力。一是进一步完善险种设置，推出更加适应检验检测行业的保险产品；二是在行政许可、监督管理、政府采购、信用评价等环节，对检验检测机构购买专门责任险出台鼓励政策，如将购买责任险作为检测机构增信措施，加强对检验检测行业的发展引导。

第三，建议上海市市场监督管理部门会同有关检验检测监督管理部门研究、制定、出台、实施与采信计量认证有关的政策措施，积极简化和优化资质认定审批程序，有效降低检验检测机构资质认定的制度性成本，提升资质认定效率，确保检验检测机构能将更多的时间和精力投入充分提升检验检测能力、保证检验检测质量、强化检验检测社会责任履行等方面。

第四，建议上海市市场监督管理部门积极会同有关检验检测监督管理部门，引导检验检测机构加强实验室管理信息化水平，推动对检验检测活动的全过程溯源。例如，在政府采购服务中优先采购信息化水平较高的机构，在分类监管中减少检查频次、适当降低检查要求等；充分发挥和推动行业中介组织和专业技术机构的作用，通过制定团体标准或技术规范，明确实验室信息管理系统通用建设要求。

第五，建议上海市人大适时启动人大立法督查专项工作，对《条例》的执行情况进行更加全面深入的梳理，督促检验检测监督管理部门认真履行《条例》规定的职责，有效协调检验检测监督管理部门开展更加紧密的合作，进一步提高对检验检测行业的支持力度，确保《条例》各项制度能够得到有效贯彻落实，以此推动上海检验检测行业更加健康、有序发展，为上海“五个中心”建设和打响“四大品牌”作出更大贡献。

# 上海市无障碍环境建设立法研究①

课题组组长：陈书笋　上海市行政法治研究所副研究员
课题组成员：王松林　上海市行政法治研究所办公室主任
刘　莹　上海市行政法治研究所助理研究员
顾　捷　上海市行政法治研究所助理研究员

## 引　言

无障碍环境体现的是一座城市的温度，反映的是一座城市的形象。加快无障碍环境建设是贯彻习近平总书记“人民至上”重要理念的最直观体现，对维护社会公平正义和全面建成小康社会具有积极意义。上海市要打造“卓越的全球城市、具有世界影响力的社会主义现代化国际大都市”，无障碍环境建设无疑是其中的重要一环。

改革开放以来，随着社会经济快速发展、市民生活水平不断提高，上海市的城市无障碍环境建设得到了前所未有的重视，取得了卓有成效的发展。2005年2月，上海市被评为“全国无障碍设施建设示范城市”；2011年12月，上海市被评为“‘十一五’全国无障碍建设先进城市”。特别是在城市轨道交通、城市道路、城市信息化、大型社区及公共服务场所等无障碍建设方面，上海市不仅走在了全国前列，而且达到了国际一流水平。

从上海市无障碍环境建设立法情况来看，2003年6月，上海市出台了《上海市无障碍设施使用和管理办法》（以下简称《管理办法》），至今已有17年。而自2012年《无障碍环境建设条例》出台以来，全国已有17个省级地方先后制定出台了无障碍环境建设的法规、规章。上海市立法较其他很多地方已经相对落后。同时，随着经济社会的进步和发展，无障碍环境的受众范围、使用需求、建设标准和发展方向都在不断发生变化，原有的《管理办法》已经不能满足现实的需要。

---

① 本课题完成于2020年。

从上海市无障碍环境建设的实际需求来看，截止到2019年底，上海市有57.8万持证残疾人，占总人口的3.93%；518万老年人口（60岁及以上），占总人口的35.2%，由于对无障碍环境有需求的除了残疾人、老年人，还包括妇女儿童、伤病患者等群体，因此，无障碍环境实际需求人群的数量比较庞大。与此同时，基础设施现代化、公共服务人性化、城市社区国际化的发展趋势，也对城市无障碍建设提出了更多课题和挑战，催生出更大的发展动力和机遇。

随着无障碍建设理念的不断创新，标准的不断提升，上海市无障碍环境建设与管理仍存在许多问题和不足，例如部分无障碍设施建成后无人维护、无障碍设施被毁损占用的情况时有发生、信息交流无障碍和社会服务无障碍建设不完善等。构筑良好的立法体系，是保证无障碍环境建设快速发展的有力措施。为了更好地贯彻落实国务院《无障碍环境建设条例》（以下简称《条例》），保障特殊群体平等参与社会生活，上海市将无障碍环境建设立法纳入2020年地方政府规章正式项目，为无障碍环境建设与管理提供法治保障。

在这一背景下，课题组围绕上海市无障碍环境建设立法中遇到的问题，结合上海市无障碍环境建设的实际需求，以“上海市无障碍环境建设立法”为选题展开研究。从立法角度出发分析如何规范无障碍环境建设，探析上海无障碍环境建设发展在立法层面的不足和问题，提出完善无障碍环境建设立法的建议，为无障碍环境建设的发展提供法律支撑。

## 一、无障碍环境建设的基本概念

### （一）“无障碍”的概念

按照《残疾人权利公约》的定义，无障碍（Accessibility）是指“为了使残疾人能够独立生活和充分参与生活的各个方面，缔约国应当采取适当措施，确保残疾人在与其他人平等的基础上，无障碍地进出物质环境，使用交通工具，利用信息和通信，包括信息和通信技术和系统，以及享用在城市和农村地区向公众开放或提供的其他设施和服务。这些措施应当包括查明和消除阻碍实现无障碍环境的因素，并除其他外，应当适用于：（一）建筑、道路、交通和其他室内外设施，包括学校、住房、医疗设施和工作场所；（二）信息、通信和其他服务，包括电子服务和应急服务”。

### （二）无障碍环境建设的概念

随着经济社会发展和残疾人权益保障的深化，无障碍环境建设的内涵与外延不断被重新定义。根据国际社会对无障碍环境建设的法律界定，结合我国法律法规对无障碍环境建设的表述，课题组将无障碍环境建设界定为“便于残疾人等社会成员自主安全地通行道路、出入相关建筑物、搭乘公共交通工具、交流信息、获得社区服务所进行的建设活动”。从形式上看，无障碍环境包括设施无障碍、信息交流无障碍和社会服务无障碍等形式。从涵盖人群上看，无障碍环境是为全体社会成员创造的更为自由、安全、便利地参与社会生活的整体环境，它不仅有利于残疾人，而且有利于老年人、妇女、儿童、伤病患者及一切行动不便者。

## 二、上海市无障碍环境建设立法的现状

### （一）无障碍环境建设的立法体系基本形成

20 世纪五六十年代以来，世界上大多数国家都针对无障碍设施设计与建设、无障碍环境标准等进行了立法。从国际视野来看，无障碍环境建设是联合国《残疾人权利公约》和《2030 年可持续发展战略》的重要原则和内容。中国作为缔约国之一，构建整体、先进、包容的无障碍环境，保障人民平等、共享社会发展福祉，已经成为现在以及未来我国社会事业发展的战略目标。

中国的无障碍环境建设立法始于 20 世纪 80 年代，1989 年 4 月，《方便残疾人使用的城市道路和建筑物设计规范（试行）》颁布实施，这是中国首部无障碍建设设计标准，标志着中国无障碍设施建设工作走上正规化。1990 年 12 月，国家颁布《中华人民共和国残疾人保障法》，首次提出城市道路和建筑物设计规范应采取无障碍措施。1996 年 8 月，国家颁布《中华人民共和国老年人权益保障法》，明确规定建设无障碍设施。2012 年 6 月，国务院颁布了《无障碍环境建设条例》，填补了我国无障碍管理专项法规的空白，该条例不仅对传统的无障碍建设项目作了详细的规定和要求，还对信息交流、社区服务两个方面的无障碍建设作出了具体的标准规定。

在上海市层面，上海市无障碍设施建设的相关措施和制度设计起步于 20 世纪 90 年代。1992 年 12 月，上海市建设委员会、计划委员会、民政局、市残联等部门联合下发了上海市首个关于无障碍环境建设的设计规范——《关于在本市执行〈方便残疾人使用的城市道路和建筑物设计规范〉的通知》，对全市新建、修建的道路和建筑物全面实施无障碍设施建设，标志着上海市正式进入了无障碍设施建设的发展轨道。1993 年 5 月，《上海市实施〈中华人民共和国残疾人保障法〉办法》正式施行，将城市的无障碍设施建设列入实施内容，以地方性法规的形式确立了政府和社会对无障碍环境建设的责任。2003 年 4 月，上海市人民政府颁布了《管理办法》。同年又出台了《上海市无障碍设施建设规划（2003—2006 年）》和《无障碍设施设计标准》，由此，上海市无障碍设施建设加

快了步伐。

**（二）上海市无障碍环境建设立法的实施成效**

上海市无障碍环境建设经过近30年探索，经历了从无法可依到有法规范的过程。《管理办法》的颁布，大大促进了上海市无障碍设施建设的快速发展，改变了之前无障碍设施建设规范性和统一性不足的情况，逐步形成了以政府为主导的无障碍设施建设模式，为残疾人、老年人及有特殊需要的社会群体融入社会提供了基本保障。同时，上海市在无障碍环境建设的实践方面取得了卓越的成绩。具体表现在如下四个方面：

**一是相关规范和指引更加细化和具体化。**2003年出台的《无障碍设施设计标准》，是全国第一部地方性无障碍设计规范，更是2012年出台国家标准时的重要参照。在2006年世界特殊奥林匹克运动会期间运动场馆建设和2008年至2009年间上海世博会园区建设过程中，陆续出台了一系列建设标准和建设规划，大大加强了无障碍设施和环境建设的规范和指导，为残疾人和老年人等社会群体全程无障碍地参加各类会展活动提供了有力保障。

**二是实现从无障碍硬件建设向无障碍环境建设转变。**如果说无障碍设施建设是硬件，环境建设就是软硬兼顾。上海市在先期实施了一系列无障碍设施建设的措施后，开始着重于推进环境建设。**在无障碍设施建设方面，**上海市的各类新建、扩建、改建的公共建筑，已基本做到无障碍设施建设全覆盖。比如，在市中心人流量大的地段，优先设置人行天桥、人行地道的无障碍电梯，并与盲道系统相衔接；在残疾人、老年人经常性使用的区域（如住宅区、养老院、康复中心、医院等），尽量缩减过街宽度；在宽度在单向三车道以上的道路中间，设置无障碍安全岛等。**在无障碍信息交流方面，**上海市为视力残疾人提供固定电话通话优惠服务，为听力言语残疾人提供手机短信优惠服务，以及提供宽带优惠套餐，为视力残疾人和听力言语残疾人提供更便利的服务。政府网站首页无障碍改造率达到100%，同时推进实施公共传媒“字幕工程”建设，在全国首创了无障碍多媒体网上服务专区。成立全国首个无障碍电影工作室，多家影院陆续开设了无障碍影片播放室，使盲人朋友也能够走进影院观看电影。成立国内首家无障碍数字图书馆，①专门为残疾人和老年人提供无障碍网站、有声电子书和数字化讲座等特别服务。**在无障碍社会服务方面，**上海市所有省际客运站设立老年人、残疾人优先的无障碍购票窗口及绿色通道，在醒目位置设置老年人、残疾人服务标志，配备轮椅便民服务设备；组建志愿者队伍，为残疾人、老年人购检票乘车提供一对一的服务。

---

① 参见dlpwd.library.sh.cn，访问日期：2020年10月1日。

**三是实现无障碍环境建设和改造的常态化**。随着各项技术标准和政策的出台，无障碍环境建设和改造不再是一时的任务，而是长期的目标。《管理办法》出台后，上海市政部门将修建盲道和缘石坡道作为新改建人行道的常规施工规范。并将打造无障碍交通出行环境作为公共交通建设的重要目标和长期任务。目前，上海浦东国际机场、虹桥国际机场、上海火车站、上海南站、上海虹桥交通枢纽，已形成了设施完备、建设规范、标志明显、运行正常的无障碍设施与服务网络。全市轨道交通16条线路415个站点（含磁悬浮），也全部建有无障碍设施。

**四是无障碍环境建设延伸到社区和家庭**。随着上海市无障碍环境建设的逐步深化，覆盖群体和范围也在逐步扩大，城乡残疾人、老年人等困难家庭的无障碍改造工作得到顺利推进，社区、住宅的无障碍环境建设也已成为新的建设重点和拓展领域。从2010年起，上海市对城镇肢体一、二级残疾人家庭开展了无障碍设施改造。从2011年起，原上海市建设交通委员会等部门积极推行既有老旧住宅加装电梯工作，取得了积极成效，解决了困扰"悬空老人"的难题。2014年改造范围扩大到农村低保、重残、一户多残的家庭，实施农村困难残疾人家庭改造项目的试点。2015年上海市加入了中国残疾人联合会"贫困残疾人家庭无障碍改造数据库系统"，并定期维护更新数据库，保障改造项目工作的有序开展。2017年起，上海市残疾人（特别是农村困难残疾人）家庭的无障碍改造工作已转入常态化管理，并倡导纳入各级政府的为民实事项目之中。

## 三、上海市无障碍环境建设立法存在的问题

如前所述，我国无障碍环境建设的立法体系总体层次较低，没有专门的《无障碍环境建设法》，只有《无障碍环境建设条例》（以下简称《条例》）对此作出了简要规定。在人口老龄化不断深化的趋势下，无障碍环境建设的问题与矛盾日益突出，《条例》的不足之处愈加明显。在上海地方层面，现行有效的地方政府规章是制定于2003年的《管理办法》，已无法完全适应无障碍环境建设的需要。在此背景下，上海市人民政府启动了无障碍环境建设的立法工作，将《上海市无障碍环境建设办法》（暂定名）纳入2020年的政府规章正式项目。课题组在参与政府规章起草过程中发现，现行立法存在的问题主要包括如下几个方面：

### （一）无障碍环境建设的管理体制不完善

无障碍环境建设涉及市政建设、公共交通、信息交流、社会服务等诸多领域，是一项综合性、跨部门的系统工程，涉及多个部门的职责，因此需要由一个

牵头部门或议事协调机构负责组织、协调、督促各部门做好无障碍环境的建设与管理工作。由于政府机构改革职能重置，上海市无障碍环境建设推进工作联席会议作为非常设机构被取消。同时，根据2003年《管理办法》的规定，原上海市建设交通委员会负责无障碍设施建设和使用的监督管理，随着《条例》的颁布实施，无障碍环境建设除包括设施外，还拓展到信息交流和社会服务的无障碍领域，而建设交通部门的职能显然涵盖不了这些领域。联席会议的取消、新的牵头部门又没有明确，导致无障碍环境建设实践过程中，虽然各部门可以做到各司其职，但是却很难实现部门之间的高效协同，进而难以满足无障碍环境建设的要求。

**（二）无障碍环境建设的监管体系不健全**

无障碍环境建设的立法规定以及规划、标准的要求若要得到切实贯彻落实，需要有一套健全的监管体系作为保障。目前，地方无障碍环境建设监管体系并不健全，主要体现在如下几个方面：一是监管要求不明确。目前，由于各部门法之间缺乏有效衔接，一些专业领域的法律（如《中华人民共和国建筑法》《中华人民共和国民用航空法》《中华人民共和国铁路法》等）中都没有规定与无障碍环境建设相关的内容，这在很大程度上削弱了无障碍环境建设在相关领域的实施力度，加大了在全社会落实无障碍环境建设的难度。同时，各部门在相关部门法的框架下，按照各自的法定职责对分管领域的无障碍环境进行监管，而这些监管要求多为各分管领域的常规要求，而非针对无障碍环境建设的专业要求。二是监管标准不明确。我国《无障碍设计规范》与一些发达国家相比，仍然存在一定的不足之处。例如，对无障碍路线相关内容及轮椅乘坐者“可达范围”没有明确规定，日常监管中缺乏依据和标准，导致按此规范修建的无障碍设施不能构建成完整的无障碍流线，无法实现公共建筑无障碍环境的连续畅通。三是监管主体不明确。无障碍环境建设上位法在提到监管主体时多以“相关主管部门”进行处理来表述，这就导致其实并没有具体而统一的监管部门，使地方立法在确定监管部门时缺乏足够清晰的依据，也只能进行模糊化处理。

**（三）无障碍环境建设的制度内容不全面**

如前所述，上海市早在2003年就制定了《管理办法》，但是这部规章仅对无障碍设施的建设和使用进行了规定，由于制定时间较早，对“无障碍信息交流”和“无障碍社会服务”都没有涉及，因此在制度内容上并不全面，主要体现在如下几个方面：一是无障碍设施建设的部分内容存在缺失。无障碍设施建设部分，偏重于肢体残疾人对轮椅使用以及盲人对盲道使用的相关规定，对于色彩对比度、辅助聆听系统等建筑硬件方面的规定关注度较低；此外，无障碍停车位是设施建设领域社会关注程度最高的问题，国内有不少城市都对无障碍停车位的设置和收费问题进行了规定，而上海市在该问题上还处于制度空白，导致残疾人群体的相关诉求一直没有得到制度回应。二是无障碍信息交流领域的制度规定处于空白状态。其中，网站的无障碍建设、广播电影电视节目配加字幕、新闻发布会提供手语翻译、公共图书馆配备无障碍辅助设备或软件等要求，尚未以地方立法的形式予以强制性规定。三是无障碍社会服务领域的制度规定处于空白状态。社区服务场所、公共服务企业、公共文化场所、医院、学校、公共交通服务场所、旅游景点、应急避难场所在内的无障碍社会服务标准、内容和要求，以及残疾人、老年人等社会群体参与政治、社会生活所应获得的特定无障碍服务的标准和要求，目前都没有地方立法层面的规定。

### （四）无障碍环境建设的法律责任不到位

通过国务院《条例》与上海市《管理办法》对无障碍环境建设法律责任的规定进行对比分析可见，目前无障碍环境建设法律责任的规定还存在一定的问题，主要体现在如下几个方面：一是责任类型比较单一。国务院《条例》规定无障碍设施造成人身、财产损害的，应当对未尽到保护或维修义务的所有权人或者管理人追究民事责任，而没有设定刑事责任。现实中，因占用无障碍设施而导致人身伤亡的事件时有发生，对这种占用行为除追究民事责任外，是否应当追究刑事责任，是值得讨论的问题。二是责任内容需要补充。截止到2020年底，针对各类违反无障碍环境建设的行为，在法律责任设定方面并没有做到全覆盖。例如，上海市《管理办法》对不符合无障碍设施标准进行建设的行为，没有单独作为一个违法行为追究法律责任。国务院《条例》对涉及无障碍信息交流和社区服务等领域的内容，也没有设定相应的法律责任。三是责任与义务需要适配。在无障碍设施建设的法律规定方面，有些只设定义务，而没有设定相应的法律责任。例如，上海市《管理办法》设定了无障碍设施所有权人或者经营管理者的养护义务，但没有规定未尽养护义务的法律责任。四是责任履行措施需要强化。上海市《管理办法》对相对人不履行相关义务的情形，没有规定代履行，导致地方执法实践过程中缺少抓手。当然，这主要是因为地方政府规章的立法权限有限，但这一难题仍然没有得到很好的解决。

## 四、完善上海市无障碍环境建设立法的对策建议

完善的法律法规是推进无障碍环境建设的前提和保障，立法先行对于推动无障碍环境建设具有至关重要的作用。因此，要加强无障碍环境建设的立法工作，完善无障碍法律法规实施细则，细化无障碍设施的建设标准，将无障碍环

境建设纳入国家整体法治化建设轨道，为进一步完善无障碍环境建设的管理体制、健全无障碍环境建设的监管体系、充实无障碍环境建设的制度内容、明确无障碍环境建设的法律责任提供明确的法律依据。

### （一）进一步完善无障碍环境建设的管理体制

无障碍环境建设涉及住房和城乡建设、交通、民政、经济信息化、发展改革、卫生健康、教育、科学技术、公安、文化旅游、市场监管、地方金融监管、体育、绿化市容、城管执法、大数据中心、城市运行管理中心等部门，每个部门都不是割裂的独立个体，它们在法律法规规定的框架下或多或少地相互联结在一起，作为一个整体共同发挥作用。这就需要建立健全完善的管理体制来促进部门各司其职、共同协作，进而实现无障碍环境建设的全面推进。一方面要明确牵头部门，另一方面要通过立法明确并细化各部门的职责，提高立法规定的可执行性，防止各部门权力边界模糊而导致的相互推诿。目前，无障碍环境建设的内涵和外延较之前都有了一定程度的拓展，无障碍环境建设主体呈现出复杂性的特点，同时上位法并没有明确无障碍环境建设的牵头部门。上海市在政府规章起草过程中，将无障碍环境建设牵头部门确定为市、区人民政府，规定由市、区人民政府加强对无障碍环境建设与管理工作的领导，组织召开无障碍环境建设与管理联席会议，部署工作重点、解决重要问题、推进部门协调、督促任务落实。在落实了牵头部门的前提下，规章分别规定了住房和城乡建设、交通、民政、经济信息化、残疾人联合会等部门的具体工作职责，形成一套较为完善的管理体制。此外，在强调政府发挥主导作用的基础上，规章鼓励社会力量参与无障碍监督工作，发挥不可替代的督导职能。需要指出的是，在课题研究过程中课题组发现，无障碍环境建设的成效在一定程度上取决于市领导的重视程度。因此课题组建议，在具体操作层面，应当建立无障碍环境建设行政首长负责制，即由市长直接领导无障碍环境建设工作，并由分管民政的副市长负责相关的统筹协调工作。

### （二）进一步健全无障碍环境建设的监管体系

在推进无障碍环境建设的过程中，需要建立全面长效的监管体系。一是要进一步明确无障碍环境建设的监管要求。无障碍环境建设要在统筹规划的基础上有条不紊地进行，需要有明确的监管要求才能使之发挥最大作用。为此，上海市地方政府规章对无障碍设施的设计、施工、监理、审查、竣工验收、备案、试用体验以及改造的具体要求进行了具体规定，对信息交流和社会服务中各种具体场景的无障碍要求进行了明确规定。二是进一步完善无障碍环境建设的标准。针对我国无障碍设计规范中存在的短板，补充完善相应的规范、标准、图集等内容，明确各类公共建筑无障碍标准的适用范围，拓宽无障碍环境的适用群体范畴，特别要强调无障碍路线的完整性，确保无障碍环境的连续性、系统性和有效性。三是进一步明确无障碍环境建设的监管主体。针对无障碍环境建设监管不力的现实情况，明确无障碍环境建设各环节、各领域的监管主体，并细化其具体监管责任，为落实无障碍环境建设的要求提供立法保障。

**（三）进一步充实无障碍环境建设的制度内容**

无障碍环境建设是促进残疾人、老年人等社会群体充分参与社会生活、共享社会物质文化成果的必然要求，我们需要通过立法固化无障碍环境建设的要求，充实和创新无障碍环境建设的制度内容。一是在无障碍设施建设方面，增加规定公共建筑的视力和听力辅助系统的安装配置要求；考虑到上海市 90% 以上的停车场均由社会力量举办的现实情况，如果“一刀切”地规定所有无障碍停车位对残疾人专用车辆减免收费，既不合理也不现实，因此应当分别予以规定，即政府投资建设的停车场应当对残疾人专用车辆限时减免停车费用，鼓励社会力量举办的停车场对残疾人专用车辆的停车费用给予减免优惠。二是在无障碍信息交流方面，为了更好地消除“数字鸿沟”，体现“信息平等”，地方立法应当对与残疾人等特定群体日常生产生活密切相关的政务网站、公共服务网站以及政府、公共服务机构、企业提供的智能终端应用（APP）的无障碍设计标准进行明确规定；应当对广播电影电视、公共图书馆、公共呼叫系统、新闻发布会、公共活动等的无障碍环境建设要求进行明确规定。三是在无障碍社会服务方面，地方立法应当从场景出发，针对具体的社会服务场景对无障碍社会服务的标准、内容、要求等进行明确规定。此外，地方立法也应当对加强无障碍设计教育、加强无障碍环境建设宣传、鼓励无障碍科技研发、增强社会公众的无障碍意识等内容进行倡导性规定，为无障碍环境建设的深入推进提供制度保障。

**（四）进一步明确无障碍环境建设的法律责任**

地方建立健全相对完善的无障碍环境建设法律责任体系，需要从以下几个方面着手：一是需要细化无障碍设施的建设和养护等责任。要明确监管部门职责，对于违反无障碍设施建设要求、违反无障碍设施养护要求、损坏和擅自占用无障碍设施、违反公共交通工具无障碍要求、占用无障碍停车位等违法行为追究法律责任。在损坏、占用无障碍设施方面，对于损坏、擅自占用无障碍设施，改变无障碍设施的用途，由住房建设、交通和城管执法部门在各自职责范围内责令限期改正，并处一定数额的罚款。在养护方面，对无障碍设施的所有权人或者经营管理者未对无障碍设施进行改造、养护和及时维修，导致无法正常使用的，由城管执法部门依法责令其限期改正。逾期不改正的，城管执法部门可以委托具有相应资质的单位负责无障碍设施的日常养护维修，费用由无障碍设施的所有权人或者经营管理者承担；造成使用人人身、财产损害的，无障碍设施的所有权人或者经营管理者应当承担赔偿责任。二是需要梳理现有相关法律中法律责任的规定。就上海市地方而言，由于地方政府规章在设定法律责任方面的立法权限有限，建议适时制定地方性法规解决法律责任设定问题。在暂时只能制定地方政府规章的情况下，应将违法行为的法律责任进行细化规定，并且集中于无障碍环境建设中的设施部分，同时就信息传播与交流、社会服务等领域违反相关规定的，应当规定由相关主管部门责令限期改正或者采取补救措施。三是争取国家给予更大的立法支撑。责任体系建设不仅涉及地方，也需要国家层面就立法保留事项作出规定，明确相应的民事、刑事责任以及必要的行政强制执行措施。具体而言，需要国家立法就是否需要追究刑事责任及相应的刑事责任构成、是否可以代为履行等作出明确规定。同时，国家立法也可以通过明确授权的形式，给予地方一定的立法空间。

## 五、结　语

随着经济社会的进步和发展，无障碍环境的受众范围、使用需求、建设标准和发展方向都在不断发生变化。与此同时，基础设施现代化、公共服务人性化、城市社区国际化的发展趋势，也对城市无障碍建设提出了更多课题和挑战，催生出更大的发展动力和机遇。要推动无障碍环境建设持续发展，立法先行具有至关重要的作用。因此，应当将无障碍环境建设纳入国家整体法治化建设轨道，通过立法进一步完善无障碍环境建设的管理体制、健全无障碍环境建设的监管体系、充实无障碍环境建设的制度内容、明确无障碍环境建设的法律责任。同时，需要指出的是，无障碍环境建设的立法内容虽然以服务性为主，但是其立法性质仍具有管制性。由于地方政府规章的权限有限，在对无障碍环境建设与管理中某些违法行为设定法律责任时，往往面临约束力不足的困境。因此，课题组建议适时将地方政府规章上升为地方性法规，破解地方政府规章权限不足的问题，为无障碍环境建设的发展提供更有力的法律保障。

# 上海市容管理法律规范体系建设评估与初步建议[1]

课题组组长：邓海娟　上海市行政法治研究所研究员
课题组成员：李　晶　上海政法学院讲师
　　　　　　李德旺　上海交通大学博士生

## 引　言

市容管理是现代城市治理的重要领域。随着社会经济的不断发展，市容景观行业不断出现新情况、新挑战、新问题，当前市容管理制度和治理水平同当前人民对美好城市生活的向往还存在一定的差距。习近平总书记强调“要提高城市治理水平，推动治理手段、治理模式、治理理念创新，加快建设智慧城市，率先构建经济治理、社会治理、城市治理统筹推进和有机衔接的治理体系”。[2]上海市作为改革开放排头兵、创新发展先行者，对标国际一流的大城市，践行“人民城市人民建，人民城市为人民”的理念，有必要及时结合社会发展需求，完善市容景观法律规范体系，提升市容环境质量。为此，课题组接受上海市绿化和市容管理局的委托，开展相关研究工作。

课题组拟对上海市现行市容管理法规、规章等进行梳理，分析本市市容管理法律规范的体系架构，评估其实施效果，并结合社会发展需求，提出完善本市市容管理法律规范体系的建议，以期促进上海市市容管理制度的完善。课题组采用访谈、比较分析、文献研究等方法开展研究，最终形成了研究报告，具体内容如下：

## 一、市容管理法律规范体系的基本范畴

### （一）市容

市容，指的是城市容貌。根据国务院颁布的《城市市容和环境卫生管理条

---

① 本课题完成于 2021 年。

② 习近平：《在浦东开发开放 30 周年庆祝大会上的讲话》，新华网 http://www.xinhuanet.com/2020-11/12/c_1126732554.htm，访问日期：2020 年 12 月 6 日。

例》第1条规定可知，城市工作、生活环境由城市市容和环境卫生两部分组成，对城市市容的管理要符合国家规定的城市容貌标准。2008年10月住房和城乡建设部出台的《城市容貌标准》(GB50449—2008)指出，城市容貌是“城市外观的综合反映，是与城市环境密切相关的城市建(构)筑物、道路、园林绿化、公共设施、广告标志、照明、公共场所、省市水域、居住区等构成的城市局部或整体景观”。根据该定义可知，市容是由建(构)筑物、道路、园林绿化、公共设施、广告标志、照明、公共场所、省市水域、居住区等要素组成的城市景观或者城市外观，是城市环境系统的重要组成部分。

### (二)市容管理

1. 法律文件对市容管理的规定

国务院《城市市容和环境卫生管理条例》将城市市容管理与国家城市容貌标准紧密结合，简单来说，市容管理是指以国家城市容貌标准为依据或参照而对城市中的建筑物和设施进行管理(第9条)。从该条规定来看，既可以将市容的要素总结成建筑物和设施两大类，即《城市容貌标准》确定的市容的具体9个要素可落到建筑物和设施两个范畴内；也可以明确市容管理有三个层次，一是通常来说，市容管理要符合《城市容貌标准》；二是有条件的城市，如对外开放城市、风景旅游城市等可以结合本地情况制定高于《城市容貌标准》的地方标准进行市容管理；三是建制镇(即“设镇”，是经省、自治区、直辖市人民政府批准设立的镇)可以参照《城市容貌标准》进行市容管理。总而言之，不同城市的市容管理“依据、高于、参照”国家《城市容貌标准》。如下，将分别以相关城市的市容管理条例为例对市容管理进行进一步界定。

经过检索发现，省、自治区、直辖市颁布的关于市容管理的地方性法规或规章均在第1条中明确规定结合本省(或自治区或市)实际，制定条例(或办法)。具体而言，在城市市容管理与国家城市容貌标准关系的规定上，如《浙江省城市市容和环境卫生管理条例》第9条规定“城市中的建筑物、构筑物和其他设施应当符合城市容貌标准”；《广西壮族自治区实施〈城市市容和环境卫生管理条例〉办法》第8条规定“城市的建筑物、构筑物、公共设施、环境卫生、公共场所、园林绿化、广告标志应当符合国家和自治区规定的城市容貌标准。设区的市、风景旅游城市、沿海开放城市，可以结合本地实际情况，制定严于国家和自治区规定的城市容貌标准”；《上海市市容环境卫生管理条例》第17条规定“市市容环境卫生管理部门应当会同有关部门，根据国家的城市容貌标准，结合本市实际情况，制订本市的城市容貌标准，报市人民政府批准后公布实施”。

国务院《城市市容和环境卫生管理条例》规定对外开放城市和风景旅游城

市等可以制定高于国家《城市容貌标准》的市容标准进行管理。对外开放城市以大连为例，风景旅游城市以杭州为例。《大连市城市市容管理条例》第 3 条规定城市市容管理，包括城市道路及公共设施、建筑物和构筑物、施工场地、广告设施与标识、机动车与机动车停车场的容貌管理。大连市的市容管理目标在于建设整洁、优美、文明的现代化城市（第 1 条），具体要坚持绿色、智慧、人文城市建设相统一原则，突出城市地域特色，体现美化城市空间景观、完善城市设施功能、提升社会文明程度的要求（第 5 条）。《杭州市城市市容和环境卫生管理条例》第三章规定了市容管理，包括对道路、临街建（构）筑物、户外广告、招牌和指示牌，城市景观灯光等方面进行管理，其他规定在《城市容貌标准》中的市容要素主要规定在“环境卫生管理”部分。

2. 市容管理界定的理论探讨

（1）从管理对象视角界定市容管理

有学者直接指出“市容管理”已与“环境卫生”区分开来，研究重点多放在“摊贩管理”上。① 在管理内容上，还重视对道路和公共设施的清扫保洁、建筑物墙体上的乱张贴、公共区域内的乱搭建，以及经营活动中的跨门槛经营、占道经营等市容环境乱象的管理。② 有学者直接以国务院《城市市容和环境卫生管理条例》为依据，将市容管理界定为“城市政府的市容行政主管部门依靠市容监察队伍和社会参与，依法对城市的道路、街巷、建筑物、施工场所、户外广告、交通运输工具、公共场所、公共设施、城市水域、公共绿地等容貌的管理和城市建筑废弃物、生活废弃物及环境卫生设施的管理”。③

简单来说，从管理对象视角来界定市容管理，能够直接体现市容的要素，以及特定阶段市容管理的重点内容。但该角度的界定也有一定局限性，尤其是以特定阶段管理的重点内容作为市容管理界定的方式具有“时效性”，即界定方式虽然直观，但难以应对不同阶段城市综合管理内容的变化。

（2）从城市综合管理视角界定市容管理

有学者从市容管理是城市综合管理重要组成部分的角度出发，提出市容管理，是以城市环境卫生、城市生活秩序、公共基础设施为管理对象，以城市居民为服务对象，通过制定统一的标准，从而提升城市容貌以促进城市发展的管

---

① 陈奥：《改革开放初期的北京市容卫生管理》，《广东党史与文献研究》2019 年第 4 期。

② 胡丽萍：《协同治理视角下市容环境长效管理机制优化研究——以南宁市西乡塘区为例》，广西大学硕士学位论文（2019 年）。

③ 傅玉华：《城市市容精细化管理的问题与对策研究——以诸暨市为例》，西北大学硕士学位论文（2019 年）。

理过程。[①] 有学者则进一步从地方政府管理职能角度出发，提出市容管理是地方政府组织与建立相关行政主管部门和监督队伍，发动社会力量参与，依法管理城市建筑外观、景观照明、户外广告设置、交通等内容。[②] 有学者明确提出市容环境管理具有综合性，是城市精神文明建设的重要内容，具体是指运用行政、法律、经济和科技等手段，协调社会经济发展和改善市容面貌的关系，处理好政府、企业和个人行为之间的矛盾，使社会经济发展在满足人们物质和精神需求的同时，最大限度、最大可能地改善市容环境，使人们的生活更加美好、和谐。[③] 有学者从界定城市容貌的方式来界定市容管理。该学者认为城市容貌是城市环境系统的重要组成部分，与城市的政治、经济、文化、生活等各种要素密切相关，是一个城市一定阶段发展水平的体现。城市容貌管理就是对城市各项硬件设置的外部形式、相互关系、运动功能的监督和控制。[④] 从这个角度看，对市容管理概念界定的综合性源于城市容貌本身的综合性。

简单来说，从城市综合视角来界定市容管理，意味着市容管理的内涵具有综合性，既体现市容管理的管理对象，也同样关注市容管理对于城市文明建设的重要性，强调以实现美好生活为目标。但该视角下对市容管理的界定的弊端同样也源于综合性，市容管理的内涵具有综合性毋庸置疑，但市容管理更是地方政府结合当地特色而进行的具体城市管理，应体现当地特点，即应将市容管理的界定置于具体的地方政府管理背景下，这也是本课题研究的思路。

3. 本课题对市容管理的界定

课题组认为：市容管理概念的界定要能够体现如下三个方面：一是本市市容的要素，二是本市市容管理的容貌标准，三是本市市容管理的目标。从内容上来看，本课题报告对市容管理的界定兼具管理对象和城市综合管理双重视角的同时，具有地方特色。

**首先，**确定特定城市市容管理时，要以国务院《城市市容和环境卫生管理条例》和国家《城市容貌标准》为基础，并结合本地政府管理特点和本市地理、生态环境等特点确定本地市容管理要素，根据《城市容貌标准》及北上广深等城市市容与环境卫生立法可知，城市市容管理要素至少包括建（构）筑物、道路、广告标志、照明等。

**其次，**确定本市市容管理的容貌标准。通常要考虑三重因素：其一，要以

---

① 宋宝宁：《H市市容市貌管理问题与对策研究》，河北科技大学硕士学位论文（2019年）。

② 韩斐：《无锡惠山区公众参与市容管理调查研究》，大连理工大学硕士学位论文（2018年）。

③ 罗枫：《快速城市化背景下市容环境管理机制研究——以深圳市坪山区为例》，华中师范大学公共管理学院硕士学位论文（2019年）。

④ 夏钟群：《城市容貌管理初探》，《当代建设》2003年第1期。

国家《城市容貌标准》为依据；其二，要以本市的城市定位出发，确定本市的城市容貌标准与国家《城市容貌标准》的关系，如本市为对外开放城市、风景旅游城市等有条件的城市，可以考虑制定高于国家《城市容貌标准》的地方政府城市容貌标准；其三，要兼顾本市的城市发展规划，即本市的市容管理要服务于本市的未来城市发展，通过市容管理建设成何种现代城市。这意味着市容管理内容和标准的确定要具有前瞻性，能够有利于本市的城市建设与管理。

**最后**，要明确本市市容管理的目标，这与本市的城市发展规划有一定联系，但此处主要从城市居民的角度出发来确定市容管理的目标。进行城市市容管理的目的在于建设整洁、有序、美观、安全的城市，但建设整洁、有序、美观、安全城市的落脚点在于为本市居民提供一个适合工作与生活的城市。

**综上，城市市容管理，是指地方政府市容管理部门依据国家相关法律法规，以国家《城市容貌标准》为基础，结合城市特点，确定本市对建（构）筑物、道路、广告标志、照明等要素的管理标准，开展旨在为本市居民提供适于工作和生活的整洁、有序、美观、安全城市的管理活动。**

**（三）市容管理法律规范体系**

从我国当前市容管理立法来看，我国市容管理制度体系由中央和地方两部分组成。具体来说，中央层面是以国务院颁布的行政法规《城市市容和环境卫生管理条例》以及住房和城乡建设部发布的国家标准《城市容貌标准》作为全国城市市容管理的法律文件。同时，《城市容貌标准》又将市容的主要内容（市容的要素）作为市容管理的对象划分为9类，国务院相关职能部门在其职能范围内对具体的管理对象又明确规定了管理规范或管理标准，如交通运输部发布的《水运工程水工建筑物检测与评估技术规范》（JTS 304—2019）是水运工程强制性行业标准，地方政府在管理相关市容要素时要遵循该具体标准。而地方层面则是以城市市容和（或）环境卫生管理为内容的地方性法规或地方政府规章以及关于市容管理的地方标准作为地方城市市容管理的法律文件。与中央层面市容管理立法模式相似，地方政府相关职能部门也会在遵守上级主管部门的法律文件前提下，对具体的市容管理对象以及本地特色的市容管理对象制定管理规范或管理标准，以适应本地的城市市容管理要求。**简单来说，从中央与地方两个层面的市容管理立法来看，市容管理法律规范体系是为了实现市容管理的目标，以市容要素（建（构）筑物、公共设施、道路、广告标志、照明等）为管理对象制定的多个管理规范或管理标准构成的规范体系。**

## 二、上海市市容管理法律规范体系构建的现状

### （一）上海市市容管理法律规范体系的架构

对上海市市容管理进行直接规范、指导的不只是《中华人民共和国立法法》规定的地方立法，还包括在特定区域、特定领域，对特定对象产生拘束力的地方规范性文件以及要求特定行业所要遵循的技术规范和行业标准等。亦即，本课题的市容管理立法从广义的角度解释，只要是直接对上海市市容管理直接进行规范、指导的法律文件都可将其放置在上海市市容管理的法律规范体系架构中。同时，值得关注的是，除了专门的市容管理立法外，环境卫生管理等领域也会与市容管理内容有一定交叉，本课题研究会有一定涉及，不过，更多以直接的市容管理制度作为本研究的内容。经过课题组梳理，上海市关于市容管理的规范较为丰富，以地方性法规《上海市市容环境卫生管理条例》为基础，形成了调整不同市容管理对象所形成的社会关系的市容管理规范体系，具体如下：

**第一，从地方立法来看，表现为一部地方性法规和六部地方政府规章**。《上海市市容环境卫生管理条例》（以下简称《条例》）自 2001 年通过以来，其间经过 3 次修改，最后一次修改是在 2018 年，仅对个别文字表达进行了调整，并未涉及关于市容管理的规定。《条例》在第三章专章规定了“市容管理”，作为与环境卫生管理、废弃物管理、作业服务管理、环境卫生设施管理相并列的城市管理内容。从具体的规定来看，上述城市管理内容都存在一定程度的交叉，整体上说来，都是上海市市容和环境卫生管理的具体方面，目的在于维护城市整洁、优美，保障市民身体健康，促进社会主义精神文明建设（第 1 条）。其中，市容管理是对上海市外观、容貌的管理，通过对上海市城市容貌的管理达到城市整洁、优美的目标。从这个角度看，市容管理的对象和管理目标都具有相对独立性，不同于其他城市管理内容。为了更明确规范市容管理对象，已形成专门的地方政府规章，如对《条例》第 19 条规定的景观灯光设施进行的具体规定，形成了专门的地方政府规章《上海市景观照明管理办法》（2019 年通过）；围绕第 20 条规定的户外（广告）设施，形成了多个地方政府规章，如 2010 年发布、2017 年修正的《上海市户外广告设施管理办法》和《上海市流动户外广告设置管理规定》。此外，还有对机动车船、“五乱”、户外招牌进行管理的《上海市机动车清洗保洁管理暂行规定》《上海市查处乱张贴乱涂写乱刻画乱悬挂乱散发规定》《上海市户外招牌设置管理办法》等地方政府规章，都是从具体的市容管理对象出发形成的地方立法。

**第二，从其他法律文件来看，表现为多部地方规范性文件**。地方规范性

文件对上海城市容貌管理发挥了一定程度的作用，其仍是以具体市容管理对象作为规范对象，调整某一领域的市容管理法律关系，如《关于加强本市景观灯光设施建设、维护管理的意见》《关于加强本市利用建筑物、构筑物外立面设置户外广告设施管理的通知》等。此外，除了明确是以《条例》确定的市容管理要素，如户外招牌、景观照明等作为管理对象外，也出现了以综合市容管理要素作为管理对象的地方规范性文件，如 2012 年发布的《上海市道路和公共场所清扫保洁服务管理办法》、2018 年发布的《上海市绿化特色道路创建办法》。

**第三，从地方标准来看，表现为一部市容标准和几部技术标准**。2017 年上海市质量技术监督局审定通过了上海市地方标准《城市容貌规范》（DB31/T1075—2017），该标准明确了城市容貌中的建（构）筑物、居住街区、城市道路、公共设施、城市绿化、标识标牌与广告设施、城市照明、公共场所、城市水域、历史文化风貌区与保护建筑、施工工地等的规范要求。将该规范与 2005 年出台的《上海市城市容貌标准规定》对比来看，市容管理要素随着上海市城市定位的变化以及实现的管理目标的不同而呈现扩大趋势。除上述容貌标准之外，上海市针对特定市容要素制定了技术规范或技术标准，如《条例》第 19 条和第 20 条明确规定了要对景观灯光设施和户外广告设施制定规划和技术规范，对此市容管理相关部门制定了相关技术规范，形成了相对完善的景观灯光管理制度和户外广告设施管理制度。2019 年，上海市住房和城乡建设委员会、市交通委员会、市绿化和市容管理局还联合组织编制了《市政道路建设及整治工程全要素技术规定》，对路面、地下管线等提出相关要求。具体而言，上海市市容管理制度的架构如表 1 所示。

**表 1　上海市市容管理法律规范体系的架构**

| 性质 | 名　　称 | 市容要素说明 |
| --- | --- | --- |
| 地方性法规 | 《上海市市容环境卫生管理条例》（2001 年通过，2018 年修订） | 建筑物、构筑物和其他设施（第 18 条）；<br>景观灯光设施（第 19 条）；<br>户外（广告）设施（第 20 条）；<br>道路两侧建筑物临街一侧，透景围墙内外（第 21 条）；<br>主要道路两侧和景观区域的建筑物（第 22 条）；<br>临时建筑物、构筑物或者其他设施（第 23 条）；<br>在树木和建筑物、构筑物或者其他设施上张贴、悬挂宣传品或者标语（第 24 条）； |

续表

| 性质 | 名　　称 | 市容要素说明 |
| --- | --- | --- |
| 地方性法规 | 《上海市市容环境卫生管理条例》(2001年通过,2018年修订) | 商业配套设施,道路、桥梁、人行天桥、地下通道及其他公共场所设摊经营、兜售物品,道路两侧和广场周围建筑物、构筑物内的经营者不得超出门窗和外墙经营(第25条);<br>道路及其他公共场所的树木和护栏、路牌、电线杆,主要道路两侧和景观区域临街建筑物的阳台、门窗、屋顶,在临街建筑物外墙上安装空调外机、遮阳棚(第26条);<br>机动车船,利用车船张贴、设置广告或者宣传品,运输水泥、砂石、泥浆、垃圾、粪便、渣土等的车船(第27条) |
| 地方政府规章 | 《上海市户外招牌设置管理办法》(2020年12月发布) | 对应《上海市市容环境卫生管理条例》第20条 |
| | 《上海市景观照明管理办法》(2019年发布) | 对应《上海市市容环境卫生管理条例》第19条 |
| | 《上海市户外广告设施管理办法》(2010年发布,2017年修正) | 对应《上海市市容环境卫生管理条例》第20条 |
| | 《上海市流动户外广告设置管理规定》(2010年发布,2017年修正) | 对应《上海市市容环境卫生管理条例》第20条 |
| | 《上海市机动车清洗保洁管理暂行规定》(1994年发布,2016年修正) | 对应《上海市市容环境卫生管理条例》第27条 |
| | 《上海市查处乱张贴乱涂写乱刻画乱悬挂乱散发规定》(2010年发布) | 对应《上海市市容环境卫生管理条例》第24、27条等 |
| | 《上海市道路和公共场所清扫保洁服务管理办法》(2012年发布) | 对应《上海市市容环境卫生管理条例》第20条等 |
| | 《上海市市容环境卫生责任区管理办法》(2014年发布) | 对应《上海市市容环境卫生管理条例》第二章 |
| 地方规范性文件 | 《关于加强本市景观灯光设施建设、维护管理的意见》(2011年发布) | 对应《上海市市容环境卫生管理条例》第19条 |

续表

| 性质 | 名　　称 | 市容要素说明 |
|---|---|---|
| 地方规范性文件 | 《景观照明设施维护规范（试行）》（2017年发布） | 对应《上海市市容环境卫生管理条例》第19条 |
| | 《上海市临时性户外广告设置管理办法》（2018年发布） | 对应《上海市市容环境卫生管理条例》第20条 |
| | 《上海市绿化特色道路创建办法》（2018年发布） | 对应《上海市市容环境卫生管理条例》第15条 |
| 地方工作文件 | 《上海市景观照明总体规划》（2017年发布） | 对应《上海市市容环境卫生管理条例》第19条 |
| | 《黄浦江两岸景观照明总体方案》（2018年发布） | 对应《上海市市容环境卫生管理条例》第19条 |
| | 《关于加强本市利用建筑物、构筑物外立面设置户外广告设施管理的通知》（2019年发布） | 对应《上海市市容环境卫生管理条例》第20条 |
| | 《关于加强本市景观照明集中控制工作的指导意见（试行）》（2020年发布） | 对应《上海市市容环境卫生管理条例》第19条 |
| | 《上海市景观照明设施运行维护工作指导意见（试行）》（2020年发布） | 对应《上海市市容环境卫生管理条例》第19条 |
| 地方标准 | 上海市《城市容貌规范》（2017年印发） | 建（构）筑物；居住街区；城市道路；公共设施；城市绿化；标识标牌与广告设施；城市照明；公共场所；城市水域；历史文化风貌区与保护建筑；施工工地 |
| | 《上海市户外招牌设置技术规范》（2009年发布） | 对应《上海市市容环境卫生管理条例》第20条 |
| | 《上海市流动户外广告设置技术规范》（2012年发布） | 对应《上海市市容环境卫生管理条例》第20条 |
| | 《市政道路建设及整治工程全要素技术规定》（2019年编制） | 对应《上海市市容环境卫生管理条例》第20条 |

### （二）上海市市容管理法律规范体系的立法模式

通过对上海市市容管理的立法模式架构进行梳理后，可以更直观地看出，上海市市容管理具体的立法模式是以《条例》所确定的市容管理要素为基础，并通过地方政府规章、地方规范性文件和技术规范等对具体的市容管理要素进行调整，形成了以维护城市整洁、美观为目标的各市容管理要素的制度，各项制度形成相对完备的上海市市容管理制度体系。上海市的《城市容貌规范》（2017年印发）将上海城市容貌管理要素具体划分为11类，与《条例》中对“市容管理”的规定对比来看，建（构）筑物、城市道路、公共设施、标识标牌与广告设施、城市照明、公共场所、城市水域是二者共同规范的市容管理对象，而《条例》的“市容管理”部分并未对居住街区、城市绿化、历史文化风貌区与保护建筑、施工工地明确规定，但《上海市绿化条例》和地方规范性文件已对城市绿化等管理要素进行了规范。

按照上海市的《城市容貌规范》（2017年印发）将《条例》中“市容管理”通过地方性法规确定的市容要素进行归类，可将第18、21、22、23、24条归为“**建（构）筑物**”；第19条归为“**城市照明**”，地方政府规章《上海市景观照明管理办法》、地方规范性文件《景观照明设施维护规范（试行）》和《关于加强本市景观灯光设施建设、维护管理的意见》、地方工作文件《上海市景观照明总体规划》《关于加强本市景观照明集中控制工作的指导意见（试行）》《上海市景观照明设施运行维护工作指导意见（试行）》《黄浦江两岸景观照明总体方案》可归为此类；将第20条归为“**标识标牌与广告设施**”，地方政府规章《上海市户外广告设施管理办法》《上海市流动户外广告设置管理规定》《上海市户外招牌设置管理办法》、地方规范性文件《上海市临时性户外广告设置管理办法》、地方工作文件《关于加强本市利用建筑物、构筑物外立面设置户外广告设施管理的通知》《上海市流动户外广告设置技术规范》《上海市户外招牌设置技术规范》可归为此类；第25、26、27条可归为“**城市道路、公共场所、城市水域**”，地方政府规章《上海市机动车清洗保洁管理暂行规定》和《上海市查处乱张贴乱涂写乱刻画乱悬挂乱散发规定》和《上海市道路和公共场所清扫保洁服务管理办法》、地方规范性文件《上海市绿化特色道路创建办法》可归为此类。

### （三）上海市市容管理法律规范体系的主要内容

本课题报告在对上海市市容管理立法进行梳理时，其实是按照两条路径进行，一是具有约束力的法律文件，二是不完全具有强制力的规范文件。有约束力的法律文件包括地方立法文件和地方规范性文件两部分；而不完全具有强制力的规范文件是指特定市容管理要素的规划或技术标准。上海市市容管理立法的两条路径有重合之处，但并非一一对应。一般而言，在对上海市市容要素的规定上，第二条路径规定的数量要多于第一条路径，这也就意味着并非所有的市容管理要素都通过有约束力的法律文件予以确定。**随着城市定位的变化、城市管理要求的提高，不具有强制力的市容管理要素可能会通过立法或制定规范性文件的方式而具有约束力**。故而，本课题基于上述对上海市市容管理的立法模式及其架构的梳理与总结，依据市容管理要素将上海市市容管理制度体系具体划分为不同制度，具体指的是第一条路径。

1. 建（构）筑物管理制度

其一，从建（构）筑物**管理目标**来看，既要保持整洁、完好、美观，也要与周围环境相协调。其二，从建（构）筑物的**主要管理内容**来看，根据《条例》规定，包括：主要道路两侧和景观区域内的建筑物、构筑物和其他设施（第 18 条）；道路两侧新建的建筑物临街一侧（第 21 条）；主要道路两侧和景观区域的建筑物破墙开店或者进行其他门面装修、改建（第 22 条）；临时建筑物、构筑物或者其他设施（第 23 条）；主要道路两侧和景观区域临街建筑物的阳台、门窗、屋顶；在临街建筑物外墙上安装空调外机、遮阳棚（第 26 条）。其三，从建（构）筑物的**责任主体**来看，根据《条例》第 12 条的规定，居住区由物业管理区域或居委会负责，施工工地由施工单位负责，待建地块由业主负责等。其四，从建（构）筑物的**责任主体的义务**来看，有清洗、粉刷、修复等义务，如果违反规定，由城管执法部门责令限期改正；拒不改正的，代为清洗、粉刷或者修复，所需费用由责任主体承担。道路两侧新建的建筑物临街一侧应当按照规划的要求进行分界（第 18 条）。

2. 景观灯光设施管理制度

其一，从景观灯光设施**管理目标**来看，《条例》主要将确保景观灯光设施的完好作为管理目标。在此处，地方政府规章和地方规范性文件则以景观照明作为市容管理要素的具体表达。《上海市景观照明管理办法》中将管理景观照明的目标定位为改善城市夜间景观，展示城市历史文化风貌；《景观照明设施维护规范（试行）》是将景观照明设施完好作为管理目标。其实，景观灯光设施与景观照明是工具与功能的关系，保持景观灯光设施的完好是为了实现景观照明。其二，从景观灯光设施的**责任主体**来看，景观灯光设施的所有者、使用者或者管理者是保持景观灯光设施完好的责任主体。其三，从景观灯光设施的**责任主体的义务**来看，景观灯光设施的设置要符合景观灯光设施的规划或者有关技术规范，责任主体有保持景观灯光设置完好的义务，有按照规定时间开启景观灯光设施的义务等。

3. 户外广告设施管理制度

其一，从户外广告设施的**主要管理内容**来看，根据《条例》规定，包括：在树木和建筑物、构筑物或者其他设施上张贴、悬挂宣传品或者标语（第 24 条）；利用车船张贴、设置广告或者宣传品的（第 27 条）。其二，从户外广告设施的**责任主体**来看，户外广告设施的设置者为其责任主体。其三，从户外广告设施的**责任主体的义务**来看，标识标牌与广告设施的设置要符合标识标牌与广告设施的规划或者有关技术规范，设置者要按照批准的要求设置，有维护保养义务、修复义务、日常管理义务、安全检查义务等。

4. 户外招牌设置管理制度

其一，从户外招牌设置的**主要管理内容**来看，根据《条例》规定，户外招牌应当按照批准的要求设置（第 20 条）。其二，从户外招牌设置的**责任主体**来看，户外招牌的设置者为其责任主体。其三，从户外招牌的**责任主体的义务**来看，户外招牌设置应当按照《条例》规定，取得绿化市容部门的批准。同时户外招牌设置不得有法律、法规、规章、标准以及技术规范规定的禁止情形，如损害城市容貌或者建（构）筑物形象；妨碍他人生产经营或者居民正常生活；影响他人对建（构）筑物合法使用；利用违法建筑、危险房屋，以及危及建（构）筑物或者其他设施安全等。

5. 机动车清洗保洁管理制度

其一，从机动车清洗保洁的**主要管理目标**来看，根据《条例》第 27 条的规定，在上海市行驶的机动车应保持车容整洁。其二，为了实现上述管理目标，**责任人承担的主要义务**是：利用车船张贴、设置广告或者宣传品的，应当保持整洁、完好；出现陈旧、污损的，应当及时清洗、修复、更换；运输水泥、砂石、泥浆、垃圾、粪便、渣土等的车船应当采取密闭或者覆盖措施，不得泄漏、散落或者飞扬（第 27 条）。此外，《上海市机动车清洗保洁管理暂行规定》还要求，有机动车的单位应当建立车辆保洁责任制度。对车容不洁的车辆，应当由驾驶员自行清洗后，方可驶离单位。有公共客运汽（电）车、客运出租汽车、货物运输汽车的单位应当配置车辆清洗保洁设备，落实清洗保洁措施等。

6. “五乱”管理制度

其一，从“五乱”管理的**主要管理目标**来看，是为了维护市容环境整洁，制止乱张贴、乱涂写、乱刻画、乱悬挂、乱散发行为。其二，从制止“五乱”的**责任主体**来看，任何单位和个人都应当自觉维护树木和建筑物、构筑物或者其他设施的整洁，并有权制止、检举损害其整洁的行为。其三，从**责任主体的义务**来看，不得在树木和建筑物、构筑物或者其他设施上刻画、涂写；不得在树木上张贴、悬挂宣传品或者标语；除特殊情况并经市容行政管理部门批准以外，不得擅自在建筑物、构筑物或者其他设施上张贴、悬挂宣传品或者标语；不得在主要道路、商业集中区域、景观区域、交通集散点以及其他公共场所散发经营性宣传品。

7. 其他制度

《条例》还规定了市容环境责任区制度，如第 10 条规定，有关单位和个人应当按照本条例的规定，做好责任区内的市容环境卫生工作。此外，《条例》规定了公共场所的市容管理制度，如第25条规定不得占用道路、桥梁、人行天桥、地下通道及其他公共场所设摊经营、兜售物品，堆放物品；道路两侧和广场周围建筑物、构筑物内的经营者不得超出门窗和外墙经营等。

## 三、上海市市容管理规范体系的实施效果

### （一）市容环境质量得到有效提升

上海市通过市容管理制度的建设，为市容管理工作的开展提供了较为系统的规范依据，为举办世博会和进博会等重大国际活动中的市容需求提供了法治保障，无论是景观灯光还是户外广告、招牌等的治理都在不断优化，上海的市容环境持续提升。

在景观灯光方面，《条例》规定上海市市容环境卫生管理部门应当会同有关部门组织编制本市景观灯光设施规划，同时规定本市景观灯光设施规划区域内的建筑物、构筑物和其他设施，应当按照景观灯光设施规划和有关技术规范设置景观灯光设施。上海市根据景观灯光规划逐步落实景观灯光建设，从围绕“改革开放”和“观光旅游”做文章，着力于外滩、南京路商业街的灯光改造，到形成覆盖市中心各区域的景观灯光网络。上海景观灯光已建成了颇具个性的八大类灯光群体：以外滩为代表的近代欧式建筑泛光照明群；以浦东新区陆家嘴为代表的现代楼宇灯光群；以豫园为代表的中国古典建筑灯光群；以淮海路为代表的橱窗透亮、灯光隧道和楼宇内光外透灯光群；以徐家汇地区为代表的广场舞美效果灯光；以人民广场、新华路为代表的现代庭院绿地灯光和以衡山路为代表的法式庭院灯光；以南京路步行街为代表的商业旅游霓虹灯一条街和以东方明珠、南浦大桥、杨浦大桥、高架道路为代表的“线型”标志性构筑物灯光群体。上海的景观照明，在方式、体量、管理、经济效益等各方面，都已经引领全国甚至全球。①

除景观灯光之外，其他方面的市容管理也卓有成效，“十三五”期间，拆除

---

① 《一文讲述上海城市景观照明发展史》，https://www.sohu.com/a/252827627_235422，访问日期：2020 年 12 月 16 日。

违规设置和存在安全隐患的户外广告和招牌设施6万余块；完成352个“美丽街区”建设，覆盖区域约占建成区面积的20%；全面落实市容环境卫生责任区管理制度，建成市容环境综合管理达标街镇205个，示范街镇65个；在道路清扫方面，全市道路机扫率和冲洗率分别达到92%和82%，车容车貌保洁质量逐年提升，无序设摊和“五乱”也得到有效管控。①

### （二）公众对市容管理满意度较高

市民满意度是检验市容管理工作成效的核心标准，为全面、客观、公正地评价上海市市容环境卫生状况，上海市绿化和市容管理局连续几年委托上海市质协用户评价中心对全市范围内216个街道（镇、乡、工业区）开展市民满意度测评工作。测评共分为五套问卷，分别为《上海市市容环境卫生状况市民满意度测评问卷》《上海市重点区域市容环境卫生状况调查问卷》《上海市“市容环境卫生责任区制度”落实情况调查问卷》《无序设摊集聚点整治成效市民满意度调查问卷》《市容保障服务专项调查问卷》以及《美丽街区建设市民满意度调查问卷》。根据测评得知，公众对于市容环境卫生状况的满意度自2016年上半年以来整体呈现平稳上升的良好势头（见图一）。②

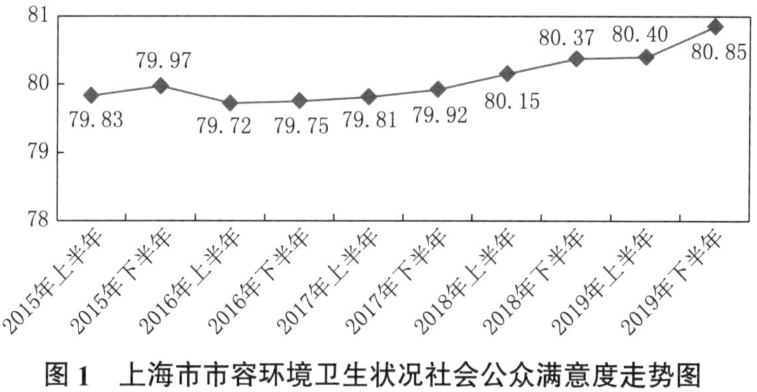


**图1　上海市市容环境卫生状况社会公众满意度走势图**

13项大类指标中，“集市（菜场）环境”的评价结果处于尚可区域。其余12项大类指标评价均处于良好区域（如表2所示）。③

---

① 上海市绿化和市容管理局:《上海市生态空间建设和市容环境优化“十四五”规划》（2021年）。

② 上海市质协用户评价中心:《上海市市容环境卫生状况社会公众满意度测评报告·2019年下半年度》，第9页。

③ 上海市质协用户评价中心:《上海市市容环境卫生状况社会公众满意度测评报告·2019年下半年度》，第11页。

**表 2　大类指标分类划分情况**

| 所属区域 | 五色预警系统 | 2019 年下半年 | | 2019 年上半年 | 差异 |
|---|---|---|---|---|---|
| | | 大类指标 | | 大类指标 | |
| 优秀 | 绿色区域（85 分以上） | — | — | — | — |
| 良好 | 蓝色区域（80—85 分） | 校园周边环境 | 82.19 | 82.62 | –0.43 |
| | | 服务规范 | 82.10 | 82.12 | –0.02 |
| | | 医院周边环境 | 81.95 | 82.36 | –0.41 |
| | | 交通集散地环境 | 81.36 | 81.57 | –0.21 |
| | | 公厕管理 | 81.19 | 81.21 | –0.02 |
| | | 车容车貌 | 81.10 | 80.88 | 0.22 |
| | | 绿地环境 | 80.95 | 80.42 | 0.53 |
| | | 水域环境 | 80.71 | 80.72 | –0.01 |
| | | 道路环境 | 80.64 | 79.93 | 0.71 |
| | | 建（构）筑物环境 | 80.51 | 80.25 | 0.26 |
| | | 居住区环境 | 80.45 | 79.27 | 1.18 |
| | | 工地环境 | 80.20 | 79.99 | 0.21 |
| 尚可 | 黄色区域（75—80 分） | 集市（菜场）环境 | 79.60 | 78.92 | 0.68 |
| 一般 | 橙色区域（70—75 分） | — | — | — | — |
| 较差 | 红色区域（70 分以下） | — | — | — | — |

此外，上海市“12345”热线也反映出公众对市容管理的较高满意度。如 2019 年度共受理绿化、市容、环卫、林业各类诉求 38722 件，其中，环卫诉求占比 60%，绿化诉求占比 35.2%，林业诉求占比 2.5%，市容诉求占比仅 2.3%；同时，2019 年度“12345”共开展满意度有效测评 4375 件，整体满意率为 78.4%，较 2018 年同期提高 11.7%。不满意率占比上，环卫诉求占比 65.3%，绿化诉求占比 32.2%，林业诉求占比 1.7%，市容诉求占比最低，为 0.8%。①

① 上海市绿化和市容管理局：2019 年度绿化市容热线工作情况。

## 四、上海市市容管理法律规范体系存在的问题和完善建议

如上所述，上海市市容环境管理近几年取得了显著成效，但从高水平、高标准要求看，还有不足和差距。如建筑物、户外设施、公共设施的管理还存在短板，车辆清洗站点未满足市民需求，“五乱”状况部分区域反复波动，施工场地道路环境杂乱、扬尘管理不到位等问题市民群众反映强烈、投诉抱怨比例较高等。这与市容管理法律规范体系的不完善具有密切关系，应针对性地采取优化措施。

### （一）存在的问题

1. 市容管理的对象未与时俱进

**第一，《条例》明确的市容管理对象有缺失**。城市容貌是城市外观的综合反映，而城市外观是城市中各项硬件设施（影响城市市貌的要素）的外在表现，按照国家城市容貌标准，这些硬件设施主要包括城市建（构）筑物、道路、园林绿化、公共设施、广告标志、照明、公共场所、省市水域、居住区等。而按照最新版的上海市《城市容貌规范》，除了上述城市硬件设施，市容要素还包括历史文化风貌区与保护建筑、施工工地等，相较于国家标准以及2005年版的《上海市城市容貌标准》，市容要素有所扩大，也反映出市容管理越加精细化的要求。如本报告第一部分所述，市容制度体系是针对这些不同的硬件设施或市容要素采用不同的管理方式和管理标准构建而成的。当前上海市城市容貌管理制度体系中具有最高法律效力的地方立法是地方性法规《上海市市容环境卫生管理条例》（简称《条例》），由于制定的年代较早，该《条例》在市容管理部分仅对建筑物、构筑物和其他设施、景观灯光设施、户外设施、道路和公共场所及机动车的管理作出了规定，缺乏对水域、公共设施、施工场地、历史文化风貌区与保护建筑、城市道路等的规定，居住区、城市绿地、施工工地也仅作为环境卫生管理的对象，也即《条例》当前的市容管理对象还较为狭窄，未尽可能地涵盖影响城市容貌的所有要素，根据《条例》构建的市容管理制度体系自然也不完整。比如，从当前的政府立法来看，已经出台的规章主要包括8部，即《上海市景观照明管理办法》《上海市户外广告设施设置管理办法》《上海市流动户外广告设置管理规定》《上海市机动车清洗保洁管理暂行规定》《上海市查处乱张贴乱涂写乱刻画乱悬挂乱散发规定》《上海市户外招牌设置管理办法》《上海市道路和公共场所清扫保洁服务管理办法》《上海市市容环境卫生责任区管理办法》，其管理对象仅涉及景观照明、户外广告设施、机动车、建筑物、构筑物或者其他设施、户外招牌等。

**第二，规章等下位法明确的管理对象有缺失**。如《上海市景观照明管理办

法》规范的对象是景观照明，即利用建（构）筑物以及广场、公园、公共绿化等设置的，以装饰和造景为目的的户外人工光照。但对于城市照明而言，除了景观照明，还包括通过人工光以保障人们出行和户外活动安全为目的的所谓功能照明，其本身也构成城市容貌的一部分，应当具有一定的空间美感，因此，这也是市容管理的必要内容。即使因为功能照明和景观照明在具体设置要求和管理体制机制上有很大不同而不宜通过一部立法规范，也应当在有关城市照明的立法中明确功能照明市容管理方面的要求。再如，上海市《上海市户外广告设施设置管理办法》《上海市流动户外广告设置管理规定》所规范的对象包括户外广告设施和流动户外广告，并没有完全涵盖《条例》所指的“户外设施”的全部内容，即没有涵盖除了广告之外非广告的霓虹灯、标语、招牌、标牌、电子显示牌、灯箱、画廊、实物造型等户外设施。

2. 市容管理应达到的标准不完整

根据《条例》，市容环境卫生管理的目标是维护城市整洁、优美，保障市民身体健康，促进社会主义精神文明建设，其明确了市容环境管理所要达到的总体效果，但该目标较为宏观和抽象，其落实还需要立法对构成城市外观的各项硬件设施进行市容管理所要达到的标准进行细化和明确。《条例》在此方面还存在不足。以建筑物、构筑物和其他设施管理为例，目前的管理标准主要体现为：整洁、完好、美观，并与周围环境相协调（第 18 条）；道路两侧新建的建筑物临街一侧，应当按照规划的要求选用透景、半透景的围墙、栅栏或者绿篱、花坛（池）、草坪等作为分界；透景围墙内外应当保持环境整洁、美观（第 21 条）；不得在道路两侧和其他公共场所搭建影响市容环境卫生的临时建筑物、构筑物或者其他设施（第 23 条）；不得擅自在树木和建筑物、构筑物或者其他设施上张贴、悬挂宣传品或者标语；禁止在树木和建筑物、构筑物或者其他设施上刻画、涂写（第 24 条）。参照当前上海市《城市容貌规范》及其他地方城市容貌管理立法，可以发现，《条例》对建筑物、构筑物或者其他设施的管理有所缺失，包括建（构）筑物外立面装饰的管理标准、建筑物屋顶的管理标准、露台和外廊等临街建筑物附属设施的管理标准、商业和公共活动对建筑物进行临时性外观装饰的管理标准、高架道路设施外立面的管理标准等。虽然按照《条例》规定，上海市市容环境卫生管理部门应当会同相关部门制定城市容貌标准，并将其作为市容管理的依据之一，但城市容貌标准并不完全具有强制力，且包含部分倡导性规定，《条例》作为具有法律效力的市容管理文件，应当对于城市容貌必须达到的标准以及如何保障作出清晰完整的规定。

3. 市容管理的一些要求没有得到相应保障

以城市建筑物外立面的管理为例，城区建筑立面景观是展示和宣传城市形象的重要窗口，是市容管理的重要方面，《条例》第18条对外立面的管理作出了规定："本市主要道路两侧和景观区域内的建筑物、构筑物和其他设施应当保持外立面整洁和完好，按照市人民政府的规定进行清洗或者粉刷；对外立面破损的，应当修复。违反规定的，由城管执法部门责令限期改正；拒不改正的，代为清洗、粉刷或者修复，所需费用由建筑物、构筑物和其他设施的所有者或者约定的责任者承担。"显然，建筑物外立面的管理还需要更全面和具体的规定加以保障，国内一些城市针对此已经出台专门立法，如地方性法规《厦门经济特区建筑外立面管理若干规定》《宜昌城区建筑物外立面管理条例》、地方政府规章《北京市城市建筑外立面保持整洁管理规定》《南京市城市建筑外立面保持整洁管理规定》等，这些立法对建筑物外立面管理的原则、管理的标准、主体、方式以及责任等作出了明确规定，对于促进建筑物外貌管理的落实起到重要作用，但当前上海市尚未出台关于建筑物外立面的专门立法。

**（二）完善的建议**

1. 立法理念的提升

**第一，适应卓越全球城市的建设需要。**新中国成立以来，上海编制了三轮城市总体规划，2017—2035年的上海市城市总体规划，提出了"卓越的全球城市，令人向往的创新之城、人文之城、生态之城"的发展愿景。创新之城是指创新资源在这里高度集聚，创新人才在这里尽情施展，创新企业在这里茁壮成长，创新成果在这里竞相迸发；人文之城是指中外文化交相辉映，现代和传统文明兼收并蓄，建筑是可阅读的，街区是适合漫步的，公园是最宜休憩的，市民是尊法诚信文明的，城市始终是有温度的；生态之城是指拥有绿色、低碳健康的生产方式和生活方式，人与自然更加和谐，天蓝地绿水清的生态环境更加怡人。生态与人文都与城市容貌联系紧密，要实现生态之城、人文之城，就需要市容管理上的创新，也即市容管理制度体系的构建应当与时俱进，随着上海城市建设目标的提升而相应提升。

**第二，适应新形势下市容环境卫生管理的发展趋势。**习近平总书记在参加第十二届全国人民代表大会第五次会议上海代表团审议时指出，上海要走出一条符合超大城市特点和规律的社会治理新路子，要像绣花一样精细化管理，解决超大城市精细化管理的世界级难题。2018年11月在上海考察时强调"一流城市要有一流治理""要注重在科学化、精细化、智能化上下功夫""既要善于运用现代科技手段实现智能化，又要通过绣花般的细心、耐心、巧心提高精细化水平，绣出城市的品质品牌"。[①] 上海市委、市政府还研究制定了《关于加强本

① 《2018年习近平在上海考察》，学习强国网，访问日期：2020年12月16日。

市城市管理精细化工作的实施意见》和三年行动计划，明确提出坚持以人民为中心的发展思想，把精细化管理的理念、手段、要求落实到城市管理领域的各项工作中。由此可见，新时代下，未来市容环境卫生管理要适应所谓的精细化发展趋势，要通过精细化实现人们对美好生活的需求。为此，市容管理的法治体系构建也应当顺应和促进这一发展趋势。

**第三，适应新发展阶段的城市治理要求**。2020年12月28日，上海市市委副书记、市长龚正在上海市十五届人大常委会第二十八次会议上指出，必须深入贯彻习近平总书记考察上海和在浦东开发开放30周年庆祝大会上的重要讲话精神，按照市委的部署，自觉践行“人民城市人民建，人民城市为人民”重要理念，持续推动高质量发展、创造高品质生活、实现高效能治理。上海市市容管理应当以此为导向，完善市容管理法治体系，以此回应新发展阶段的城市治理要求。

2. 立法体系的完善

**基本思路**：一是根据上海建设卓越城市和环境卫生管理精细化发展以及新发展阶段城市治理的要求，完善上海市市容管理的内涵、范围和标准并在《条例》中明确；二是围绕《条例》所确定的市容管理范围和标准补充制定各单行法，但与已有立法交叉，已有立法可以涵盖市容管理要求的，不单独进行立法。为节约立法资源，也可借鉴南京做法，将几个管理对象的市容管理规范集中在一部立法当中；三是现有市容管理规章如果不足以满足市容管理要求的，则对其进行针对性修订；四是对其他相关的地方立法进行完善，补充市容管理的内容。[①]具体措施如下：

（1）修订《条例》

第一，对《条例》中市容管理的具体含义、管理范围予以界定。其他地区的立法中对此有所规范，如《成都市市容和环境卫生管理条例》对市容管理和环境卫生管理的内涵作了区分，市容管理是指为了保持城市道路、公共场所、公共设施、城市照明和临街建（构）筑物、广告标志等处所和设施整洁完好所进行的管理活动；环境卫生管理是指为了维护城市道路、街巷、公共场所等区域的环境整洁，实施生活垃圾等废弃物的收集、运输、处置以及环境卫生设施规划建设所进行的管理活动。《大连市城市市容管理条例》对市容管理的界定是：包括城市道路及公共设施、建筑物和构筑物、施工场地、广告设施与标识、机动车与机动车停车场的容貌管理。可见，对市容管理的界定一是需要对市容管理的

① 考虑到市容管理除了绿化与市容管理部门是主管部门之外，还需要多个部门的协作，因此，本部分并非仅限于绿化与市容管理部门作为主管部门的立法完善。

对象或范围进行界定，二是需要对市容管理的基本目标进行界定。关于本市市容管理的对象，应当与时俱进，符合上海市建设卓越全球城市和市容环境卫生管理精细化发展的需求，并结合 2017 年最新出台的上海市《城市容貌规范》进行扩大，如增加公共设施、城市照明、风貌保护区与风貌建筑、施工工地的内容；对于市容管理的基本范畴和目标，可界定为是对构成城市外观的城市硬件的"容貌"管理，基本目标是整洁、美观、有序、安全。

此外，市容管理范围的界定除了要考虑不同市容管理对象的"跨度"外，也要考虑市容管理范围在空间上的体现，即市容管理的"深度"。随着上海城乡一体化建设的持续推进，《条例》所规定的仅适用于中心城、新城、中心镇以及独立工业区、经济开发区等城市化地区的地理空间范围，已经不符合上海城市发展要求；而且在制度实践中，已有多项市容管理制度适用于上海市所有行政区域，如《上海市生活垃圾管理条例》《上海市建筑垃圾处理管理规定》《上海市户外广告设施管理办法》《上海市户外招牌设置管理办法》《上海市景观照明管理办法》等。建议在修订条例具体条文中用"反向法"进行规定，即在暂时不具备本《条例》实施条件的行政区域可以视其发展情况进行市容管理，待条件满足时再全面实施本《条例》。

同时，并非所有市容管理的具体内容都适用于上海市所有行政区域，而这又是市容管理中不可忽视的一部分，故而建议在《条例》修订时明确并不需要在全市适用，而仅适用于特定行政区域的具体市容管理内容。如为了推动夜间经济发展，适度开放占道、允许部分业态的外摆位经营。如此，从市容管理的"跨度"和"深度"两方面既强调本市市容管理的统一性，也关注市容管理过程中的差异性。

第二，对《条例》中市容管理的标准予以完善。如前所述，当前《条例》中确定的管理标准较为单一，如建筑物的管理，不仅缺失建筑物、构筑物的修复、修缮的相关要求，还缺失建筑物外立面装饰、建筑物屋顶、露台、外廊等临街建筑物附属设施、商业和公共活动对建筑物进行临时性外观装饰、高架道路设施外立面的管理标准等。未来立法可结合上海市《城市容貌规范》和上海市城市发展的定位对此加以完善，固化市容环境相关要素的技术规范要求，建立城市容貌设计和标准管控制度，推动相关标准的调整、衔接和整合。

第三，对《条例》中市容环境卫生责任区制度进行完善。首先是明确责任人的确定方式、补充责任区的责任要求等内容。其次要增加水域市容环境卫生责任区内容，在具体要求上与市容环境卫生责任制度保持一致。具体可借鉴进博会市容环境卫生管理保障和水域市容环境卫生管理等经验。

第四，对《条例》中户外广告和招牌管理进行调整。一是将景观照明设施发布户外广告的行为纳入管理范围。二是对户外招牌实施分类管理，一般情况下户外招牌设置人只需要向镇（乡）人民政府或者街道办事处办理备案即可；而在特殊区域、特殊位置设置户外招牌或者设置大型户外设施，设置人需要向区绿化市容部门提出设置申请，经批准后按照许可条件设置。三是增加户外广告和招牌依附建筑物所有者的职责。

（2）制定新法

**首先，是对建筑物的外立面管理进行立法。**

**第一，立法的必要性**。建筑物是城市外貌的一个重要构成部分，也自然成为市容管理不可缺少的管理对象。尤其是建筑物外立面的颜值，直接影响一个城市的“颜值”。上海要建设一个宜居的人文城市，必然也是一个“高颜值”的城市，立法者应当为此提供充分的法治保障。但如前所述，《条例》为建筑物外立面的管理提供了依据，但尚缺少具体的实施规范，有必要加以完善。

**第二，立法的主要内容**。一是立法依据和目的。作为市容景观管理制度体系的一部分，其立法的主要依据仍然是国务院的《城市市容和环境卫生管理条例》和《上海市城市市容环境卫生管理条例》，立法目的除了规范建筑物外立面的规划、维护、改造、利用及其管理之外，应强调美化城市环境，建设高素质高颜值城市的目标。

二是管理要求。根据本市认为建筑物外立面的“颜值”应达到的要求，对管理要求进行明确。如规定：新建建筑外立面设计应当符合相关城市设计要求，其装饰装修的造型、风格、色彩应当符合城市设计要求，与周边建筑和环境相协调，达到和谐统一的建筑整体视觉效果，体现地方特色。

三是管理制度。主要包括管理责任人制度和管理措施制度。前者明确外立面维护管理责任人，同时根据需要，明确维护管理的具体责任。后者面对不同的管理要求，明确相应的管理手段，比如为实现对外立面材质、色调、造型和设计风格的管理，规定规划审批制度；为实现外立面的干净清洁，规定外立面定期清洗的制度等。

四是对相对人的引导和规范。建筑使用人的行为直接影响外立面的管理目标是否实现，立法应当对其相关行为作出强制性规定或加以引导，如禁止在上海市城区主要街道两侧建筑物和重点地区临街建筑物的阳台外、窗外和屋顶吊挂、堆放有碍市容的物品；禁止损坏、擅自拆除建筑物外立面统一设置的各类设施或者改变其位置、规格、式样以及颜色等，或鼓励市民根据城市容貌标准进行建筑屋顶绿化等。

五是法律责任制度。责任不明、缺乏处罚是外立面管理措施无法落实的重要因素，因此，立法应设定相关处罚条款，鉴于外立面管理中相对人的义务区分为引导性和强制性，违反义务的处罚程度也应当有所区分。

**其次，对公共设施的管理进行立法**。

**第一，立法的必要性**。城市公共设施是指设置在城市道路和公共场所的供水、燃气、交通、电力、通信、邮政、消防、全民健身和文体休闲等设施。城市公共设施不仅是构成城市外观的重要组成部分，其维护和利用的水平也直接关系到群众对城市美好生活的感知。国务院《城市市容和环境卫生管理条例》市容管理部分的第12条对城市市政设施的管理提出原则性要求。地方立法中，《大连市城市市容管理条例》第二章专门对城市道路和公共设施的管理作出规定；南京市出台政府规章《南京市城市建筑物、公共设施、道路容貌管理规定》对公共设施的容貌管理作出规定；《深圳市建筑物和公共设施清洗翻新管理规定》对公共设施的清洗翻新作出规定；《上海市市容环境卫生管理条例》规定城市容貌标准应当包括公共设施方面的要求，但并未对城市设施的管理作出具体规定，也并无专门的规章立法，为完善上海市容管理法律规范体系的建设，有必要加强公共设施管理的立法。

**第二，立法的主要内容**。公共设施的管理包括占用、使用、处分、收益、养护、保护等内容，因涉及公物权利的处置，立法上应采用由国家立法机关针对不同的公共设施进行系统性规定再由地方立法作出实施规定的立法模式，但我国目前还缺乏关于公共设施的专门立法，上海市可以基于市容管理的需要，对不涉及公共设施权利处置的养护、保护等作出具体的规定。考虑到管理目标的专项性和立法资源的节约，可以借鉴南京的立法模式，即将包含有公共设施的几个有关城市要件的管理规范集中在一部法里作出规定。在立法内容上，主要包括：一是公共设施的界定；二是公共设施养护、维护的责任主体和具体职责；三是公共设施市容管理应达到的标准；四是公共设施管理的方式，如巡查、督促等；五是单位和个人的相关义务。

3. 完善现有规章

（1）完善户外设施管理的立法

《条例》对户外设施的规范，不仅针对户外广告，还包括非广告的霓虹灯、标语、招牌、标牌、电子显示牌、灯箱、画廊、实物造型等。但当前上海市制定的主要是《上海市户外广告设施设置管理办法》（2013年）和《上海市流动户外广告设置管理规定》（2010年），即管理对象主要是广告设施，并未涵盖《条例》中所指向的所有户外设施。而《上海市户外招牌设置管理办法》规范对象仅针对户外招牌。建议对上述规章和规范性文件已明确的、在管理实践中被证明行之有效的管理制度加以提炼，制定一部统一的户外设施管理规范，既可保障与《条例》的一致性，也符合城市容貌管理的实际需求。

此外，统一的户外设施立法应对当前立法中出现的空白予以完善，在流动户外广告设置管理方面，一是扩大适用范围，适应新型流动户外广告发布方式；二是明确相关行业管理部门职责，形成管理合力；三是明确禁止设置经营性流动户外广告的车辆范围等。在户外广告设施设置管理方面，一是扩大适用范围，将现有新型的广告形式，如LED投影式户外广告纳入管理；二是转变现有"重审批、轻监管"，运用"一网统管"、购买服务等手段加强事中事后监管；三是加强公益广告管理，明晰相应管理要求；四是将户外广告管理纳入信用管理体系等。

（2）完善城市水域管理的立法

城市水域是构成城市容貌的要件之一，2017年的上海市《城市容貌规范》特别增加了关于城市水域的容貌标准，如规定：城市水域及相邻陆域应保持清洁，水面不应有明显垃圾聚集物或漂浮物，相邻陆域、坡面不应有明显垃圾堆积。市水域及其沿岸陆域内的各类船舶、趸船、码头应保持整洁、有序，不应有暴露垃圾、堆积物品、乱搭建（构）筑物、乱晾晒、乱招贴和吊挂、非法倾倒、直排各类废弃物和污染物等。这也就意味着市容管理的法律规范体系中应当包含对城市水域的管理规范，但当前上海市仅在《条例》中规定了公共水域市容和环境卫生的责任主体，且1989年出台的政府规章《上海市水域环境卫生管理规定》也仅是针对水域的环境卫生问题进行规范。建议进行立法完善，制定一部水域市容环境卫生管理规范，以保障水域市容管理有充分的法律依据。

（3）完善机动车清洗保洁管理的立法

《上海市机动车清洗保洁管理暂行规定》于1994年出台，后经6次修改，对机动车辆清洗管理工作起到了极大的推动作用，促进了机动车清洗保洁管理规范化进程。但随着上海市机动车保有量急剧增长，车辆清洗保洁暴露出行业管理弱化、管理手段落后，车辆清洗行业呈现粗放型发展势头，合法车辆清洗站点难以满足市民需求等弊端，现行规章已不能适应当前的管理需求和社会发展要求，亟须进行修改，具体而言，一是完善政府部门职责，按照"两级政府，三级管理"思路，加强与规划、交通、城管等部门协同，促进管理重心下移；二是加强市场培育与监管，综合运用经济、科技、行政、自律手段，引导车辆清洗行业绿色、健康发展；三是制定行业规划、政策和配套标准，结合城市建设、交通规划，提升车辆清洗规范服务能力，鼓励绿色、节能技术；四是加大行政处罚力度，惩处无证洗车行为，规范车辆清洗市场秩序。

（4）完善"五乱"管理的立法

《上海市查处乱张贴乱涂写乱刻画乱悬挂乱散发规定》（以下简称《规定》）的出台，为治理"五乱"提供了法治保障，在《规定》的规范和约束下，违法案件自2020年下半年以来开始显著下降，但根据第三方机构做的调查，[1]上海市部分区违法案件数量反复波动，“五乱”现象还未得到有效遏制。为此，除了相关部门加强监管之外，还需要审视《规定》的不足，促进其完善。基于执法实践，对《规定》的完善具体包括：一是对《规定》中的“宣传品”进行明确界定，促进有效执法；二是建立部门联动机制。进一步统筹绿化市容、城管执法、公安、文化和旅游等相关部门职责，整合部门力量，形成部门联动机制，加强合作，建立片区联动机制；三是建立社会参与机制，强化社会力量对“五乱”的治理。如除了规定街道办事处、镇人民政府应当在街坊、居住区内选择适当地点设置公共招贴栏，并加强日常管理之外，还可以将社区服务管理机构、物业服务企业纳入管理主体之中。再如，规定市民、单位等社会全体对“五乱”及“五乱”治理的监督方式和途径，形成“人民城市人民管”的氛围。

4. 完善相关地方立法

（1）完善《上海市绿化条例》

当前，上海市已出台《上海市绿化条例》，适用于本市行政区域内种植和养护树木花草等绿化的规划、建设、保护和管理。该法从适用范围上包含市容管理的内容，但并非涵盖绿化的全部要求，如上海市《城市容貌规范》中规定：公园绿地环境应保持整洁、有序，无明显暴露垃圾及杂物悬挂、堆放，应实施分级保洁和养护，养护作业产生的垃圾应及时、规范处理。对于上述必须达到的要求，《上海市绿化条例》并未明确提供保障，应予完善。

（2）完善《上海市公园管理条例》

《上海市公园管理条例》适用于上海市范围内已建成和在建的综合性公园、专类公园、历史文化名园以及规划确定的公园建设用地。未来上海市公园除传统意义上的城市公园外还包括森林公园、郊野公园、乡村公园等，《上海市公园条例》在适用对象、管理内容、管理标准等方面都要作出调整，如落实“公园城市”建设要求，扩大适用范围，按照服务功能和公共属性覆盖全市各类公园绿地；健全公园养护市场化机制，完善公园养护作业技术规范和定额标准等。

此外，《上海市城市道路管理条例》《上海市建设工程文明施工规定》所规范的对象都属于影响市容的要素，但上述两部立法都缺乏市容管理角度的规范，也应进行立法完善，以促进城市精细化管理的发展。

---

[1] 上海旭中市场信息咨询有限公司：《2021年第一季度上海市绿化市容行政处罚案件数据分析报告》，第161页。

# 第二部分　专项制度研究

# 重大行政决策公众参与制度研究[①]

课题组组长：李　平　上海市人民政府法制办公室综合业务处处长
报告执笔人：袁海勇　上海市人民政府法制办公室综合业务处主任科员

党的十八届四中全会通过的《中共中央关于全面推进依法治国若干重大问题的决定》，提出健全依法决策机制。把公众参与、专家论证、风险评估、合法性审查、集体讨论决定确定为重大行政决策法定程序，确保决策制度科学、程序正当、过程公开、责任明确。国务院近几年多次将制定"重大行政决策程序条例"列入立法规划，包括上海在内的各省市陆续出台了"重大行政决策程序规定"，推进重大行政决策程序的规范化和法治化。

与其他行政活动相比，行政决策程序相对封闭。因此，公众参与行政决策程序，无疑会使行政决策程序更具民意基础和民主正当性。然而，我国现行重大行政决策程序有关公众参与的制度设计虽具多样性特点，但具体程序多呈抽象化状态。省一级的重大行政决策程序立法对公众参与的制度设计较为抽象。以《上海市重大行政决策程序暂行规定》[②]为例，规定"决策事项涉及较大群体切身利益的，除依法需要保密或者为了保障国家安全、公共安全、经济安全以及情况紧急需要立即作出决定的情形外，应当组织公众参与"，同时规定根据决策事项的具体情况，通过"座谈会、听证会、问卷调查或者实地走访等方式"听取公众意见。从上述立法有关重大行政决策程序的规定来看，"基本上都只是对参与形式进行简单提及，而对各种参与形式的适用对象、具体情形以及制度安排却付之阙如"。[③]虽然公众参与制度的立法设置并不缺乏，但在实践操作中，政策出台受到争议的情况屡见不鲜，一定程度上反映出以简单、抽象的制度安排提升决策过程中公众参与水平缺乏可操作性，存在较大问题。因此，细化公众参与制度以提升重大行政决策的科学性与民主性显得尤为必要，在决策过程

---

① 本课题完成于2017年。

② 上海市人民政府令第47号，2017年1月1日起施行。

③ 江国华、梅扬：《重大行政决策公众参与制度的构建和完善——基于文本考察与个案分析的视角》，《学习与实践》2017年第1期。

法治化的立法规划背景下，搭建重大行政决策公众参与制度的主体、形式及程序整体框架的任务迫在眉睫。

基于公众参与对于重大行政决策的重要性、必要性与敏感性，本课题在介绍公众参与相关基础理论和相关概念的基础上，系统阐述当前该制度的实施困境，并对国内外相关做法和经验作出介绍和分析，最后根据国家要求和上海实际，提出本市推行重大行政决策的具体制度设计——《上海市重大行政决策程序规定（建议稿）》作为本课题附件，以供实务部门借鉴。

## 一、重大行政决策公众参与制度的基础理论与基本要件

### （一）公众参与的经典理论

1969 年，雪莉 · 阿恩斯坦发表《市民参与的梯子》（*A Ladder of Citizen Participation*），首次提出公众参与行政决策的“梯子理论”，将公众参与行政决策的程度分为三个层次、八个阶梯。这篇发表于 20 世纪 60 年代末的论文被认为是公众参与公共决策的基础理论。① 该理论以“公民在行政决策中是否享有决策权”将公众参与程度由低到高分为三个层次：

1. 无参与（Non-participation）

“无参与”指行政机关在行政决策过程不考虑公民意见，甚至运用行政手段规避公众参与行政决策。主要表现为行政机关在制定决策的过程中不对外进行信息公开，或仅公开行政决策的基础信息而非核心信息，以此将民众排除在行政决策的过程之外。②

2. 象征性参与（Tokenism）

在“象征性参与”中，行政机关倾听公民对决策的意见，但公民无法确保自己的意见被最终采纳。在这一层次，公民相对于决策者而言仍然处于弱势地位，对行政决策没有任何决定权，其意见在最终的决策中未必被落实。但在这一层次，行政机关开始倾听公民的意见，甚至在适当的情况下选择采用公民的提议。

---

① Sherry R. Arnstein, “*A Ladder of Citizen Participation*”, 4 AIP Journal 217（1969）.

② 以美国草根阶层的“社区议会”（neighborhood councils）为例：行政机关要求社区居民在“多功能社区服务中心的建造动议”上签名以示参与，但对社会服务中心的建造成本、运行方式、出资方等基本信息却三缄其口。同时，缺乏行政参与指导的民众也不关心新的社区服务中心将提供怎样的服务，是否给他们带来生活便利，是否为社区所需要，或他们将为此付出怎样的代价。事实上，“多功能社区服务中心”并未整合原有的社区管理功能、简化管理流程；相反，它在原本庞杂的机构和流程上又设置了新的门槛。因此，其运行结果可想而知——出资方获得了受益，而社区居民的实际问题并没有得到有效解决。

根据公众参与程度的不同，“象征性参与”被分为三个梯度：通知或信息公开（Informing）、咨询（Consultation）、安抚（Placation）。

（1）通知或信息公开

与经公民申请，行政机关“被动”公开行政信息不同，此处的“信息公开”指行政机关借助各种渠道，主动告知公民其应有的权利、应尽的义务、行政决策的基本背景、行政管理的运行情况，甚至公民在行政决策中享有的选择。

一般而言，及时、全面地向公众进行信息公开是通往有效、合法公众参与的重要一步。在公众参与程度较高的行政决策中，公民在收到以上通知的基础上，进一步提出自己的意见，并与行政机关进行讨论，甚至最终将公民意见付诸实践。

但在此梯度下，行政决策中的“公众参与”仅止于“信息公开”，行政机关单方面告知公民有关行政决策的情况，但不鼓励民众对他们感兴趣的问题发问，也拒绝正面回答民众的任何疑问。由此，行政机关将原本应当形成双向沟通的“公众参与”，变为由行政机关单向发布信息的“广而告之”，进而以有限的信息限制公民深度参与行政决策。

（2）咨询

“咨询”指行政机关通过问卷调查、听证会、座谈会等方式询问公众对于特定行政决策的意见。“咨询”是公众合法有效参与行政决策的重要途径之一，但在实践中关于“咨询”意见的操作完全取决于行政机关的态度，若有意排除公民进一步参与，对公民在听证会、座谈会、问卷调查中反映的问题置若罔闻，未作进一步审查和讨论，则此处的“公众参与”也无实质效益。长此以往，公民将因其意见未得到有效反馈，提出的问题、建议未得到有效的解答和采纳，而丧失参与行政决策的意愿。

（3）安抚

在这一梯度下，公民的参与对行政决策开始产生实质性影响。在“安抚式参与”中，行政机关允许公民直接加入决策过程，提出自己的意见，行政机关也对公民的疑问进行积极解答，有时甚至直接采纳公民的意见。在“安抚式参与”中，民众实际上已经脱离了无实质权利的“吉祥物式参与”，在行政决策的过程中具有一定影响力。

“安抚式参与”的典型方式是由决策者选取一些公民加入行政决策过程或指定行政决策的机关，作为“常任理事”以代表公众。显然，此项参与模式有利于公众参与整个行政决策过程，并表达自己的意见。但仔细解构安抚式参与的操作，其主要缺陷在于，参与行政决策的公民是由决策者“自上而下”的选择的，而非由受行政决策影响的公民“自下而上”推荐的。因此，在“安抚式参与”中表达意见的公民，很有可能并不能代表公众的真正意愿。若能突破这一界限，由公民自行推选代表，公众参与将更为深入，进入真正意义上的“实质参与”阶段。

3. 公民实质参与（Citizen Power）

当公民脱离象征性参与行政决策的阶段，他们即进入“公民实质参与”的阶层，开始对行政决策造成不同程度的影响。公民的实质参与包括了由行政机关“自上而下”组织的公众参与和由公民“自下而上”发起的主动参与。公民通过与行政机关“讨价还价”形成合作的方式，一方面确保行政机关在行政决策的各个阶段必须考虑公民的意见，另一方面保证行政机关履行自己的承诺，设法解决公民在行政决策过程中提出的疑问，落实公民提出的要求。

在这一层次，根据公民对最终决策权的影响程度，“公民实质参与”被分为三个梯度：合作式参与（Partnership）、公民主导（Delegated Power）、公民绝对决策权（Citizen Control）。

（1）合作式参与

在这一梯度下，行政决策权以行政机关和公民谈判的方式被重新分配，政府同意与公民共同制定公共决策。在“合作式参与”过程中，公民和行政机关构成“合作”关系——公民和行政机关在初始谈判中对双方的地位与职责进行了明确的商讨，形成固定的约束关系，任意一方不得擅自更改。

若公民中已形成一个有组织的公民团体，政府与公民之间的合作将更容易实行。首先，相较于与公民个体进行谈判形成约束关系，与形成团体的公民进行谈判对于行政机关而言效率更高，也更容易达成共识；其次，由于组织内的公民意见趋于一致，政府在进行行政决策的过程中只需听取由团体统一反映的意见，而不需对公民进行逐个咨询，节约了大量时间和人力成本；最后，如果公民内部形成一个或多个公民团体，那么行政机关在进行行政决策的过程中，甚至在执行行政决策的过程中，将有一个或几个固定的守约对象和固定的联系人，这有利于公民及时获得行政决策的进展信息，并督促政府守约。①

（2）公民主导

在公民和政府运用“合作式参与”共同决策行政事务时，相对于行政机关或其他决策者而言，有时公民占据主导位置。这时，“合作式参与”就进入了公

---

① 阿恩斯坦博士的文中以费城社区的公众参与为例，公民团体的代表公民与费城政府不断商讨合作计划，并最终形成契约。虽然在最终的行政决策中，政府没有采纳由公民团体提出的计划，但公民团体确实参与了整个行政决策的过程并提出了公民对于决策的看法。公民团体最终也顺利接受了政府拟定的计划草案。

民实质参与行政决策的更高梯次，即“公民主导”。

在公民主导的行政决策中，行政机关相对处于弱势地位。这具体表现为：在以投票为最终决策方式的行政事务中，公民相对行政机关占据多数投票席位；在行政机关与公民所形成的固定约束关系中，公民享有更多权利，而行政机关的权力被限制；在行政决策的过程中，行政机关的角色主要表现为引导公众参与并提供相应的技术支持，而非主导行政决策的最终走向；行政机关可以对最终的行政决策提出质量要求，但对最终的行政决策不具有一票否决权。这使得行政机关必须通过与公民或其他利益代表团体进行不断的协商以换取他们的退让。

（3）公民绝对决策权

在日常行政决策中，将决策权全部交由普通民众的情况极为罕见。

经过长期的实验和权衡，各国行政机关普遍对“让渡全部决策权”持谨慎态度。作出行政决策本质上仍是行政机关的权力范围和职责所在，过于强调“公民行政决策权”的重要性可能导致行政机关推卸责任，怠于承担行政决策的职能和行政决策的后果。同时，若将行政决策权全部交于公民，行政决策将变得昂贵且低效。缺乏引导和组织的公民和公民团体无法在有限的时间内达成一致，行政决策将在无组织的争论和所谓的“民主”中搁浅。同时，民众之间的分歧亦将成为民间冲突的催化剂，成为影响社会稳定的潜在隐患。而最危险的是，脱离行政机关对弱势群体和少数派的倾向性保护，所谓的“公民绝对决策权”很可能演化为“多数人的暴政”，并最终走向民粹主义的道路。①

**（二）公众参与的基本要件**

决策机关在启动一项重大行政决策时，并非每一项都需要公众参与，而应根据实际情况与需要选择合适的群体，这是确保公众参与科学性与有效性的前提。确定公众参与与否及参与范围和方式等，首先需要考察其基本要件，即重大行政决策事项的“利益相关者”以及“利益相关程度”。

1. 利益相关者

西方认为的“利益相关者”，主要是指那些积极参与到重大行政决策中来的任何个人或组织，或者其利益可能受到重大行政决策执行影响的任何人，以及可能对重大行政决策的目标和结果施加影响的、对重大行政决策有兴趣的任何人。②这种界定下的“利益相关者”涵盖的范围十分广泛，将所有与重大事项决

① Sherry R. Arnstein, “*A Ladder of Citizen Participation*”, 4 AIP Journal 217（1969）.

② See Simon Bell and Stephen Morse, “*Resilient Participation: Saving the Human Project*?”, Routledge 2012, p. 10.

策存在潜在利益的相关者均纳入了重大行政决策的主体范围，既最大程度保护了“利益相关者”的参与权，同时将与重大行政决策无关的社会公众排除在公众参与主体之外，保障公众参与重大行政决策的有效性。在现有重大行政决策程序的立法文本中，在明确涉及较大群体切身利益时须进行公众参与程序的同时，并未对参与其中的公众范围提出一定的标准，在这种情况下，决策机关开展公众参与环节时，通常采取决策机关指定的办法框定某个重大行政决策事项的公众参与主体，由决策机关单方面决定，容易造成将部分潜在的“利益相关者”拒之门外的状况。因此，在重大行政决策事项公众参与的制度设计中，应当设计公众参与主体的判断标准，明确“利益相关者”范围，将“可能受到有利影响的”“可能受到不利影响的”以及“可能对决策施加影响的”等所有与重大行政决策可能产生关联的个人或组织都涵盖其中。①

需要指出的是，虽然公众广泛参与行政决策使得行政机关有机会获取更多的信息并得到更多的支持，但过于广泛的参与亦将使得政策制定的过程产生不必要的复杂化。因此，科学限制公众参与的范围有助于提高行政决策的效率。

托马斯认为，对作出高质量行政决策至关重要的公众包括以下两类：一是能够提供对解决问题有用信息的人。根据待决策事项的客观要求，行政机关应先对决策所需基本信息进行评估，因此，这类公众可以包括行政决策的利害关系人、有助于解决技术问题的专业人士、教授、咨询公司等；二是能够影响决策执行的人。这类公众涵盖了传统意义上的行政决策“利害关系人”，其中包括普通民众、公司法人、利益团体，甚至其他行政机关。行政决策执行过程中可能需要其他行政机关进行配合，同一层级的行政机关参与行政决策有助于决策的最终顺利执行。然而，多级行政机关共同参与行政决策客观上将降低行政决策的效率，另一方面，多级行政机关之间不同的利益诉求和政治目标可能使得最终的行政决策成为相互妥协的产物。②

2. 利益相关程度

为实现重大行政决策的民主化，重大行政决策事项的公众参与主体的范围必须广泛地涵盖所有潜在的“利益相关者”，但如果对每一参与者均采用同一种公众参与的形式，如统一采取听证会的形式，不仅会增加决策的成本，拖延决策的时间，同时可能造成那些利益相关程度较浅的公众因为参与形式对于自身利益相关程度而言显得过于繁杂而放弃参与的权利，结果可能反而与决策民主

① 江国华、梅扬：《重大行政决策公众参与制度的构建和完善——基于文本考察与个案分析的视角》，《学习与实践》2017 年第 1 期。

② 约翰·克莱顿·托马斯：《公共决策中的公民参与》（第一版），孙柏英等译，中国人民大学出版社 2010 年版，第 47 页。

化与科学化的目标背道而驰。以“是否在A市B区C街道修建××化工厂的决策”为例，整个A市的社会公众都有可能成为潜在的利益相关者，但毫无疑问，B区中与选址较近的周围居民才是直接的利益相关者，而其中，C街道的所有居民又是最为密切的利益相关者。① 应当说A市所有的居民都是该重大行政决策的潜在利益相关者，在不考虑更多变量的情况下，距离××化工厂选址越近的居民的利益相关程度越高，而距离较远的居民的利益相关程度越低。这种情况下，距离越近的居民希望能够通过“听证会”“座谈会”“基层访谈”等多种形式紧密参与到决策过程中，全面了解与该决策相关的信息，表明自己的态度与建议；而距离较远的居民参与到决策过程的热情可能较低，更乐意通过“互联网征求意见”等远程、自由的方式对决策过程进行关注，甚至放弃或根本未意识到自己作为利益相关者所拥有的“公众参与权”，可以考虑由决策机关主动在这部分利益相关程度较低的主体随机选取部分主体参与决策过程。

因此，有必要将重大行政决策公众参与的主体按照利益相关程度进行划分，并对利益相关程度不同的参与者采取不同的公众参与形式，或对参与形式采用不同的启动办法。

## 二、当前重大行政决策公众参与制度的主要困境

重大行政决策公众参与，涉及组织方——决策机关和参与方——社会公众两方面。课题组在起草《上海市重大行政决策程序规定（草案）》过程中，广泛听取过本市相关区政府和委办局的意见，了解到在当前，该制度在推行中同时在双方都面临一定的困境和问题。

### （一）公众参与所面临的困境

#### 1. 缺乏参与行政决策的有效信息

虽然当前社会信息流通高度发达，但普通公众尤其是待决策事项的利益相关方可能对即将进行决策的事项一无所知。一方面，快速的生活节奏使得公众通常无暇顾及“行政参与”的相关信息；另一方面，行政机关在召集公众参与行政决策时，往往以告示、网站公告等方式进行公开。在缺乏有效通知的情况下，利益相关方往往无法及时参与行政决策，也无法表达自己的意见。

而在公众参与行政决策的过程中，公众对于自身权益也缺乏足够的了解。虽然在法规层面上，公众知情权得到有效明确，但对于大多数公民而言，他们对

---

① 江国华、梅扬：《重大行政决策公众参与制度的构建和完善——基于文本考察与个案分析的视角》，《学习与实践》2017年第1期。

于自身所享有的在参与行政决策的过程中了解行政决策的背景、过程，对行政决策进行选择等权利并不清楚。倘若行政机关怠于向参与行政决策的公民解释他们所享有的权利，公民在不了解自身权利的情况下就无法进行有效地参与。

2. 缺乏参与行政决策的技术指导

实践中，远离行政决策核心的公众大多不具备与行政机关斡旋的技巧。在一些相对专业的问题上，除非是具备专业技术知识的社会团体、法人，或者专家，普通公众对于专业问题甚至缺乏基本的了解，因此，公众能否有效地参与首先面临着专业知识上的难题。

基于此，为确保参与行政决策的公众具备作出理性决策的基本知识，许多行政机关对参与行政决策的相关公众辅以大量的技术指导。以公众参与城市规划为例，英国的行政机关在引入"公众参与"的同时采取了大量的组织手段：首先，组织公共展览，对待规划区域的现状和历史予以说明，并列举待规划区域未来建设的多种可能性；然后，他们将参与的公众分为"小组"，并给每个小组配以至少一名专业的城市规划师。这些专业人士的工作是倾听公民的意见，将公民的意见在空白的图纸上绘制出来，并通过自己的专业判断告诉市民他们的想法是否可行；最后，每个小组向行政机关上交自己的图纸，在行政机关的引导下一同预览所有小组的图纸，并在此基础上作出最终的共同决策。

在我国，这样的技术指导在确保公众有效参与的过程中相当匮乏，囿于此，一些行政决策最终在公众的经验主义反对声中搁浅，① 或者由于行政机关与公众之间的冲突而暂缓执行。②

3. 公众的"搭便车"心理

生活中，公众普遍存在的"搭便车"心理无疑为行政机关组织有效的"公众参与"制造了许多困难。通常表现为，行政决策在征集意见的阶段，公众表现出兴趣者寥寥无几，只有当公民的切身权益受到现实"损害"时，市民、群体公众才会积极参与到行政决策事务中，而这时行政决策往往已经进入最后的执行阶段。不可否认，行政机关对这一现象应承担一部分责任——或许公民未被告知行政决策的背景，或许缺乏参与的技术指导；然而，公民本身对此也应当承担一部分责任——未意识到自身的权利，甚至寄希望于其他人在这一阶段为了权利斗争，自己则坐享其成。

公民怠于参与行政决策，源于公众参与行政决策"所需的资源和拖延成本，

---

① 例如"厦门PX项目""广州番禺区垃圾焚烧厂项目"等。

② 例如"绿坝——花季护航过滤软件"。

不仅需要行政机关予以承担，相对人同样也需要承担”。① 为了规避这一成本，大多数人尤其是社会弱势群体往往更加愿意选择不参与集体行动，但并不影响他们对公共物品的最终享用。②

4. 事后参与的惯性操作

我国的行政参与大多启动于行政决策的草案业已成型之时，此时引入公众参与不仅限制了公民提出意见的空间，也使得公众参与更趋于“象征性”甚至“政府操纵下的公众参与”。而“象征性参与”的负面效应将在行政决策执行的过程中集中显现，甚至在行政决策付诸实践时遭遇民众的反对。

**（二）政府组织所面临的困境**

1. 效率与参与难以平衡

如上文所言，公众参与行政决策所造成的资源和拖延成本将严重影响行政机关的决策效率，过于司法化的程序显得笨重，带来拖延、费用高昂及官僚主义。行政机关在决定引入公众参与时，应当考虑到公众参与的时间成本，合理制定公众参与计划，避免采用不切实际的公众参与方式。

2. 公众代表性问题难以清晰判断

在组织公众参与的过程中，面临的现实问题是，行政机关很难判断参与行政决策的公民是否代表了“大多数”利益相关方的意见。在实践中，有时参与行政决策的公民团体仅代表本地资本或企业的意见，且其意见与本地居民相左；有时少数人在参与的过程中显得强势并以此引起行政机关的注意，然而事实上他们恰恰并非真正的“利益相关方”。目前为止，理论上尚缺乏一套帮助行政机关直接判断“公众代表性”问题的有效方式，故行政机关只能通过广泛深入的基层调研，对决策事项进行多角度思考，综合不同渠道的信息，最终判断参与决策的“公众代表”是否代表了绝大多数公民的意见。

## 三、重大行政决策公众参与制度的比较研究

**（一）国内有代表性的制度分析**

据教育部哲学社会科学重大课题攻关项目“法律制度实施效果评估体系研究”（项目批准号：16JZD011）显示，以 8 个省一级的重大行政决策程序立法文本为例，提及“网上征求意见”参与形式的立法文本有 6 个，提及“座谈会”和“协商会”参与形式的有 7 个，提及“社区基层访谈”参与形式的有 2 个，提及

① Richard B. Stewart, “*The Reformation of American Administative Law*”, 8 Harvard Law Review, 1684—1685（1975）.

② 周佑勇：《裁量基准公众参与模式之选取》，《法学研究》2014 年第 1 期。

"听证会"参与形式的则达到了8个。[①] 课题组考察国内相关地方立法实践，选取杭州市和大连市的相关做法进行分析。

1. 杭州市公众参与的制度分析

《杭州市人民政府重大行政事项实施开放式决策程序规定》[②]（以下简称《规定》）出台于2009年，是国内较早地系统规范了公众参与行政决策程序的文件。它在以下几个方面的做法具有借鉴价值：

（1）"重大行政事项"的界定

《规定》第3条界定了"重大行政事项"的范围，[③] 并以"列举"的方式规定了应当引入公众参与的"重大行政事项"。列举与概括双管齐下的立法模式既可以使"重大行政决策"的类型具体、明确，便于实践操作，同时保证了及时将因社会发展变化而出现的新情况纳入需要"公众参与"的范围，避免了成文法的滞后性和局限性。

（2）"公众"范围的界定

《规定》第4条对"公众"的范围进行了界定。《规定》认为"公众"不仅应当囊括传统意义上的"个体公众"，如专家、利益相关方等，也应当包括"团体公众"，如行政机关、咨询机构、行业协会、中介组织等。《规定》扩大了"公众"定义的范围，尽可能涵盖了所有类型的利益相关方，使得行政机关能够广泛获取不同主体对于待决策事项的看法，从而尽可能作出全面的行政决策。

（3）主动规范开放式行政决策事宜

目前，我国公众参与行政决策的时间段主要集中于决策后期，一般表现为对行政机关或决策者提出的决策草案发表意见，但草案公布前公众对待决策事项几乎没有任何了解，在决策制定过程中公众对于决策事项往往也没有任何发言权。

《规定》主动规范了开放式行政决策事宜，以"开放式决策事项建议"和"启动开放式决策程序"为切入点寻求改变上述现状，旨在有效避免"问题结构

---

① 江国华、梅扬：《重大行政决策公众参与制度的构建和完善——基于文本考察与个案分析的视角》，《学习与实践》2017年第1期。

② 《杭州市人民政府重大行政事项实施开放式决策程序规定》（杭州市人民政府令252号），2009年8月6日公布。

③ 《规定》第3条："……市政府实施开放式决策的重大行政事项（以下简称开放式决策事项）包括：（一）拟提交杭州市人民代表大会及其常务委员会审议的政府工作报告、全市国民经济和社会发展计划报告、财政报告等；（二）城市总体规划、市域城镇体系规划、经济社会发展规划、重大专项规划；（三）地方性法规草案、重要的市政府规章草案；（四）涉及人民群众切身利益的重要改革方案和公共政策；（五）人民群众日常办事程序和社会公共服务事项等的重大调整；（六）涉及人民群众生产生活的重大公共活动、重大突发事件应对方案；（七）加强市政府自身建设的重大事项；（八）市长提出的其他重大行政事项。"

化”的困境。

《规定》第5条提出，不仅政府部门和相关人员可以提出议案，公民、法人及其他组织依照法定程序也能够提出“开放式决策事项建议”或“启动开放式决策程序”。① 虽然该建议能否被接受并最终启动公众参与程序需要经审核同意，但鼓励公众提出行政决策建议，甚至主动提出计划，可以充分调动公众参与行政决策的积极性，并从根本上消除了“结构化”产生的前提，便于行政机关及时发现公众需求。

（4）丰富公众参与的具体途径

针对行政机关采取座谈会、听证会方式组织公众参与行政决策，《规定》规范了“应当邀请参加”和“可以邀请参加”的两类公众：其一，与待决策事项有直接利害关系的自然人、法人、社会团体等“应当列席”；其二，主要负责提供信息，作出专业建议，提出意见的专家、律师等“可以列席”。同时，《规定》提出，在常务会议正式审议决策事项时，相关公众可以通过多种渠道报名参加——能够到场参与听证会、座谈会的市民可以报名到场参会；不能到场但希望参与、监督行政决策过程的市民可以通过互联网、电话会议的方式进行参与，使得行政决策全过程公开、透明。②

采用技术手段，允许公众通过互联网、电话会议等方式远程参与行政决策，大大增加了行政决策的民主正当性。此亦为现代社会有序组织公众参与的有效选择，《规定》利用恰当的组织方式和行政手段，保证了公众参与的可能性，实现了公众参与行政决策从“被通知”决策结果、“咨询”意见到“安抚式参与”甚至“合作式参与”的转变，以此极大地提升了公众参与的热情。

（5）加强对公众参与的反馈

《规定》要求，承办单位应当在常务会议后3日内对市民意见作出在线答

---

① 《规定》第5条：“提出开放式决策事项建议和启动开放式决策程序按下列规定执行：（一）市长、副市长提出的决策事项，由市政府秘书长、分管副秘书长交相关单位承办并负责起草决策事项草案，启动开放式决策程序。（二）各区、县（市）政府，市政府各部门、各单位可以组织征集并提出决策事项建议。各区、县（市）政府，市政府各部门、各单位，市各民主党派或人民团体提出的决策事项建议，由市政府办公厅负责汇总。（三）公民、法人或其他组织向杭州市人民建议征集办公室提出的决策事项建议，由市政府办公厅负责汇总。前款第（二）项、第（三）项所列决策事项建议，经分管副市长审核并经市长同意后，由市政府秘书长或分管副秘书长交相关单位承办并负责起草决策事项草案，启动开放式决策程序。”

② 《规定》第19条：“本市市民可以选择以下方式参与市政府常务会议的重大行政事项决策：（一）通过互联网视频连线、电话发表意见或建议。（二）通过自愿报名，申请列席会议。（三）通过‘中国杭州’政府门户网站、广播电视、无线通信等方式收看收听会议直播。（四）通过‘中国杭州’政府门户网站，在会议直播论坛上发表意见和建议。（五）通过市政府规定的其他方式参与市政府常务会议的重大行政决策事项。”

复，并且进一步要求对决策执行情况进行适时评估及公布，通知公众各项意见的接受和实施程度，有效保障公众意见的落实。①

纵观《规定》，杭州市的公众参与具有参与面广、参与时间早、参与渠道多样、政府反馈及时等特点，立法技术、制度构建与科技手段的有机结合，有效地保障了公众参与的权利，使得公众参与行政决策逐步从“象征性参与”走向能够切实发挥公众主观能动性和参与热情的“实质参与”。

2. 大连市公众参与的制度分析

《大连市公众参与政府立法程序规定》②（以下简称《程序规定》）规定了公众参与的地方性法规和政府规章制定的程序。因本课题主要围绕“公众参与重大行政决策”的主题而展开，故讨论范围限于“政府规章”的制定。该项规定出台时间较晚，在内容上整合借鉴了国内外的优秀立法经验，其中有不少亮点值得借鉴。

（1）分工明确，有序组织公众参与

在组织分工上，《程序规定》明确要求由政府规章的“起草单位”负责公众参与工作的组织实施，由市政府法制机构负责公众参与工作的指导和监督，③排除了不同层级的行政机关共同干预同一行政决策过程，分工明确，有效地提高了行政决策的效率，消除了不同层级行政机关之间互相角力的影响。

（2）因时制宜，选择公众参与的具体形式

《程序规定》第二章、第三章设计了公众参与的主要途径，包括：公布征求意见稿公开征求意见、召开座谈会、召开论证会、召开听证会、民意调查和委托社会力量起草。根据必要与否，以上六种方式可分为两类，一是在制定政府规章过程中必须采用的，二是行政机关可以根据待决策事项特性自由选择的。

第一，公众参与必须组织进行的类型。按照《程序规定》的规定，在形成政府规章终稿之前，应当由负责起草这一规章的行政机关向公众发出征求意见稿并向相关公众解释待决策事项的主要内容，以及行政机关即将采纳的主要措施。④公开发出征求意见稿是起草政府规章的必经之路，也为公众的后续参与

① 《规定》第22条：“开放式决策事项承办单位应当在市政府常务会议后3个工作日内，对市民通过‘中国杭州’政府门户网站就开放式决策事项提出的意见和建议作出在线答复；遇特殊情况，无法在规定时间内答复的，报经市政府领导批准后可适当延期答复。”

② 《大连市公众参与政府立法程序规定》（大政办发〔2015〕96号），2015年11月1日公布。

③ 《程序规定》第3条：“市政府法制机构负责公众参与政府立法工作的指导、监督，地方性法规草案和规章的起草单位，负责公众参与政府立法工作的组织实施。”

④ 《程序规定》第5条：“起草地方性法规草案和规章，应当通过政府网站、报纸、电视、广播等媒体向社会公布征求意见稿，公开征求意见，公开征求意见的期限一般不少于30日。”第6条：“起草单位向社会公布征求意见稿的同时，还应当公布立法拟解决的主要问题、确定的主要措施等情况的说明，便于公众了解征求意见稿的内容。”

提供了良好的先期准备。

同时,《程序规定》规定座谈会是必须采用的公众参与形式。① 在发布征求意见稿后,起草行政法规的行政机关应当召开座谈会广泛听取公众对于征求意见稿的意见,与会公众不受地区、职业、专业知识、受教育程度的限制,充分表达自己的意见。

倘若待决策内容涉及自然科学问题、可能引发经济和环境风险或涉及重大法律问题,行政机关则应当召开论证会,咨询专家意见;② 倘若待决策事项涉及公众切身利益,而公众间存在两种以上对立意见的,行政机关应当采取召开听证会,起草单位应当综合考虑地区、职业、专业知识、表达能力、影响程度等因素,向社会征集、遴选或者邀请参加听证会的人员,持有不同意见的各方人数应当对等,按照程序,参加听证会的人员围绕听证内容发表意见或进行辩论。③

第二,公众参与可选择进行的类型。根据《程序规定》,民意调查与委托社会力量起草文件草案两种形式对于行政机关而言并非强制性要求,但对于何时采用以上参与形式作出了基本指导,在此基础上,行政机关可以根据待决策事项的基本性质等因素选择其认为合适的形式。

倘若规范内容具有普遍性,涉及多数公众切身利益,需要考虑社会认同度和接受度,则行政机关可以采用"民意调查";④ 倘若待决策事项的专业性较强,行政机关可以委托社会力量(专家、科研单位、社会组织)起草行政规章的草案。⑤

(3)及时反馈,回应公众参与

《程序规定》要求行政机关及时对其采集的公众意见、建议及论证、听证报告进行整理、研究,结合待决策事项的性质,行政机关应当对所采集的公众意见建议作出采纳、部分采纳或者不采纳的决定。⑥ 针对公众意见,行政机关应就其所作出的采纳决定(或部分采纳、不采纳决定)向相关公众进行及时的说

---

① 《程序规定》第 8 条:"起草地方性法规草案和规章,应当召开座谈会广泛听取公众意见。"

② 《程序规定》第9条:"起草地方性法规草案和规章,涉及与自然科学有关的专业技术问题,设定行政许可、行政强制或者 3 万元以上罚款及其他较重行政处罚等重大法律问题,或者法规、规章实施后可能引发社会、经济、环境以及其他风险的,应当召开论证会。参加论证会的人员应当具备与所论证内容相适应的专业技术知识或者能力,发表意见应当围绕论证内容进行。"

③ 《程序规定》第10条:"起草地方性法规草案和规章,直接涉及公民、法人和其他组织切身利益,社会公众对其主要内容有两种以上明显对立意见的,应当召开听证会。"

④ 《程序规定》第12条:"起草的地方性法规草案和规章内容具有普遍性,涉及多数公众切身利益,需要考虑社会认同度或者接受度的,可以进行民意调查。"

⑤ 详见《程序规定》第五章。

⑥ 《程序规定》第19条:"地方性法规草案和规章起草单位应当认真研究公众意见和论证、听证报告,作出采纳、基本采纳、部分采纳或者不采纳的决定……"

明。[①] 据此，建立及时、健全的反馈机制，以尊重公众参与的努力和成果，提升政府的公信力。

### （二）域外经验借鉴

欧洲作为公众参与制度的起源地之一，对于组织公众参与行政决策经验丰富。英国的《城乡规划法》、法国的《环境法典》等，无论是在组织程序上还是在立法技术上都是公众参与行政决策的优秀范本。此外，美国的公众参与制度也具有良好的社会治理效果，具有借鉴价值。

1. 英国公众参与制度概述

（1）坚持信息公开

有效公众参与的前提在于信息公开，任何公众参与都必须以行政机关与相关公众之间顺畅、充分的信息沟通为基础。相关公众应当对待决策事项的核心信息和自身的权利有清楚、全面的了解，而这有赖于行政机关主动的信息公开。

在对待规划区域进行问卷调查，向居民采集了所需信息之后，组织进行城乡规划的行政机关根据《城乡规划法》应当向待规划区域的公民“广而告之”即将启动的城乡规划项目，通知公民其参与这一行政决策的权利，并对有意向进行参与的公民进行登记。在正式启动公众参与程序后，行政机关不再向全体公民进行项目进程通知，转而向经过登记的公民代表进行实时通知。

长期的公众参与实践使得英国政府善于采用多种手段保证信息公开的有效性。在制定规划草案程序时，行政机关也会预留足够时间以便对相关公众进行通知，并让相关公众有足够的时间充分准备参与行政决策的讨论。[②] 以伦敦霍尔斯特德堡社区规划为例，在前期宣传阶段，行政机关利用互联网进行宣传，这一宣传途径不仅覆盖了政府信息公开网站和社区网站，行政机关也利用社区的脸书（facebook）主页、推特（twitter）账号等交互媒体与当地居民进行交流。通过这些及时信息交流的主页，居民能够及时得到项目信息推送，行政机关能够及时披露社区规划最新进展。而在线下推广中，行政机关采用人工分发传单的方式，取代传统的“公示栏”或“告知栏”等方式。另外，行政机关主动在社区设置了与居民沟通的免费电话，居民可以通过这些免费电话与行政机关直接联系，获取自己需要了解的信息。[③]

---

① 《程序规定》第20条：“采纳公众意见情况，应当在规章公布之日起30个工作日内，按照下列规定向公众反馈：（一）向社会公布征求意见稿和进行民意调查的，由起草单位制作采纳意见情况的说明，在政府网站或者相关媒体上公布；（二）座谈会、论证会、听证会意见未采纳的，由起草单位向发表意见的人员说明情况和理由；（三）委托社会力量起草的意见未采纳的，由委托人向受托人说明情况和理由。”

② 蔡定剑主编：《公众参与：欧洲的制度和经验》，法律出版社 2009 年版，第 70—71 页。

③ 韦飚、戴哲敏：《比较视域下中英两国的公众参与城市规划活动——基于杭州和伦敦实践的分析及启示》，《城市规划》2015 年第 5 期。

（2）建立监察制度

为保证公众参与的执行，同时保证行政决策的质量，英国以《城乡规划法》为依据，建立了规划督察员制度。规划督察员主要由专业人员担任——城市规划师、建筑师、律师、工程师、测量师等。①在行政机关向公民采集了基本信息后，行政机关将初步规划上报政府秘书处，政府秘书处随后派遣规划督察员进入社区，组织听证会，听取建设单位的要求和居民的意见，从而决定是否对待决策行政规划项目给予许可。

听证会的时间根据待决策行政规划项目的性质决定，若有必要，规划监督员可以要求延长。其主要工作是为规划利益各方提供一个公平的诉求平台，成为各利益相关方参与城市规划的纽带。同时，督察员在工作中独立于具体的管理部门，其独立工作制度有助于平衡相关各方的利益，体现民主和公平的原则。②

（3）“自上而下”和“自下而上”参与机制相结合

英国的公众参与采取了“自上而下”和“自下而上”参与机制相结合的方式。所谓“自上而下”的参与方式系指由政府或社区机构等公共部门出面组织公众参与，通常是考虑公众意见与获取公众对方案的支持。但其弱点在于议程可能已经大体上被设定了，从而一定程度上导致了对当地公众意见的操控，而非诚挚地邀请公众参与设计进程。该方式较为积极的方面是可以利用专家建议来促动、协调及解读社区公众的观点，由此获得对资源的有效应用。

所谓“自下而上”系指由市民阶层发起的公众参与，主要表现在相关公众针对某些机遇或潜在威胁而作出的反应。此种操作一定程度上会对政府决策形成有效的影响，但亦有明显的缺点：组织的松散性、组织的费时性，以及缺乏有效实现自身目标的资源。③

在英国立法中，一般来说，针对宏观层面的规划编制，因为关注的问题偏重于环境保护、地区平衡等，是国家发展的纲领性文件，不直接涉及公众的利益分配，往往以自上而下的参与方式为主；而针对实施性的规划方案设计，因涉及空间利益的调整和重新分配，利益相关者自觉地进行反映，而且此类规划在实施过程中也需要公众的支持和配合，往往以自下而上的参与方式呈现。

（4）建立实现公众参与权利的救济制度

当公众参与行政决策成为一项法定权利时，受到损害的参与权就应当能够

---

① 张险峰：《英国城乡规划督察制度的新发现》，《国外城市规划》2006年第3期。

② 蔡定剑主编：《公众参与：欧洲的制度和经验》，法律出版社2009年版，第149—158页。

③ 蔡定剑主编：《公众参与：欧洲的制度和经验》，法律出版社2009年版，第114页。

得到救济。只有这样才能够保障公民权利，鼓励其参与到决策当中，否则将极大打击公众积极性。对此，在英国主要有行政救济和司法救济两种途径，公民可以通过司法机关或者其他独立行政机构进行审查，但其能够救济的权利范围仅限于信息公开、法定参与程序，在选择参与公众和公众参与的形式方法上仍然是行政机关的自由裁量。①

2. 美国公众参与制度概述

美国不仅在《联邦行政程序法》中规定了公众参与程序，而且各个行政部门根据各自的规范要求，结合待决策事项的具体情况和质量要求，可以采用适用性更强的公众参与程序。通过立法和制度设计，行政机关能够在决策质量要求、时间要求和公众参与这一博弈过程中保持动态平衡，最终达到良好的社会治理效果。

（1）明确对“重大”的界定

美国 12866 号行政令对“重大规制行为”作出了规定，主要从经济、行政和公民权利三个方面进行考虑，明确了属于“重大”的几种主要情形，包括：第一，可能对经济每年产生 1 亿美元以上的影响，或者对经济、生产、市场竞争、就业、环境、公众健康，以及州、地方政府或者社区产生实质性的负面影响；第二，可能与其他机构已采取或者计划中的行动相抵触或者存在一系列的矛盾；第三，可能实质性改变补贴、拨款、收费或者调整对象的权利义务、贷款项目的预算影响。②

（2）坚持信息公开

1969 年，美国颁布实施《国家环境政策法》，对于联邦政府在政策与项目决策中的环境影响评估等工作以及相关的信息公开、决策程序等进行了详细具体的规定。凡申请联邦基金资助的建设项目，对于项目可能造成以及潜在的环境影响、能够采取的措施等信息，必须在项目的“环境影响评估”中向全社会公开；在项目方案讨论时期，有关政府部门必须发出公开通知，召集各相关政府部门、准政府机构、社会团体、公众代表对项目进行协商讨论。该法案极大地提高了政府决策程序的公开性和透明性，推动了公共决策中的公众参与，对于地方层面的城市规划编制和实施产生了重要的影响。

在此法案的推动下，政府信息公开在美国各地得到了极大的推动。例如，加利福尼亚州于 1970 年颁布实施的《加州环境质量法》，对规划编制和土地开发过程中信息公开的内容和公众获得信息的途径等进行了详细的规定。根据该法律

---

① 蔡定剑主编：《公众参与：欧洲的制度和经验》，法律出版社 2009 年版，第 75—76 页。

② Regulatory Planning and Review, Executive Order 12866 of September 30, 1993.

规定，必须公开的信息主要包括：土地开发可能造成的环境影响，明确降低环境影响的所有可能途径和方法，如何采取措施使得将可能产生的环境影响防患于未然，政府机构进行项目审查的全部相关信息，包括对存在环境影响的开发项目给予许可的理由和原因。而且，无论是城市规划的编制，还是土地开发项目的审查，该法律都同样适用。除了市政府相关文件、会议记录等文献资料和决策审议结果原则上必须公开之外，法律规定市政府各级部门的办公会议也属于原则上必须公开的范畴；而且，会议时间及地点，必须在 72 小时之前予以公示。

同时，《联邦行政程序法》也规定行政机关要为利益相关者提供评议机会，一般是在官方网站上发布文件草案并允许公众以电子化方式对文件提出建议，称之为“通告评议程序”，评议时间普遍为30天，规章制定可以达到60天。①《国家环境政策法》甚至要求在使用联邦政府资金的项目评估、设计和建设阶段的整个决策过程中保持公众的先期参与、持续参与和方案的共同研究。②

在行政机关需要邀请公众对文件草案进行评议的同时，行政机关也会在官方网站上对公众的评议意见进行回应。美国环保署规定决策机关应当在决策过程中对公众意见进行反馈，内容包括已征求公众意见的事项、公众观点、是否根据公众意见修改了决策方案及其理由说明。

（3）严格的听证程序

相比立法听证所采取的“咨询式听证”（reference-type hearing），美国准司法行为的听证程序更为严格，偏向于审判型听证（trial-type hearing）。根据美国宪法中的正当程序条款，行政决策作为准立法活动，需要广泛听取利益相关者的意见，且准立法机构召开的听证原则上均向市民公开。为保证听证目的完成，各州法中均会对准立法性听证的具体程序进行详细的规定。例如，在加州法律中，对于准司法行为和行政行为的听证较区域性立法行为的听证规定的更为严格，一般而言，此类听证必须包括 9 个要素：及时的通知和充分的告知（听证的时间、地点、讨论的问题等）；允许任何市民的参与；设定基本听证规格；质证辩论程序的设置；公开所有相关信息；事实认定；避免利益对立；迅速裁决；记录材料的保留。③ 除此之外，对于此类听证的具体程序设计的细节，一般也以类似于法庭裁判的标准严格要求。

（4）及时评估

美国《国家环境政策法》要求使用联邦政府资金的项目在整个决策过程中

---

① Administrative Procedure Act, June 11 1946, Section 10.

② 应松年主编：《行政程序立法研究》，中国法制出版社 2001 年版，第 518 页。

③ Barry Cullingworth, “*Planning in the USA: Policies, Issues, and Processes*”, Routledge, New York, 1997.

都要对公众参与进行有效性评估，联邦交通部甚至在项目计划阶段就要对公众参与进行定期评估。通常公众参与评估包括数量分析和质量评估两方面，数量分析主要评估公众的参与机会（人群、渠道）是否得到满足，质量评估重在公众观点的研究和解决程度。评估的目的在于及时发现政策制定中公众参与的深度和有效程度，如果评估后发现某些策略效果不佳，公众参与及理解程度没达到预期，就要及时进行调整。

（5）公众参与程序的例外

为保证决策效率和保证参与的平衡，美国公众参与程序根据待决策事项的性质采取了不同的听证程序和参与程序。对于决策风险低、内容较为简单、行政机关惯于处理的常规性事项，行政决策可能免除公众参与，但仍然接受公众监督。

对于专业化决策事项，公众参与的热情普遍较低，一般做法是简化参与程序，重视专家论证，并对专家论证进行公开。而对于较为紧急的行政事项，美国的行政机关有权采取“通告评议程序”。

对于采用通告评议程序的行政决策，行政机关可以直接发布最终的决策文本，若特定时间内公众无异议，则相应行政决策生效；若有相关公众对于特定程序有异议，行政机关则需撤回通告评议程序，行政决策并不生效。若通告评议程序仍然无法满足待决策事项的时间要求，行政机关可以先发布过渡性文本，规章的过渡性文本将立即生效，但生效后的文本仍然可以根据评议修改其内容。作为公众参与程序的例外，通告评议程序和过渡性文本程序必须被谨慎采用。

## 四、公众参与方式的决定因素及制度安排

### （一）决定公众参与方式的考量因素

行政决策机关决定公众参与的具体方式，取决于行政机关是否具有作出高质量行政决策的必要信息，行政机关可以采用自主式决策或改良的自主式决策，则不必引入深度公众参与；相反，一旦公民接受度成为执行行政决策的先决条件，则深度的公众参与将不可避免。在决定具体组织方式时，应充分考虑公众与行政机关之间的目标是否一致，以及组织公众参与的目标两方面因素：

1. 相关公众与行政机关之间的目标基本一致

在所谓的“先期讨论”中，行政机关应当告知相关公众他们的权利义务，同时向相关公众阐明待决策事项的核心事实和质量要求。若待决策事项本身存在结构化问题，行政机关也必须在这一阶段一并告知。行政机关将所知的事实主

动告知，不仅表现出行政机关引入公众参与的诚意，同时也有助于行政机关与相关公众最终达成一致，毕竟信息不对称的两个团体之间很难作出最终趋于一致的判断。

若在先期调查和讨论中，相关公众表示其目标与行政机关的目标基本一致，不存在根本分歧，那么行政机关可以考虑和相关公众分享决策权，采用“共同决策”的模式推进行政决策的最终定稿。

2. 相关公众与行政机关的目标不尽相同

对于行政机关而言，哪怕只是部分民众不赞同行政机关的决策目标，如何确定参与形式便是行政机关的棘手难题：一方面，行政机关需要公民的认可和接受，以推进决策的执行；另一方面，受制于待决策事项的固有质量要求，公众参与的深度需要被限制，以确保决策事项最终符合法律、技术或预算的要求。

显然，在实践中，上述情形经常发生，甚至60%以上的待决策事项都表现出这种特征：相关公众与行政机关的目标大相径庭，公民的接受度至关重要但决策的质量要求不可更改。在这种情况下，象征性参与无法满足公民的参与需求，自主式管理决策或者改良自主式管理决策的模式由于无法切实赋予公众参与行政决策的要求而不适用，共同决策基本不适用于相关公众与行政机关的目标迥异的情形。此时，行政机关需要相应的组织技巧来保障公众的有序参与。

（1）相关公众之间的目标一致——分散式公共协商

若经前期调查，参与行政决策的相关公众之间的目标趋于一致，行政机关在组织公众参与时应首先考虑“分散式公共协商”。

一般而言，分散式公共协商主要运用于公民内部对同一行政决策形成较为统一反对意见的情形。此时，为取得相关民众最终的接受和认可，并保证最终决策的质量，行政机关应当避免与持不同意见的公民进行整体接触，而是将他们分为不同的团体，分别协商，逐个击破。之所以如此，是因为此种做法有利于一定程度上限制公民影响力发挥作用的空间，避免公民在意见一致的情况下形成统一的反对势力，从而最终动摇行政机关预设的目标，威胁行政决策的质量要求，并最终将“公众参与”演变为“民粹主义”。

（2）相关公众之间的目标有分歧——整体式公共协商

当相关公众与行政机关的目标存在分歧，而相关公众之间的意见也并非一致时，行政机关应当采用“整体式公共协商”的方式，鼓励公众表达意见，以此形成对分歧意见的互相理解、互相妥协。显然，此举有利于公众明确分歧的性质和原因，同时有利于公众清晰地了解决策者所面临的决策困境，从而争取公众的理解与认可，以此提高公众对最终决策的接受程度。

值得注意的是，上述处理方式或许与许多行政机关的决策习惯不尽相符。

面对有意见分歧的公众，许多行政机关在实践中习惯于采用压制的方法抑制矛盾的表达，而不是采取措施积极促进冲突的表达和理解。压制与抑制的选择是非常危险的，它不仅导致无法推行决策的结果，也容易激化行政机关与公众之间的矛盾。

3. 以了解获取相关信息为目标的公众参与

以了解信息为目标的公众参与必须遵守两个原则：第一，由于这种形式的公众参与并没有赋予公众施加实质影响的权利，因此，所采用的方式必须保证公众在参与过程中花费最少的时间和最小的精力。在没有任何实质回报也无法对最终的决策施加任何影响的情况下，大多数公众只愿意花费 5—10 分钟为行政机关提供信息。第二，这种方式一般要求公众以个人身份参与，而非集体参与。一方面，对于只期望获取基本信息的行政机关而言，组织公众集体参与过于花费时间和经费，降低了行政决策的效率。另一方面，集体的压力不利于公民个人真实意思的表达。因此，调查问卷、网络民意调查等方式，更有利于高效、低成本地收集公众对于待决策事项的真实意见。

除了调查问卷、网络民意调查等方式，若需要征询专业人士的意见，行政机关亦应有针对性地前往有关企业、机构，对相关专家进行面对面的咨询。当然，针对公开征询意见的待决策事项，公民有时亦会主动以写信、造访行政机关、向居民委员会反映等方式向行政机关提供信息，此亦为公众参与的有效方式。①

4. 以增进决策接受度为目标的公众参与

不同于以了解信息为目的的公众参与，以增进决策接受度为目标的公众参与希望公众以团体的方式参与，并在团体参与的过程中使得相关公众对行政决策形成集体认同或共识。无论是在分散式公共协商还是在整体式公共协商中，以增进决策接受度为目标的公众参与都应当以形成团体的公众作为协商对象。如前文所述，整体的压力虽不利于公民个人真实意思的表达，但能让身处群体中的公民更快达成共识。一旦某个团体中的领头人物或者大部分成员被说服，团体中的其他成员也更容易接受行政机关所设定的行政目标。②

实践中，普遍采取的增进决策接受度为目的的公众参与方式包括听证会、座谈会、社区居民会议等。决策者和公众同处一室，面对面相互讨论，进行双

---

① 唐明良：《公众参与的方式及其效力光谱——以环境影响评价的公众参与为例》，《法治研究》2012 年第 11 期。

② 郭小聪、代凯：《政府对公众参与的策略选择——一个"轮流出价博弈"的分析框架》，《中国人民大学学报》2014 年第 4 期。

向信息反馈，有助于决策者和公众之间的互相理解，促进公众最终对行政决策目标的接受。

**（二）公众参与的具体方式**

根据《重大行政决策程序暂行条例（征求意见稿）》① 以及《上海市重大行政决策程序暂行规定》等，公众参与方式一般包括“社会公开征求意见、举行听证会、召开座谈会、书面征求意见、问卷调查、民意调查、实地走访”等多种形式。按照上述参与组织的因素，可以将这些方式大致分为两类：正式程序与非正式程序。其中，听证会为正式程序，适用情况较少，更多情况下适用座谈会及其他开放式听取意见等非正式程序。

1. 正式程序：听证会

听证会是公众参与重大行政决策过程的正式程序。1996 年，我国在行政处罚制度中引入了听证会制度，其后逐渐扩展到价格决策、环境决策、城市规划等行政过程中，发展到今天，听证会制度在行政实践中的情况被持续关注，尤其是该制度的核心——公众参与效果问题已成为研究和探讨的重点。② 通过听证会这一平台，行政过程中的利益相关方得以通过面对面的形式进行沟通交流，公众可以明晰相关政策出台的来龙去脉及利弊得失，从而提高对公共政策的理解与认可程度，降低政策执行中的阻力。③ 要达到公众有序且有效参与其中的效果，听证会“不仅要强调保证公众的参与权，而且还要保证公众的有效参与，即公众参与后能充分有效地发挥其参与的作用”。④ 目前，学界对听证会形式的困境及原因也一直在热烈讨论，总结出的主要问题如下：

第一，听证代表机制的限制性。听证会作为一种特别形式，相比其他非正式程序而言适用机会较少。一般而言，目前我国参加听证会的人员构成主要包括行政人员、公众代表及其他利益相关者。听证会的代表所代表的公众数量有限，作为利益相关者的公众绝大部分没有渠道参与到听证会中。如“峨眉山风景区门票价格听证会”中，80% 的代表都赞成峨眉山风景区门票价格由当时的 120 元涨价到 170 元，这个结果源于听证会代表的组成结构：8 名“消费者代表”、6 名有关部门代表、3 名人大代表及政协委员代表、2 名专家代表，而该 8 名“消费者代表”，4 名是乐山市本地人，其中包括峨眉山市消费者协会秘书长。没有实质化的公众参与，没有针锋相对的争论，根本不可能反映出真实的社情

① 国务院法制办于 2017 年 6 月 9 日发布。

② 王爱华：《我国听证会中公众参与问题研究综述》，《行政与法》2017 年第 1 期。

③ 王爱华：《我国听证会中公众参与问题研究综述》，《行政与法》2017 年第 1 期。

④ 胡仙芝：《“听证会”如何才能在中国扎根——听证乱象与公众参与危机》，《人民论坛》2013 年第 5 期。

民意，反而会让重大行政决策背负更大的舆论怀疑。①

第二，听证程序公正性的不足。听证会的程序公正性问题颇受争议，存在听证会代表遴选不透明、听证会主持人不独立、听证会议程过短及听证信息不对称等问题。首先，听证代表遴选通常采用单位推荐的办法，但推荐的依据与标准并不透明，在听证代表制限制了大部分公众参与听证会的机会的同时，未能退而求其次地遴选出真正得到公众承认的代表参与其中，剥夺了绝大多数公众参与听证的机会与权利。其次，听证会主持人主要是决策机关内部人员兼任，存在影响听证公正性的可能。再次，当前听证会程序设置无法保障代表间平等对话。一方面，听证会议程时间设置过短，一般在2小时左右，代表意见表达不充分、主体间缺乏有效的沟通交流；另一方面，听证信息不对称，造成公众在事实及心理上的劣势，难以达到增进公众对政策理解与支持的效果。②

一直以来，对于重大行政决策事项的听证会采取听证会代表制的原因之一是保证公众参与决策过程的效率，但效率并非限制公众参与人的参与权的正当理由，且保证效率的正确方法应当是通过控制听证程序的进程及控制代表发言的质量而提高效率。对于听证会制度目前存在的问题，应当针对性地改进听证会参与公众与听证会主持人的选定方式。关于听证会参与公众的选择范围，建议放弃单纯通过遴选产生个别代表的听证会代表制，考虑采用主动参与和被动参与相结合的模式。应在采取遴选听证会代表的被动参与方式的同时，开通开放式的报名渠道，让存在利益关系的公众可以自主选择是否通过报名渠道主动参与到听证会中。关于听证会主持人的选择，为保证听证会主持人的独立性与公正性，应当在听证会主持人的产生方式、法律地位、权利内容等方面予以改进。听证会主持人的产生应经过相对严格的程序，且应在听证过程中保持中立；同时，在权利内容方面，听证会主持人应具有两方面的权利：是对听证程序的有效掌控权，二是对听证结果的独立裁决，即能公平地依据各利益主体的诉求，对听证结果进行判断。③

目前的听证会制度科学化与合理化程度有待提高，为解决该问题，应使作为利益相关者的公众可以公平地参与其中，公开表达自身的利益诉求，对重大行政决策事项提出自己的看法与建议，以此提高重大行政决策过程的合理化与合法化。

① 江国华、梅扬：《重大行政决策公众参与制度的构建和完善——基于文本考察与个案分析的视角》，《学习与实践》2017年第1期。

② 王爱华：《我国听证会中公众参与问题研究综述》，《行政与法》2017年第1期。

③ 王爱华：《我国听证会中公众参与问题研究综述》，《行政与法》2017年第1期。

2. 非正式程序

在互联网技术迅速发展的时代，公众参与决策形式也越来越多样化，在书面征求意见、座谈会、民主协商会等形式的基础上，决策机关开始广泛采用网上征求意见的开放式参与形式，同时为提高公众参与制度推行的效果，开始走入社区与基层，以访谈的形式开展公众参与的程序。传统的公众参与形式与新兴的公众参与形式相互融合，主要可归纳为“开放式征求意见”“座谈会、协商会”“基层访谈”这三类。

（1）开放式征求意见（社会公开征求意见）

现行重大事项决策程序的立法文本通常将征求公众意见的环节设置在决策草案形成后，将决策草案在决策机关门户网站公示，同时在社区、公共交通场所或通过报刊、广播、电视等传播媒介进行公示，公众可以通过联系决策机关或在决策机关的门户网站上留下建议或意见。随着“互联网 +”时代的到来，重大行政决策过程中，这种开放式征求意见形式在公众参与决策过程中的使用频率越来越高，其受众覆盖面也越来越广，公众也乐意通过开放式征求意见的渠道发表意见与建议。开放式征求意见的适用范围非常广，针对的是所有潜在的利益相关者，因此通常需要这些利益相关者主动参与到决策过程中，针对重大行政决策事项发表意见。一定程度上，重大行政决策实践中开放式征求意见的形式具有使用频率最高、受众面最广、反馈意见最多的特点，但目前开放式征求意见的形式规范程度却较低。就其发布载体而言，决策机关的门户网站是决策草案的常规发布渠道，但公众参与者通常很少主动浏览决策机关的门户网站，对于没有知晓决策草案相关信息的公众而言，决策机关门户网站的征求意见渠道则形同虚设；就发布内容而言，开放式征求意见的阶段通常在重大行政决策起草阶段，通常决策事项的内容、起草背景等都不为公众所知，而公众的文化程度也不尽相同，对起草阶段的重大行政决策事项的了解与理解程度会有较大偏差，以至于影响重大行政决策公众参与的效果。

针对上述问题，对于开放式征求意见的形式，应当抓住信息化时代的特点，对重大行政决策事项的信息进行多渠道发布，全面征集公众的意见。应当做到常规渠道和补充渠道、传统媒体和新兴媒体的有机结合。[①] 一方面，决策机关的官方门户网站是发布重大行政决策事项的官方渠道，在决策起草阶段，决策机关将决策起草的阶段性结果发布于官方渠道，并附上参与该阶段性成果的主要负责人的联系方式供公众提问与咨询，同时专设意见栏，供公众在一定的时

① 江国华、梅扬：《重大行政决策公众参与制度的构建和完善——基于文本考察与个案分析的视角》，《学习与实践》2017 年第 1 期。

间内自由发表意见。同时，决策机关应当通过报纸、广播、电视以及微博、微信等互联网渠道同步发布信息，对发布的重大行政决策事项进行阐述与说明。另一方面，正如《上海市重大行政决策程序暂行规定》第7条规定“决策草案形成后，可以公布草案征求公众意见，并通过媒体访谈、专家解读等方式对社会公众普遍关心的问题作出解释说明”，决策机关应当对决策事项进行简要易懂的说明与解读，提示决策方案的意图与关键要点，帮助所有公众在理解决策的基础上参与到决策过程中发表意见与建议。

（2）座谈会、协商会

座谈会、协商会主要是针对一些利益相关者的代表、一些社会组织以及可能对决策施加影响的政府部门等，[①]其目的不是通过座谈会与协商会直接确定决策的内容，而是通过这种参与形式与公众进行“自上而下”的沟通与平等的互动。决策机关对重大行政决策事项进行基本说明，理解公众对重大行政决策事项的看法，在协商中明确重大行政决策过程中尚需进一步考虑的问题，同时对公众主观判断与先入为主的偏见进行调整与纠正，使决策机关与公众对重大行政决策事项的认知与目标要求更加接近，尽可能达成共识。

座谈会、协商会过程的程序要求较听证会相对宽松一些，程序性要求无需如听证会一般严格，但在制度设计上，同样要考虑代表的广泛性与公平性问题。基于座谈会与协商会理解公众偏好的目的，应当从最广泛程度上掌握民间信息，让利益相关者通过开放式的渠道自主选择参与其中，决策机关采用随机抽样的方式，保证不同利益相关程度的利益相关者能充分参与座谈会与协商会，并邀请一些相关社会组织以及人大代表、政协委员等参与，发挥社会组织代表的中立性与专业性的特殊作用，积极开展多方对话与互动，代替仅仅由决策机关观念引导的“决策背书”。

一般来说，决策机关在协商会上应更加注重与参会代表的沟通解释，必要时，可以邀请有关方面的专家做好答疑解惑工作，以增加共识、减少决策阻力。

（3）民意调查

与了解获取相关信息为目标的公众参与相适应，实践中经常采取民意调查方式，以获知社会公众对拟作出的相关重大决策的认同度和承受度，减少决策实施的社会阻力。

一般来说，民意调查适用于教育、医疗、社会保障、环境保护、公用事业等涉及面广、影响程度大的重大民生决策事项。社会公众几乎与这些事项都有关

---

① 江国华、梅扬：《重大行政决策公众参与制度的构建和完善——基于文本考察与个案分析的视角》，《学习与实践》2017年第1期。

联，这也为民意调查的开展提供了可行性，因为民意调查对象一般不需要特别注重与决策事项关联最密切的利益相关者。在民意调查时，决策机关主动到居民社区、田间地头，面对面地听取群众意见，往往能获得更为真切的第一手资料，从而填补网络和传统媒体覆盖不到的范围。

需要强调的是，因民意调查的专业性和所需专门工作力量等因素，决策机关可以根据调查事项的复杂程度及其他考虑，自行或者委托专业调查机构进行。在具体调查方式上，可以通过网络、电话、当面问询等方式灵活进行。同时，考虑到被调查对象对调查事项事先并不知晓，而是被动参与，其参与意愿往往不高。因此，民意调查的内容设计应当用词简洁、明确易懂，便于调查对象通过口头或书面形式发表意见，以最大限度地获取真实的民意反映。

### （三）公众参与的配套机制

为保障重大行政决策公众参与的有效进行，相关配套机制不应忽略。主要包括相关决策信息公开、公众参与的意见归纳和反馈，与公众参与有关的责任机制等。

#### 1. 信息公开机制

国务院在《关于加强市县政府依法行政的决定》中对公众参与作出详细的规定，要求通过建立健全公众参与重大行政决策的规则和程序，完善重大行政决策听取意见制度，并且于2007年通过了政府信息公开领域的统一立法——《中华人民共和国政府信息公开条例》。从2001年起，各地政府陆续开始通过制定地方性法规、地方政府规章等规范政府信息公开。上海市政府于2011年在《上海市依法行政“十二五”规划》中从政策全过程角度明确优化行政决策机制，引入公众参与内容，主要以“中国上海”门户网站为官方渠道开展政府信息公开工作，听取公众对政府信息公开的评价和建议，接受公众的监督。目前决策公开主要的问题是决策机关并非对所有的决策事项都在门户网站上进行公开，而是选择性地公开部分信息，这种公开方式使决策机关与公众之间存在严重的信息不对称。目前大多数政策的方案、草案公布，但背后的支撑性信息和数据、方案的必要性与可行性论证、政策草案的关键说明都不公开。① 重大行政决策事项是政府工作的重心之一，政府作为信息的占有者，应就其决策全过程的信息在官方门户网站向公众公开，让公众与决策机关掌握对称的信息。

在决策全过程信息公开基础上规范政府信息公开，可以要求负责政府信息公开的部门统一进行决策信息公开统筹工作。在决策前，决策机关将各自的重

---

① 张栋：《刚性的回应，非刚性的采纳——就重大行政决策程序相关问题采访王万华教授》，《编辑部访谈》2017年3月。

大行政事项决策草案及起草说明、支撑性信息与数据、方案必要性与可行性论证等提交至负责政府信息公开的部门，由该部门将这一系列材料公开于政府门户网站及传统媒体、新兴媒体等补充渠道中，收集公众意见与建议；在决策中，由该部门将所收集的公众意见与建议整理反馈至决策机关，由决策机关将公众意见与建议进行归纳，针对性地分析公众意见与建议的可采用性，对归纳整理出的公众意见与建议进行梳理与答复，修改、补充决策事项草案的不足与争议之处；在决策之后，应当对采用公众意见与建议的情况进行说明，并交由政府部门进行进一步的公开。这种从决策前、决策中至决策后环环相扣的全过程信息公开，是政策正当性的基础之一，只有在决策信息公开的前提下，才能确保公众参与有效率、有成果。

2. 结果反馈机制

对于重大行政决策公众参与的意见与建议，决策机关必须作出回应。经过公众参与的重大行政决策事项，决策机关在决策前对公众意见与建议进行归纳和整理，并适时向公众进行反馈与说明；在决策后，将通过后的决策事项以公示的形式向社会公众进行反馈，同时对决策实施之后的执行情况进行阶段性反馈。

在现行立法中，《杭州市人民政府重大行政事项实施开放式决策程序规定》中对公众参与结果反馈的规定值得借鉴。其中，对公众参与意见和建议的反馈在第 22 条中作出规定，“开放式决策事项承办单位应当在市政府常务会议后 3 个工作日内，对市民通过‘中国杭州’政府门户网站就开放式决策事项提出的意见和建议作出在先答复；遇特殊情况，无法在规定时间内答复的，报经市政府领导批准后可适当延期答复”；对决策事项通过之后及执行情况的反馈在第 23 条作出规定，“市政府开放式决策事项经市政府常务会议审议通过后，应当按照规定在杭州市人民政府公报、‘中国杭州’政府门户网站或其他媒体上予以公布。开放式决策事项实施单位应当按照有关规定自行或委托中介组织等其他机构适时对开放式决策事项执行情况进行评估，并将评估结果向社会公开”。对于决策前的公众参与意见和建议的反馈，可设置短时间内由决策机关进行在线答复与答疑，并根据意见的合理性与采纳程度进行整理，对采纳与不采纳的理由进行说明和反馈，避免公众参与的制度流于形式；对于决策事项通过之后及执行情况进行反馈，尤其是决策执行情况，决策机关可自行或委托中介组织进行评估，对执行中出现的问题、风险与矛盾及时跟进，必要时可再次组织座谈会、基层访谈等形式的公众参与，收集反馈信息，制定相关的风险控制与化解矛盾的预案，并对公众进行反馈。通过对公众参与结果的全过程、多方面的反馈，可以对重大行政决策的整体效果进行掌控，防御风险。

3. 督促/责任落实机制

为保证重大行政决策公众参与制度的设置不落空，作为行政决策的程序立法，应当要有配套的督促/责任落实机制。

从决策机关督促/责任落实层面，国务院《重大行政决策程序暂行条例（征求意见稿）》和《上海市重大行政决策程序暂行规定》都有明确规定。国务院的征求意见稿明确："决策机关违反本条例规定，造成决策严重失误或者依法应当作出决策而久拖不决，造成重大损失、恶劣影响的，对行政首长、负有责任的其他领导人员和直接责任人员，依法依规给予处分。"《上海市重大行政决策程序暂行规定》明确："对重大行政决策施行终身责任追究制度和责任倒查机制。承办单位、决策机关违反本规定，未履行规定程序的，责令改正；造成重大损失、恶劣影响的，对主要负责人、负有责任的其他领导人员和相关责任人员依法给予行政处分；构成犯罪的，依法追究刑事责任。"上述规定尤其是《上海市重大行政决策程序暂行规定》的相关规定，涵盖了程序督促与责任追究两个方面，为确保决策程序完备提供了有力保障。这些规定规制的是重大行政决策全过程，当然也包括公众参与程序。为此，课题组建议考虑健全重大行政决策责任终身追究机制，明确规定重大行政决策责任追究的实施主体，科学认定追责相应程序的启动主体，进行决策责任评估并开展责任落实行动，着力明晰责任追究类型，根据决策失误的消极影响和损失程度，细化规定追责对象的相关责任。结合对公众参与权的救济与对决策机关的追责机制，建立重大行政决策公众参与制度的基础保障机制，促进重大行政决策的科学化、民主化与法治化得以实现与保障。

课题组认为，重大行政决策法治化进程尚处于初始阶段，刚性的责任追究机制还不尽迫切和必须，当前更应考虑软性的督促落实机制，尤其是对于非必经程序的公众参与环节，应更注重决策机关对决策承办单位是否依法保障公众参与的监督，决策承办单位应当按照要求完善相关公众参与的程序或对不安排公众参与作出说明或解释。

# 证明事项告知承诺理论问题研究[①]

课题组组长：刘　平　上海市司法局巡视员
上海市行政法制研究所所长
课题组副组长：王天品　上海市行政法制研究所副所长
课题组成员：邓海娟　上海市行政法制研究所研究员
陈书笋　上海市行政法制研究所副研究员
王松林　上海市行政法制研究所助理研究员
史莉莉　上海市行政法制研究所助理研究员
顾　捷　上海市行政法制研究所助理研究员
仲　霞　上海市行政法制研究所助理研究员
轩晓颖　上海市行政法制研究所助理研究员
丁　凡　上海市行政法制研究所实习研究员

2018 年 9 月 19 日，国务院常务会议提出，坚决取消没有法律法规依据的各种所谓证明，各部门各单位要向社会公布保留的证明事项清单，大力推进证明事项告知承诺制，最大限度减少群众和企业跑政府的次数，不断优化办事创业和营商环境。据此，积极探索证明事项告知承诺制度成为当前国家深化“放管服”改革的一项重要内容。

受司法部委托，上海市行政法制研究所承担了本课题的研究工作。课题组在对 5 大政府职能、10 类行政行为及现行有效法律规范所涉及的证明事项进行梳理分析的基础上，对证明事项告知承诺的内涵、法律属性及法理基础进行了阐释，并分析了现阶段推行证明事项告知承诺的现实基础。课题组认为，证明事项主要存在于行政许可、行政确认、行政给付和行政奖励 4 类应申请、具有审核环节的授益性具体行政行为及非行政主体提供的需要审核的公共服务行为中；虽然现实生活中需要行政相对人提供证明材料的情况很多，但由法律法规

① 本课题完成于 2018 年。

直接设定的证明事项占比并不高，更多的是规章、规范性文件在贯彻上位法精神要求过程中在证明材料提供方面的具体规定，而且证明材料的开具主体与索要主体均为政府部门及其机构的占比较高。

课题组建议：在推行证明事项告知承诺过程中，应当坚持分类处理的原则，对于证明材料的开具主体与索要主体均为政府部门及其机构的证明事项，应当实行告知承诺，并通过政府部门内部的行政协助方式对承诺的真实性进行核查；对于证明材料的开具主体与索要主体有一方为法人、其他组织或个人的证明事项，应当以不实（虚假）承诺后果是否容易补救或补救成本高低为标准区别对待，不实（虚假）承诺后果容易补救或补救成本较低的，可以实行告知承诺，难以补救或补救成本较高的，不实行告知承诺。

## 一、研究范围

### （一）涉及证明事项的政府职能

党的十八届三中全会通过的《中共中央关于全面深化改革若干重大问题的决定》对政府职能的内涵、定位进行了新的界定，即将政府职能调整概括为：宏观调控、市场监管、公共服务、社会管理和生态保护环境。

在这5大政府职能中，宏观调控，亦称国家干预，是政府对国民经济的总体管理，是一个国家政府特别是中央政府的经济职能。它是国家在经济运行中，为了促进市场发育、规范市场运行，对社会经济总体的调节与控制。宏观调控因其宏观性，从调控主体来看，只能是中央政府，而从其调控内容和调控手段来看，不会具体到非常微观的证明事项和证明材料。

其他4项政府职能，从职能的履行主体及履职行为的性质来看，市场监管职能、社会管理职能和环境保护职能，是由各级政府相关行政管理机关及其授权或委托的组织来履行。这三项职能履行主体实施的规范、监督和查处行政相对人的行为，都属于行政主体为履行法定职能的行政行为。行政主体在履行市场监管职能、社会管理职能和环境保护职能过程中实施具体行政行为时，会涉及具体的行政相对人，也会涉及一些具体的证明事项和证明材料。但因主体是行政主体、实施的行为属于行政行为而可以按照行政行为中涉及的证明事项来研究。

而公共服务职能的履行主体，却不仅限于各级政府相关行政管理机关及其授权或委托的组织，还包括一些承担公共服务职能的企业。比如：银行、邮局、煤水电等。这些企业虽然为公众提供公共服务，但因其不属于行政主体，其实施的行为也不是行政行为，但在实际生活中，这些企业在向公众提供公共服务时，却需要公众向其提交一些证明事项，比如：目前的社会保障卡基本委托各大银行代为发放，各大银行在发放过程中会要求提供包括身份证明等在内的证明材料以确认申请人的身份。但各大银行属于商业机构，不能归属到行政主体的范畴，其实施的行为也无法作为行政行为纳入涉及证明事项的行政行为是否适合告知承诺制进行研究。因此，有必要将企业履行公共服务职能涉及的证明事项单独列入证明事项告知承诺的范围予以考虑。

**（二）涉及证明事项的行政行为**

虽然学理上对行政行为的分类多种多样，但是，本课题研究的目的是分析证明事项可能涉及的行政行为，而证明事项与行政行为的连接，主要是中央和地方政府的职权行为。

自党的十八届三中全会首次提出建立权力清单制度以来，中央与地方各级政府及部门均已在其门户网站公布了本级政府、本部门的权力清单，基本形成了比较统一的行政权力模型。以上海市为例，基本是按照“行政许可、行政处罚、行政强制、行政征收、行政给付、行政检查、行政确认、行政奖励、行政裁决、其他类”的模型予以公布。权力清单中权力类型的排序，也反映了地方政府行政管理与公共服务实践中行政权力数量上由多至少、渐次降低的规律。行政权力对应着相应的行政行为，课题组以权力清单中行政行为的类型为依据，对证明事项在行政行为领域中的分布进行了梳理分析，并归纳总结出如下规律：

1. 主要分布于应申请的具体行政行为中

根据行为启动主体的不同，具体行政行为分为依职权的行政行为和应申请的具体行政行为。依职权的具体行政行为是由行政机关依据职责权限启动，不需要相对人的申请。例如：行政处罚、行政强制、行政征收、和行政检查等。应申请的具体行为，需要由行政相对人申请而启动。在列入权力清单的行政行为中属于应申请的行政行为主要是指行政许可、行政给付、行政确认、行政裁决和行政奖励等。

课题组认为，证明事项应当主要分布于应申请的具体行政行为中。例如：《公司登记管理条例》第20条①设定的“申请设立有限责任公司”的证明事项涉及的是行政许可这类行政行为；《工伤职工劳动能力鉴定管理办法》第8条②设

① 《公司登记管理条例》第20条规定：“申请设立有限责任公司，应当向公司登记机关提交下列文件：……（二）全体股东指定代表或者共同委托代理人的证明……”

② 《工伤职工劳动能力鉴定管理办法》（2014年人社部令第21号）第8条规定：“申请劳动能力鉴定应当填写劳动能力鉴定申请表，并提交下列材料：……（二）有效的诊断证明、按照医疗机构病历管理有关规定复印或者复制的检查、检验报告等完整病历材料……”

定的“申请劳动能力鉴定”的证明事项，涉及的是行政确认这类行政行为；《社会救助暂行办法》第 59 条[①]设定的“申请社会救助”的证明事项，涉及的是行政给付这类行政行为；《山东省见义勇为人员奖励和保护条例》第 11 条[②]设定的“申请见义勇为奖励”的证明事项，涉及的是行政奖励这类行政行为。从上述立法规定可以看出：行政相对人提出申请，并按照立法规定提交相关证明材料的目的是向行政机关证明自己符合申请条件、具有申请资质，而行政机关需要对行政相对人的申请条件和申请资质进行审查、核准。而属于应申请具体行政行为的行政裁决，虽然也需要行政相对人提供相应的证明材料，但行政机关处于居中裁判的地位，具有准司法的性质。因此，行政裁决中的证明材料更多表现为证据的功能。

依职权的具体行政行为，不需要由行政相对人的申请而启动，而是行政主体依职权启动，作出行政处罚、行政强制决定的理由一般是行政相对人违反了法律法规等规定的禁止性规定和义务性规定。在进行行政检查、行政调查的过程中，在作出行政处罚决定和行政强制决定的过程中，以及事后救济程序中，也许行政相对人会提出异议，以自己拥有许可、资格证等证明文件，符合相应条件等作为反驳和抗辩的理由。但是，这只是对抗行政处罚与行政强制的理由，而不是行政处罚与行政强制决定本身作出的理由。作出行政征收决定的理由一般是基于公共利益的需要，作出行政征收决定，是以行政主体认可行政相对人的既成权利状态为前提的，因此也没有让行政相对人提供证明材料的必要。因此，需要提供证明材料，证明符合相应条件、具备相应资质的证明事项，主要是分布在应申请的、具有审查核准环节的具体行政行为中。

2. 主要分布于授益性具体行政行为中

依据行为后果对于行政相对人是有利还是不利，具体行政行为可分为授益性具体行政行为和负担性具体行政行为。

授益性具体行政行为包括：行政许可、行政给付、行政奖励。负担性具体行政行为包括：行政处罚、行政强制、行政征收、行政检查等。行政确认与行政裁决，则比较特殊，很难简单地归入授益性或负担性具体行政行为。因为很可能在作出确认或者裁决决定时，对于一方是有利的，而对于另一方则是不利的。授益性具体行政行为，一般依申请而启动，行为后果是对行政相对人利益的授

---

① 《社会救助暂行办法》第59条规定：“县级以上人民政府社会救助管理部门和乡镇人民政府、街道办事处在履行社会救助职责过程中，……要求对其相关情况作出说明，提供相关证明材料。”

② 《山东省见义勇为人员奖励和保护条例》第11条规定：“对事实清楚、证明材料齐全的确认申请、举荐，符合见义勇为条件的，见义勇为确认机构应当提出拟确认的意见。”

予。例如，行政许可是普遍性禁止的例外，行政给付主要是对行政相对人金钱的给付，行政奖励表现为授予荣誉称号或者予以金钱的奖励。授益性具体行政行为，一般通过法律、法规、规章等设立若干条件，行政主体通过审查条件，对符合条件的申请人予以批准，使其获得利益。这种通过法律规范事先设定的条件，在实践中即表现为行政相对人通过证明材料来证明自己符合条件。

负担性具体行政行为并不授予利益，是对利益的剥夺，且无需申请，行政主体依职权即可启动，无需行政相对人提交证明材料，即可作出负担性决定。

综上，课题组认为，从对行政行为的梳理来看，可以得出如下结论：证明事项主要分布在应申请的、具有审核环节的授益性具体行政行为中。具体包括目前列出权力清单中的4种行政行为，即行政许可、行政给付、行政确认、行政奖励。

**（三）涉及证明事项或证明材料的法律规范层级**

我国现行有效的法律规范体系，在国家层面包括法律、行政法规、部门规章及国务院各部门的规范性文件，在地方层面包括地方性法规、政府规章、政府及其部门的规范性文件。

经搜索查找，在我国现行有效的法律规范体系中，各层级的法律规范均存在设定证明事项的情况。课题组根据本课题的研究目的将其分为两大类：

1. 直接设定证明事项

经搜索查找，在我国现行有效的法律规范体系中，直接设定证明事项的法律规范主要包括法律、行政法规和部门规章。

**一是由法律直接设定的证明事项**。例如，《中华人民共和国社会保险法》第50条规定："失业人员应当持本单位为其开具的终止或者解除劳动关系的证明，及时到指定的公共就业服务机构办理失业登记。失业人员凭失业登记证明和个人身份证明，到社会保险经办机构办理领取失业保险金的手续。"即法律设定了"领取失业保险的证明事项"。

**二是行政法规直接设定的证明事项**。例如，《殡葬管理条例》第13条规定："火化遗体必须凭公安机关或者国务院卫生行政部门规定的医疗机构开具的死亡证明。"该条设定了"遗体火化"的证明事项并明确了需要提供的证明材料。

**三是部门规章直接设定的证明事项**。例如，《家庭寄养管理办法》（2014年9月24日民政部令第54号发布）第12条规定："拟开展寄养的家庭应当向儿童福利机构提出书面申请，并提供户口簿、身份证复印件，家庭经济收入和住房情况、家庭成员健康状况以及一致同意申请等证明材料。"该部门规章设定了"寄养家庭条件"的证明事项并明确规定了需要提交的证明材料。

**四是部门规范性文件直接设定的证明事项**。例如，《世界技能大赛参赛管理暂行办法》（人社部发〔2013〕28号）第19条规定："技术指导专家一般应从事本项目技术工作15年以上，有高级技师职业资格。”该规范性文件设定了“申报世界技能大赛技术指导专家”的证明事项，并明确规定了需要提交的证明材料——高级技师职业资格证。

2. 细化上位法，具体设定需要提供的证明材料

在我国现行有效的法律规范体系中，对上位法的规定进行细化，设定需要提供证明材料的法律规范包括：

**一是行政法规对法律的细化**。例如，《中华人民共和国公司法》（2018年修正版）（以下简称《公司法》）第23条规定：“设立有限责任公司，应当具备下列条件：（一）股东符合法定人数；（二）有符合公司章程规定的全体股东认缴的出资额；（三）股东共同制定公司章程；（四）有公司名称，建立符合有限责任公司要求的组织机构；（五）有公司住所。”

2018年《公司法》明确规定了成立有限责任公司应当具备的条件，而行政法规《中华人民共和国公司登记管理条例》为了使行政主体在实施具体行政审批行为的过程中拥有更具操作性的依据，将《公司法》成立有限责任公司应当具备的条件，在《公司登记管理条例》第20条中，以提供相关证明材料的形式予以细化，即设定了成立有限责任公司的证明事项并细化了需要提交的证明材料。该条规定：“申请设立有限责任公司，应当向公司登记机关提交下列文件：（一）公司法定代表人签署的设立登记申请书；（二）全体股东指定代表或者共同委托代理人的证明；（三）公司章程；（四）股东的主体资格证明或者自然人身份证明；（五）载明公司董事、监事、经理的姓名、住所的文件以及有关委派、选举或者聘用的证明；（六）公司法定代表人任职文件和身份证明；（七）企业名称预先核准通知书；（八）公司住所证明；（九）国家工商行政管理总局规定要求提交的其他文件。”

**二是部门规章对行政法规的细化**。例如，《中华人民共和国中外合作办学条例》第61条规定：“外国教育机构同中国教育机构在中国境内合作举办以中国公民为主要招生对象的实施职业技能培训的合作办学项目的具体审批和管理办法，由国务院劳动行政部门制定。”

《中华人民共和国中外合作办学条例》明确了中外合作办学的审批事项，《中外合作职业技能培训办学管理办法》（劳动保障部令第27号，人社部令第24号修改）第27条规定：“举办中外合作职业技能培训办学项目，应当由中国教育机构提出申请，提交下列文件：……（三）经公证的中外合作办学者法人资格证明。”

**三是规范性文件对法律、行政法规的细化**。例如，《城市居民最低生活保障条例》第7条规定：“申请享受城市居民最低生活保障待遇，由户主向户籍所在

地街道办事处或者人民政府提出书面申请，并开具有关证明材料。”该条设定了“申请享受城市居民最低生活保障待遇”的证明事项。

民政部为了执行《城市居民最低生活保障条例》的规定，印发了规范性文件《最低生活保障审核审批办法（试行）》（民发〔2012〕220号），其第4条规定：“户籍状况、家庭收入和家庭财产是认定低保对象的三个基本要件。持有当地常住户口的居民，凡共同生活的家庭成员人均收入低于当地低保标准，且家庭财产状况符合当地人民政府规定条件的，可以申请低保。”民政部的规范性文件将《城市居民最低生活保障条例》有关“申请享受城市居民最低生活保障待遇”的证明事项细化为三个基本要件。

上海市民政局在具体操作中，制定了规范性文件《上海市民政局关于发布〈上海市城乡居民最低生活保障申请家庭经济状况核对实施细则〉的通知》（沪民救发〔2014〕15号），其第11条对《城市居民最低生活保障条例》第7条的规定进行了实施性的细化：“可支配收入和家庭财产的证明材料，主要包括下列形式：（一）可支配收入的证明材料：单位证明，失业证明，无业证明，租赁合同，养老金证明，领取各类救济、补助、补贴的证明，赡养费、抚（扶）养费的收入证明，离婚判决书、离婚调解书或者离婚协议书等。（二）家庭财产的证明材料：银行存单，银行账户明细，证券对账单，债券凭证，商业保险合同，房地产权证，租用居住公房凭证，房屋所有权证，土地使用权证，宅基地使用证，车辆登记证书等。”此外，还包括家庭成员情况的证明材料，如户口簿、身份证、婚姻状况证明、残疾人证、学籍证明等。

例如，国家发展和改革委员会2014年制定的规范性文件《外商投资项目核准和备案管理办法》第10条规定的须提交的中外投资各方的企业注册证明材料包括：“（一）中外投资各方的企业注册证明材料及经审计的最新企业财务报表（包括资产负债表、利润表和现金流量表）、开户银行开具的资金信用证明；（二）投资意向书，增资、并购项目的公司董事会决议；（三）城乡规划行政主管部门开具的选址意见书（仅指以划拨方式提供国有土地使用权的项目）；（四）国土资源行政主管部门开具的用地预审意见（不涉及新增用地，在已批准的建设用地范围内进行改扩建的项目，可以不进行用地预审）；（五）环境保护行政主管部门开具的环境影响评价审批文件；（六）节能审查机关开具的节能审查意见；（七）以国有资产出资的，需由有关主管部门开具的确认文件；（八）根据有关法律法规的规定应当提交的其他文件。”该规范性文件规定这些具体证明材料的上位法依据是《中华人民共和国行政许可法》。

综上，目前在法律、行政法规、部门规章、地方性法规和地方政府规章及各级规范性文件中均能找到设定证明事项或规定需要提交证明材料的例子。

### （四）证明材料的开具主体与索要主体

不同层级法律规范设定的证明事项，都是通过提交相关的证明材料予以证明，从证明材料的开具主体和索要主体来看，可以分为三类：

**第一，开具主体和索要主体都是政府部门，**即某个政府部门要求行政相对人提供的证明某个事项的信息和材料原本由政府另一个部门开具。例如：《中华人民共和国就业促进法》中设定的“场所使用权证明”，索要主体为劳动保障行政部门，开具主体为房产管理部门等。《中外合作职业技能培训办学管理办法》（劳动保障部令第 27 号）中设定的“中外合作办学者的注册登记证明”，索要主体为人力资源社会保障部门，开具主体为注册登记机关。

**第二，开具主体或索要主体中有一方是法人或其他组织，**即要求相对人提供的证明某个事项的信息和材料，或是开具主体为法人、其他组织，或是索要主体为法人、其他组织。例如：《中华人民共和国社会保险法》中设定的“终止或者解除劳动关系证明”，开具主体为用人单位；《殡葬管理条例》中设定的“死亡证明”，索要主体为殡仪馆，而开具主体分别是公安机构和法定医疗机构。课题组认为，当证明材料的开具主体为法人或其他组织时，政府部门一般无法直接掌握相关信息和材料。当证明材料的索要主体为法人或其他组织时，政府部门一般能够掌握并提供相关信息和材料。

**第三，开具主体为相关自然人，**即要求行政相对人提供的证明材料，是由其本人或其他相关自然人开具的。例如：《上海市城乡居民最低生活保障申请家庭经济状况核对实施细则》设定的“最低生活保障证明”，要求申请人提供的租赁合同、离婚协议书等。由于这些证明材料涉及的主要是以民事关系确认为主的证明，政府的任何部门、法人或其他组织都很难掌握。

## 二、证明事项告知承诺的基本内涵

### （一）基本内涵

告知承诺制度最早起源于上海市浦东新区对行政审批的创新。2001 年，上海市浦东工商分局在行政审批领域实施告知承诺制度，其基本做法是：将法律法规规章以及相关技术规范中规定获得行政审批应当符合或者达到的条件、标准和要求，以书面形式告知办理有关行政审批事项的申请人；申请人如实填写行政审批申请书和告知承诺格式文书，表明自己符合审批要求并对填写内容的真实性进行承诺；行政审批机关对申请人提交的材料和承诺进行形式审查，并当场作出受理和批准与否的决定，如果决定批准，则向其发放许可证件；行政机关在实施审批后的三个月内对申请人是否符合相关条件进行事后监管，发现申请人不符合条件的，依法处理，申请人若有隐瞒欺骗等不当行为，则需要承担相关法律后果。行政审批的告知承诺提高了行政效率，为申请人提供方便的同时，也提高了申请人对行政的参与程度，体现了民主行政的色彩。

随着行政审批制度改革的提速，告知承诺审批方式引起上海市政府和审批部门的重视。2004年，上海市政府办公厅转发了上海市行政审批制度改革工作领导小组办公室的《关于本市行政审批实行告知承诺制度的意见（试行）》。2009年，上海市政府发布《上海市行政审批告知承诺试行办法》。2012年，为进一步优化行政审批程序，完善管理方式，提高行政效率，上海市政府发布《上海市行政审批告知承诺办法》。2018年，上海市政府发布《上海市行政审批告知承诺管理办法》。按照该办法，行政审批的告知承诺是指公民、法人和其他组织提出行政审批申请，行政审批机关一次性告知其审批条件和需要提交的材料，申请人以书面形式承诺其符合审批条件，由行政审批机关作出行政审批决定的方式。

鉴于告知承诺制度在行政审批领域取得了良好的社会效果，2018年10月，国务院发文在全国复制推广"证照分离"改革，告知承诺制被作为复制推广的内容之一。在深化"放管服"改革的进程中，一些部门或地区开始在证明领域探索告知承诺制度。例如，按照司法部要求，自2017年开始，在国家统一法律职业资格考试报名中，考生重要信息的事项只要由考生书面承诺即可。中国银行保险监督管理委员会在2018年9月对典当行及其分支机构获取审批的两项相关证明，也改为申请人书面承诺。上海市将市政交通工程拆迁完成证明，改为就拆迁进度满足施工进度需要等事项作出书面承诺。哈尔滨市对于数据信息缺失、确无法查询核实的证明事项，也要求以书面承诺的方式解决。① **概括而言，证明事项的告知承诺是指行政相对人在办理某些行政事务及享受某些公共服务时，对原来需要提供相关证明材料的事项，只需对证明内容的真实性、完整性进行书面承诺即可办理，但承诺人需要对承诺不实承担不利后果**。如司法部规定报名人员填报虚假信息或以其他方式骗取报名的，司法行政机关将按照《国家司法考试违纪行为处理办法》处理。哈尔滨市规定有关职能部门和单位应将个人承诺信息及时报送至市信用信息共享平台，按照社会信用体系建设的有关要求，建立个人守信激励和失信惩戒机制。

### （二）与行政审批告知承诺的联系与区别

行政管理中的告知承诺制度，最早运用于行政审批领域。行政审批中的告

① 东北网:《取消13类社区居委会证明事项》, http://wemedia.ifeng.com/71968448/wemedia.shtml, 访问日期: 2018年11月10日。

知承诺制度与证明事项中的告知承诺制度，二者既有联系，又有所区别。

1. 主要联系

行政审批告知承诺，本质上是证明符合审批条件、审批标准的告知承诺。因此，总体来说，行政审批告知承诺包含于证明事项的告知承诺之中，即行政审批告知承诺制是证明事项告知承诺制的方式之一。两者的主要联系在于：

**一是背景目的一致**。无论是证明事项的告知承诺，还是行政审批的告知承诺，推出的大背景都是为了最大程度地方便行政相对人办事，提高办事效率，提高群众满意度。相对于原有的办理方式而言，告知承诺本身，是在符合法律规定、守住安全底线的大前提下，对相关行政决定作出前办理流程及决定方式的改变，其实质并没有改变原有法律规定的条件、标准等权利义务状态。

**二是功能作用一致**。在法律功能方面，行政主体告知和行政相对人承诺的指向和内容，都是围绕着法律规定的条件、标准。行政主体通过告知让行政相对人明确要符合这些条件、标准；行政相对人通过承诺向行政主体明确其符合这些条件、标准。二者与以往方式的不同在于：原有的行政决定方式，是由行政主体提出法定条件、标准，以及具体的材料清单要求，在行政相对人申请时向行政主体提供材料，由行政主体审查后作出决定，这些材料的实质功能是证明行政相对人符合法律规定的条件、标准；改革后，行政主体仍然提出法定条件、标准，或者具体的材料清单要求，由行政相对人承诺符合法定条件、标准，或者提供必要的材料，行政主体即可作出决定，承诺的实质在于代替了原有的材料，行政主体即可认为其已经符合法律规定的条件、标准。简而言之，原有的决定方式，通过材料证明符合法定的条件、标准；改革后，通过告知承诺，行政相对人即可被视为符合法定的条件、标准，后续通过行政主体的核查措施对行政相对人的承诺是否属实进行监管。

**三是法律属性一致**。两者都是行政机关作出某一行政决定前的一个前置程序机制，是该行政决定的附属行为。对于告知承诺究竟属于何种性质的行为，仍有不同看法。有的认为，分环节来看，“告知”具有行政指导的性质，“承诺”为行政相对人的保证行为；有的则认为，其构成类似于民事合同中的要约与承诺的关系，承诺生效后合同成立，即达成了就该事项的一份行政协议。但无论其何种性质，该告知承诺在现阶段都不宜被认为构成了一个独立的行政行为，而是附属于该行政决定的行为，不具有独立可复议、可诉讼的性质。

**四是程序机制一致**。两者都包括下列主要运作步骤：告知、承诺两个环节；在行政相对人作出承诺后，行政主体一般是当场作出授益性或者确权性的决定；作出决定后，行政主体都可以通过一定途径或者措施，核查承诺是否属实；鼓励将告知承诺书予以公示，以保护第三人利益；对于作出不实承诺或者虚假承诺等的违法行为，都应当承担违反承诺的法律责任。

2. 主要区别[①]

行政审批告知承诺与证明事项告知承诺虽然在功能属性等方面都是一致的，但**两者之间，还是存在一定的区别，主要表现在：**

**一是适用范围不同**。两者属于包含关系，证明事项告知承诺的适用范围，包括了行政审批事项告知承诺。从涉及的具体行政行为类别来看，证明事项告知承诺涉及的具体行政行为可以多样，而行政审批告知承诺只能适用于行政审批，或者准确地说是行政许可。行政审批告知承诺制度中的行政审批是狭义理解上的行政审批，即行政许可，行政审批告知承诺仅适用于行政许可这一类行政行为。而证明事项告知承诺涉及的具体行政行为，包含行政许可、行政确认、行政给付和行政奖励4类具体行政行为，都属于应申请的具体行政行为。在实施具体行政行为的过程中，对行政相对人来说，需要提出申请；对于行政机关来说，需要对相关证明材料进行审核，实际上属于广义上的行政审批行为。

**二是可选择程度不同**。行政审批中的告知承诺制度，在现有一些制度规定中（如上海），赋予了行政相对人选择权，即行政相对人既可以选择原有的行政审批方式，也可以选择告知承诺方式。这一制度设计主要考量在于：作为一种创新的行政审批方式，一方面必须符合行政许可法的规定；另一方面，还需要充分尊重行政相对人的选择权，顾及行政相对人的不同情况。例如：有的行政相对人习惯于把材料齐全、符合法定形式在先完成，从而减少经营中的不确定性，因此，倾向于选择原有的审批方式；而有的行政相对人需要及时办出证照，从而早日投入生产经营，倾向于选择告知承诺制。但在证明事项告知承诺中，从方便行政相对人办事的角度出发，有一部分证明事项，在行政相对人作出承诺后，即不再需要按照原有的模式办理，因此，不需要行政相对人作出选择。例如：司法考试中对相关学历条件的证明，报考人在报考时承诺即可，不需要给予报考人在报考时提供相关学历证明的选择。[②]课题组认为，这种区别也是相对而言的，行政审批中实施告知承诺的事项，多为原来已经设定并且实施的，告知承诺方式属于改革后的审批新方式，因此要保留原有的路径，供行政相对

---

① 主要指行政审批告知承诺与行政确认、给付、奖励等行政行为中的证明事项告知承诺的区别。

② 此种情形下，可能有人认为，该事项既然在司法考试通过后，再要求行政相对人提供有关学历证明，那么可以在司法考试前告知其学历要求，取消该项证明即可，而无需再作报考时证明事项的告知承诺制。我们认为，目前这种报考时的告知承诺制是非常必要的，主要在于相关学历要求与以往不同是此次法律统一资格考试改革的重要内容之一。通过报考时的告知承诺可以将此次改革的内容更精确地传递到每一位报考人，是提高行政服务质量的具体表现。在这一环节，不需要给予报考人提供相关学历证明的选择。

人选择。如果某项行政审批属于新设定或者只规定了一些具体条件，而没有明确提供材料的，只要可查实或者可能的损害结果具有相当的可逆性，则可以明确告知承诺后即可认为符合条件，而不需要再赋予行政相对人选择权。

**三是承诺时事实状态不同**。在行政审批告知承诺中，行政相对人作出的承诺，是对自己符合法定条件、标准的承诺。既是对需要提交材料的真实性进行承诺，也是对能够按照法定时间节点提交相关材料的承诺，因为有些材料在承诺时还没有真实客观地存在，甚至有些条件、标准处于在不远的将来①“可以符合”的状态。而在证明事项告知承诺中，行政相对人作出承诺时，只对需要提交的证明材料的真实性进行承诺，因为证明材料证明的内容已经真实发生、客观存在。

**四是证明义务强度不同**。行政相对人在行政审批中“应当负有证明责任”，在证明事项中“需要承担证明义务”。由于行政审批事项处于需要政府管制的领域，行政相对人申请行政审批，应当对其符合法定条件、标准承担证明的法定义务和责任。其作出承诺后，行政相对人即便获得了行政审批，仍然处于这种法定义务和责任的状态，需要按照约定在预定的时间内提供相关材料，并配合行政主体两个月内实施的检查。比较而言，可以实施告知承诺的行政确认、给付、奖励等行为，在原有方式下，行政相对人虽然也有提供相关证明材料的义务，但是多数不能构成提供证明的法定责任。其法理基础在于，未履行或者虚假履行证明义务时，违法获取行政审批（许可）即可面向社会不特定人，其可能影响或者危害的范围更广，一般须承担行政乃至刑事责任；而违法获得行政确认、给付、奖励等的影响范围相对较小，多为道德层面的责任，或者只是民事责任，甚至不承担责任。

**五是材料提供与否不同**。上文已经分析，由于行政相对人在不同行政行为中所负的证明义务强度并不相同，行政相对人承诺后，提供材料的义务也不相同。在行政审批告知承诺中，按照现有的规定（如上海），行政相对人承诺符合审批条件、标准后，还需要在规定的时间内补交相关材料；而其他行政行为的证明事项作出承诺之后，是否补交相关证明材料，需要根据行政行为的性质分类确定。

课题组认为，行政审批告知承诺与证明事项告知承诺具有很强的联系，需要将其纳入证明事项告知承诺制度，作为其中的一种方式，而不宜作为并列的两种不同告知承诺制考虑。同时，与现有的行政审批告知承诺制相比，在守住法律、风险底线的前提下，从最大程度便利行政相对人的角度出发，对于其他

---

① 一般为两个月内，行政主体核查前。

行政行为中涉及的证明事项告知承诺的制度设计应当有所不同。

## 三、证明事项告知承诺的法律属性

分析告知承诺的法律属性旨在明确告知承诺在法律上的意义，更重要的是，法律属性的明确也关系到行政相对人和行政主体在特定行政法律关系中权利义务和法律责任的确定。

告知承诺是行政主体和行政相对人两个阶段的两种行为的组合，其法律属性也因此体现出多个面向。

### （一）"告知"的法律属性

1. 具有行政公开的属性

行政公开是现代行政必须遵循的基本原则，是保障公民知情权的要求，有助于政府建立透明政府、廉洁政府，同时，公开也是公民参与行政，与政府合作的必要条件。行政公开是全方位的，包括行政依据公开、行政资讯公开、行政过程公开及行政决定公开。行政依据公开是指作为行政机关行使职权依据的有关规定的公开。行政资讯公开是指除法律另有规定外，行政机关向社会公布与行政管理有关的政府文件、工作制度、办事规则、档案材料等行政信息资料。行政过程公开是指行政相对人对行政程序的参与，如行政处罚中的听证程序。行政决定公开是指行政机关作出的确认、处罚等行政决定的公开，公众有权依法查阅。行政公开可以针对不特定的行政相对人，如根据《中华人民共和国行政许可法》规定：实施行政许可的法定依据要公开，行政许可的实施机关、条件、程序、期限等的规定应当公布；未经公布的，不得作为实施行政许可的依据。此外，行政公开也可针对特定的行政相对人，通常表现在行政主体实施具体行政行为时，针对特定个案当事人或利害关系人的公开，如《中华人民共和国行政处罚法》第31条规定：行政机关在作出行政处罚决定之前，应当告知当事人作出行政处罚决定的事实、理由及依据，并告知当事人依法享有的权利。此种公开即为行政告知，是行政公开的一种表现形式。

证明事项中的告知具有行政资讯公开的性质，即行政机关将涉及证明事项的办事制度告知行政相对人，包括行政相对人需要承诺的内容、承诺的形式，以及承诺不真实的法律后果，以此保障行政相对人在充分知情的情况下实施承诺。按照行政公开的要求，行政机关在此阶段应履行及时、全面、真实告知的义务。

2. 具有行政指导的属性

行政指导是行政机关为谋求当事人作出或不作出一定行为以实现一定行政

目的而在其职责范围内实施的指导、劝告、建议等不具有国家强制力且不直接产生法律效果的行为。行政指导的理论和实践来源于日本，其产生是基于民主行政的需求和市场经济发展下对更灵活、更高效的行政管理方式的需求。20世纪80年代以后，随着我国市场化改革的发展，在行政处罚、行政强制等传统行政手段之外，也开始更多地运用行政指导等柔性行政方式。行政指导按照功能可分为规制性行政指导、调整性行政指导和助成性行政指导。规制性行政指导是指行政机关对妨碍社会秩序、危害公共利益的行为加以预防或规范、制约的行政指导；调整性行政指导是指行政机关为解决行政相对方之间发生的冲突进行的行政指导；助成性行政指导是指行政机关为保护和帮助行政相对方获得利益的行政指导。在证明事项的告知承诺中，行政机关对行政相对人实施告知，主要目的是给相对人提供方便，使得相对人能够以更少的成本获得相关利益，且告知并不具有强制性，相对人也可选择承诺之外的方式满足行政机关的要求。① 由此可见，证明事项中的告知具有助成性行政指导的性质。由于行政指导的出现是对传统强制行政的弥补和创新，因此为保证行政指导的实效，实体法对其约束力往往有限，对行政指导的约束主要在于程序法，② 当行政主体针对证明事项采用告知的行政指导方式，其在程序上则负有一定义务，包括保障指导的公正、公开，如对同一事项的行政相对人不差异对待、指导的内容公开、实施书面指导等。此外，保障行政相对人的救济权、允许行政相对人对指导申诉、对有错误的指导应予更正等。

**（二）“承诺”的法律属性**

告知承诺中的承诺是行政相对人的一种书面“保证”行为，是以自己的信用作为担保，保证承诺事项的真实性及完整性。

“保证”作为一种法律行为，最常见于民事领域，如担保法中的保证人，是指债务人借助第三人的财产提高自身的信用以作为正常履行债务的保障。当债务人不履行债务时，保证人按照约定履行债务或者承担责任。债务人除了以第三人的财产作为担保形式，也可以借用第三人的信用作为担保。在行政领域，为了确保行政相对人履行义务，也逐渐发展出行政法上的担保制度，如在海关行政方面，与海关管理有关的当事人在向海关申请从事特定的经营业务或者办理特定的海关手续时，按照规定，必须由其本人或海关认可的第三人以向

① 在行政审批的告知承诺制度下，如果申请人不选择告知承诺的方式，行政审批机关则适用常规审批方式进行审批。与此类似，对于证明事项的告知承诺，其初衷也是为了给行政相对人提供方便，因此原则上不能禁止行政相对人考量后放弃告知承诺的方式。

② 崔卓兰：《日本行政指导制度及其法律控制理论》,《行政法学研究》2001年第3期。

海关提交现金、实物或者保证函等以保证在一定期限内履行其承诺的义务。再如对于资源开发，法律规定采矿权人应当依照国家有关规定，缴存矿山地质环境治理恢复保证金等，也即行政法上的担保是指行政机关依法要求或相对人主动申请的以相对人或第三人的信用或特定财产保证履行法定或约定义务的法律行为。①

证明事项告知承诺中的行政相对人，本身具有在特定行政法律关系（行政许可法律关系、行政给付法律关系等）中提交相关证明材料的义务，通过承诺，以自身的信用作为担保，确保自己履行该义务。一旦承诺不实，则相当于法律上的义务未获履行，须承担不利后果。由此可见，证明事项的告知承诺具有"保证"的性质，属于行政法上担保制度的一种形式。

**（三）"告知承诺"的法律属性**

证明事项的告知承诺，或发生在行政许可中，如司法部核准报考时报考人员对报名信息进行承诺；或发生在行政给付中，如民政机关提供救济时要求行政相对人对相关信息进行承诺，承诺后行政机关视同行政相对人已经提交证明，方可办理许可、实施给付等。可见，告知承诺具有如下法律属性：

**第一，告知承诺不是一个独立的具体行政行为，而是构成具体行政行为的前提条件**。其不涉及法律制度的调整，不涉及行政行为的设立，也不涉及行政相对人实体性权利义务的变更，告知承诺的这一属性决定了其不具有可诉性。

**第二，告知承诺不是一个实体性制度，而是一种管理方式的创新，是行政机关行使职权、实施行政行为过程中的一个程序性制度**。告知承诺所追求的价值取向是程序的优化高效便民。但这种程序与传统的行政程序不同，其由行政主体与行政相对人双方行为构成，体现出行政主体与行政相对人双方的信任、协调与互动，是一种具有民主参与色彩的程序，也是传统行政模式变革下，行政程序复杂化、多样化的一种表现。

**第三，告知承诺的法律属性是"告知"和"承诺"的叠加，兼具行政指导和诚信保证双重属性**。从行政指导这一属性来看，行政主体的"告知"属于行政指导，由于各界对行政指导的内涵、外延等认识还不够统一深入，导致实践部门操作起来比较困难，有关行政指导的行政法律制度真正落实的较少。课题组认为，证明事项告知承诺制是首次将行政指导制度予以真正落地的创新实践，对提升社会治理的法治化将起到积极作用。从当事人的诚信保证这一属性来看，当事人的承诺是一种诚信保证，是"私法公法化"在证明事项相关行政法实践中的具体体现。所谓"私法公法化"，是指将传统私法领域的意思自治和所有

① 罗智敏：《论确保行政法上义务履行的担保制度》，《当代法学》2015年第2期。

权人的自由用公权力加以约束限制的一种法律发展趋势。证明事项中的当事人承诺是将民事领域平等主体间的承诺适用到公法领域，并将其置于行政权力的约束规范之下，这正是合作行政的一种体现。

## 四、证明事项告知承诺的法理基础

20 世纪以来，世界各国都处于巨大的发展变化之中，中国尤其如此，社会的主要矛盾从人民日益增长的物质文化需要同落后的社会生产之间的矛盾，变为中国特色社会主义新时代下，人民日益增长的美好生活需要和不平衡不充分的发展之间的矛盾等。经济、政治等社会背景的变化，必然对现代行政以及行政法带来深刻影响，告知承诺制度的产生与社会变迁有关，是社会变迁下行政治理模式随之变化的结果。

### （一）从管制行政到服务行政

20 世纪 70 年代，为了提高国际竞争力和政府效率，西方国家兴起了一场公共行政改革运动，如英国的“走向未来计划”，美国的“政府重塑”等，其核心就是对政府的职能重新定位。在改革中，各国将政府定位于公共服务的提供者，公众则是接受服务的顾客，政府应像企业满足顾客一样，去满足公众的需求，为此政府应当改变过去重管制轻服务的模式，增强服务意识、改善服务方式，提高服务效率。为适应国际竞争的需要，中国也开始从管制模式逐步转向服务行政的模式，实际上，中国的这一变革，也深受国内发展状况的影响。在计划经济体制下，管制行政的模式在我国的表现尤为典型和突出，行政权力高度集中，以权力为中心，对社会实行全方位的管制成为政府管理的突出特点，这与发展市场经济并不适应。在改革开放后的一段时间内，伴随着经济的发展、人民生活水平的提高，出现了一些新的社会问题，如贫富差距加大问题、环境污染问题、企业改革导致的失业问题等，为解决这些问题，促进经济与社会的协调发展，也必须在政府管理上进行变革。当前，在国际竞争更加激烈，国内建设任务与社会矛盾变化的背景下，推动服务型政府建设更成为我国深化改革的基本方向和重要内容。按照人民主权的理论，国家的一切权力属于人民，政府只是权力的受托者，理应作为人民的公仆为其提供服务。

### （二）从事前监管走向事中事后监管

从管制行政走向服务行政并非抛弃管制，服务行政下服务与管制并存，且互相渗透，只不过服务行政下的管制与管制行政下的管制存在着区别：管制行政更偏好管制，忽略服务，而服务行政更注重服务，同时以必要管制为辅助；管制行政是依靠行政审批实施管理而且重审批轻管理，服务行政则从重审批转向重事中事后的监管，并且注重通过便捷的服务和提高公民的便利程度来进行管理；管制行政通常以行政命令方式实施自上而下的单向规制型管理，服务行政则根据社会需求调整政策，提供服务，实行参与式、回应式双向型管理等。①

证明事项告知承诺制度的探索实施，并非政府放弃管理，政府仍然要求行政相对人遵循法律法规的要求办理相关事项，但这种管理中体现着便利公众的服务理念。同时，行政相对人予以承诺，行政主体则相应实施行政行为，体现出服务行政中管理的参与式、回应式特点。除此之外，告知承诺依赖于“信用监管”这种新型监管方式，行政相对人需要对承诺不实承担后果，包括给予的利益被追回、接受处罚以及被纳入失信黑名单等，充分体现出服务行政中政府从事前监管向事中事后监管的转变。因为信用的天然属性是管未来、管预期，从而使信用监管能够更多服务于事中和事后。

**（三）从单方行政到合作行政**

传统的行政管理是以政府为中心、以行政权力为本位的管理，公民在行政中只是被动地接受管理，这种管理具有命令性、强制性以及单方性的特点。合作行政则是指公民在行政治理过程中参与治理、可以与行政主体就行政管理事项进行沟通、对话的行政方式，是在治理模式上一种主体构成上的发展。

合作行政在域外的产生主要源于传统行政与现实的“脱钩”。传统行政以单方决定模式为核心，该种模式存在一个预设前提，即行政机关可以通过职权调查获得全部重要信息，也具有作出正确决定的经验知识，在这个基础上，行政机关只要遵循法律作出行政行为，该行为即为合法、正确的决定。然而，这一预设随着社会的变化面临挑战。20世纪，行政领域大范围扩展，从维护治安、保障国家安全、防止公民人身自由和财产受到侵害扩展至生存照顾、提供给付、环境保护、风险控制等，涉及建筑、食品、环境、劳动等诸多领域，面对多样化、复杂化、专业化的管理事项，行政机关不可能掌握所有的信息，也不可能在任何情况下都具备正确的经验知识，总之，仅凭行政机关行政的模式难以适应行政任务变化的现实，加之社会发展下公民主体意识不断提升，合作行政作为一种传统行政模式的修补方案就应运而生。在我国，为了更好发挥市场机制的作用，实现政府职能转变，同时为了更好地解决新时代下人民日益增长的美好生活需要和不平衡不充分的发展之间的矛盾，公共行政也不再拘泥于以政府为中心的单方行政，体现公民参与的合作式行政得以生长、发展。

从合作行政的形式上看，合作行政主要表现为行政相对人不再只是被管制的客体，而是成为能够承担行政任务的主体，如行政任务民营化是合作行政的

① 王玉艳、李鑫、付裕:《服务型政府与管制型政府之比较研究文献综述》,《才智》2008年7月。

典型实践方式，但合作行政又不限于此，行政相对人还可以参与规则标准的制定，更重要的是，承担自我管制者的角色，通过自我监控、定期审计、信息披露等方式，与政府“合作管制”。与合作行政相适应的行政程序，也表现为契约形式的正式程序和以指导、单方许诺、君子协定等为代表的非正式的合作行政程序。①

证明事项告知承诺制的实施，使得行政确认、行政许可、行政给付等相关职权的行使程序中加入行政相对人的参与，同时也使行政相对人通过“承诺”这种自我监管的方式参与行政管理，彰显了合作行政的特点，其实践本身也有利于推进合作行政。

**（四）从“谁主张谁举证”到政府承担举证责任**

现代行政的发展转变，也体现在举证责任上。所谓举证责任，又称证明责任，指负有该责任的一方当事人应当提供证据证明自己主张的事实，否则将承担举证不能的后果。举证责任不仅仅是行政诉讼领域的核心制度之一，在行政程序中也具有重要价值。行政程序的举证规则，因不同行政行为有所区别。就行政执法的举证而言，依职权的行政行为和依申请的行政行为存有差异。对于行政处罚、行政处分、行政强制、行政征收等依职权的行政行为，由于行政程序由行政机关启动，且行政决定具有主动性和控制性，使得在行政法律关系中，行政机关强势地位明显，因此，在行政行为中通常由行政机关负主要举证责任。如按照《中华人民共和国行政处罚法》的规定，对于行政相对人给予行政处罚的，行政机关必须查明事实；违法事实不清的，不得给予行政处罚。对于行政许可、行政确认、行政奖励等依申请的行政行为，由于行政程序由行政相对人发起，相对于依照职权的行政行为，行政相对人在程序中具有一定主动性，行政机关不再处于绝对优势地位，因此，行政相对人的举证责任有所加重，通常由行政机关对驳回申请负举证责任，而行政相对人需要对自己提出申请的主张承担举证责任，这种规则可以概括为“谁主张谁举证”。

“谁主张谁举证”的举证规则主要考量到行政相对人相对主动的地位，也考量到依职权的行政行为多是授益性行政行为的性质。但不容忽视的是，无论在依职权的行政行为还是依申请的行政行为中，行政主体与行政相对人的法律地位都不对等，且国家为行政机关配备工作人员、设备、资金等资源也使行政机关在举证上具有得天独厚的优势，因此，举证责任主要由行政主体承担具有合理性。尤其在建设服务政府、责任政府的理念和追求下，不忽略行政相对人的

① 喻少如：《合作行政背景下行政程序的变革与走向》，《武汉大学学报（哲学社会科学版）》2017年第2期。

参与地位，在其协助举证的同时，强化政府承担举证责任成为必然的选择。

行政证明事项的告知承诺，适用于依申请的授益性行政行为，在告知承诺制度的实施下，行政相对人将一部分证明责任转移给行政机关，行政机关通过承诺后的主动核查和被动核查对相关事实进行证明，体现出“谁主张谁举证”向政府承担举证的转变。

## 五、证明事项实行告知承诺的现实基础

### （一）公众迫切希望改变“办证难、办事难”的现状

“办证难、办事难”是我国传统的管制行政模式下的一大积弊，而证明事项过多又是导致办事难的重要原因，社会公众对此反应强烈。2018年司法部决定在中国法律服务网设立“群众批评——证明事项清理投诉监督平台”，面向社会征集对地方和部门关于证明事项清理工作的意见和建议。根据统计，平台开通1个月就接收到意见建议1507件，其中属于证明事项清理的共980件。[①]有涉及相关部门故意设卡，合法合规但无法办理证明材料的投诉；有涉及开证明的部门取消证明或没有法律法规依据的证明，但群众办事时有关机构仍然要求提供的投诉；有涉及行政机关自身存在过失，却让群众办理证明弥补其过失的投诉等，这些问题主要集中在民生领域，给群众的直接感受是“为了证明，跑断路，跑断腿”，群众对此批评声音很大，迫切希望改变。

### （二）民众需求与政府“放管服”改革的价值取向趋同

“办证难、办事难”不仅影响到公众对政府治理能力的评价，更遏制了社会、个人发展的活力，使得整个社会运转的效率低下，与我国创建良好的办事创业和营商环境的目标背道而驰。为此，党中央、国务院高度重视，在多次研究部署“放管服”的改革工作中，对证明事项清理都提出要求，强调坚决砍掉各类无谓的证明和烦琐的手续。各地区、各部门要在前期清理证明事项取得初步成效的基础上，把索要证明的单位作为下一步清理工作重点，从源头上减少证明事项。群众办事时，法律法规未作规定的不得索要证明，对确需在法律法规规定外提交的证明要由索要单位列出清单并经司法行政部门核准。对必须提交的证明事项推广告知承诺制。坚决纠正任意索要证明等问题。切实解决群众办事的难点和“痛点”。

### （三）符合立法权限设定证明事项的法律规范比例不高

从目前国家层面现行有效的法律规范设定证明事项的层级来看，国务院部

① 司法部：《证明事项清理投诉监督平台运行三十日简报》。

门规范性文件占比较高，且以直接设定为主。以人社部和民政部为例，人社部在这次清理中拟保留的90件设定证明事项的依据中，法律1件，占比0.75%；行政法规6件，占比4.51%；部门规章4件、占比3.01%；规范性文件79件，占比59.40%。其中，直接设定证明事项、没有上位法依据的规范性文件，占比达到83.7%，民政部在这次清理中拟保留的设定证明事项的依据有69件，法律1件，占比1.44%；行政法规22件，占比31.88%；部门规章13件，占比18.84%，部门规范性文件33件，占比47.82%。其中，直接设定证明事项、没有上位法依据的规范性文件，民政部的占比达到88.9%。也就是说，人社部和民政局有法律和行政法规作为设定依据的证明事项，占比分别为5.26%和33.22%，而细化上位法有关证明事项规定具体设定证明材料的部门规章和规范性文件，人社部分别为17件和16件，民政部为1件和6件。因此，从符合立法权限设定证明事项的法律规范比例来看，在经过本轮证明事项清理后，如果仅保留法律、行政法规设定的证明事项及为细化上位法相关规定而规定的证明材料，那么可以实行告知承诺的证明事项的比例会大幅缩小，风险可控。

## 六、对策建议

证明事项实行告知承诺的直接目的是减少行政相对人提供证明的义务，方便企业和群众办事创业，增强群众获得感，提升社会满意度。课题组认为，为推动证明事项告知承诺改革的顺利开展，根据证明材料开具主体与索要主体的不同、承诺可能带来的不同后果以及所涉及行政行为的特点，在坚持分类处理原则的基础上，需要强化事中事后监管，完善相关配套制度的建立及法律责任的设定，具体对策建议如下：

### （一）明确实施告知承诺制的适用范围

法律规范设定证明事项，对行政相对人来说，是设定义务而非赋予权利。根据《中华人民共和国立法法》的规定，规章在没有上位法依据的前提下，不得设定减损公民、法人和其他组织权利或者增加其义务的规范。① 也就是说，部门规章、地方政府规章在没有法律法规依据的前提下，不得设定证明事项，而只能对上位法的规定进行实施性细化。作为法律效力层次更低的规范性文件，

① 《中华人民共和国立法法》第80条第2款规定："部门规章规定的事项应当属于执行法律或者国务院的行政法规、决定、命令的事项。没有法律或者国务院的行政法规、决定、命令的依据，部门规章不得设定减损公民、法人和其他组织权利或者增加其义务的规范，不得增加本部门的权力或者减少本部门的法定职责。"第82条第6款规定："没有法律、行政法规、地方性法规的依据，地方政府规章不得设定减损公民、法人和其他组织权利或者增加其义务的规范。"

更是如此。基于此，**可以设定证明事项的法律规范范围应当仅限于法律、行政法规和地方性法规，而部门规章、地方政府规章、各层级规范性文件只能在上位法有相关规定的前提下，即在上位法规定了条件、资质要求等情况下，对上位法的规定进行实施性细化，具体设定需要提供的证明材料**。

课题组认为，证明事项告知承诺制需要在上述前提下开展实施。换句话说，实施证明事项告知承诺制，首先需要明确告知承诺制的适用范围，即对现有的设定不合法的证明事项进行清理，仅保留设定合法的证明事项。具体而言，不合法的证明事项主要是指在没有法律、行政法规和地方性法规依据的情况下，部门规章、地方政府规章和各层级规范性文件进行的创设性规定，而合法的证明事项范围包括如下几种情形：**一是根据法律、行政法规、地方性法规的直接规定，需要提供证明材料的**。例如，《中华人民共和国社会保险法》第50条规定："失业人员应当持本单位为其开具的终止或者解除劳动关系的证明，及时到指定的公共就业服务机构办理失业登记。"该条属于法律对办理失业登记的证明材料进行直接规定；**二是法律、行政法规、地方性法规虽然没有直接规定需要提供相关证明材料，但是规定了相关制度并明确了需要具备的条件，部门规章、地方政府规章和各层级规范性文件依据上位法规定对证明事项进行实施性细化的**。例如，《中华人民共和国公司法》第23条规定："设立有限责任公司，应当具备下列条件：（一）股东符合法定人数；（二）有符合公司章程规定的全体股东认缴的出资额；（三）股东共同制定公司章程；（四）有公司名称，建立符合有限责任公司要求的组织机构；（五）有公司住所。"该条属于法律规定了公司登记制度，并明确了设立公司需要具备的条件。实践操作中，《公司登记管理条例》第20条将《中华人民共和国公司法》的上述规定予以细化，明确了公司证明自身具备上述条件所需要提交的证明材料。**三是法律、行政法规、地方性法规虽然没有直接规定需要提供证明材料，但是规定了相关制度，并授权部门规章、地方政府规章和各层级规范性文件对证明事项进行具体规定的**。例如，《中华人民共和国中外合作办学条例》第61条规定："外国教育机构同中国教育机构在中国境内合作举办以中国公民为主要招生对象的实施职业技能培训的合作办学项目的具体审批和管理办法，由国务院劳动行政部门制定。"该条属于行政法规规定了中外合作办学项目的审批制度，并授权部门规章对相关证明事项进行具体规定。实践操作中，《中外合作职业技能培训办学管理办法》（劳动保障部令第27号，人社部令第24号修改）第27条根据《中华人民共和国中外合作办学条例》的授权，对举办此类办学项目需要提交的证明材料进行了具体规定："举办中外合作职业技能培训办学项目，应当由中国教育机构提出申请，提交下列文件：……（三）经公证的中外合作办学者法人资格证明。"

**（二）对证明事项是否实行告知承诺的分类处理**

根据证明材料开具主体与索要主体的不同、承诺可能带来的不同后果以及所涉及行政行为的特点，课题组建议对证明事项是否实行告知承诺进行分类处理，具体分为以下两类情况：

**第一，对于证明材料的开具主体和索要主体都是政府部门的证明事项，以及索要主体是非政府部门的公共服务提供主体而开具主体为政府部门的证明事项，课题组认为，应当全部实行告知承诺制，且不需要再补交证明材料。**

此类证明事项能够全部实行告知承诺制且不需要再补交证明材料的主要原因在于：证明事项中所涉及的证明材料原本是由政府部门和有关机构①制作后发给行政相对人或由政府部门和有关机构掌握，包括由政府部门开具而在非政府部门提供公共服务时索要的证明材料。在电子技术不发达的时代，为节省行政成本，立法将提供纸质证明材料的义务“放”在了行政相对人的身上，让行政相对人在不同的政府部门之间“跑来跑去”。但在电子技术已经相对成熟的当下，让数据在政府部门之间多“跑路”，从而让行政相对人少“跑腿”，已经不存在技术上的障碍，例如政府部门与公共服务提供主体之间已经联网。

这里由政府部门和有关机构掌握的证明材料，除由政府部门和有关机构最初开具的证明材料外，还包括行政相对人在办理其他行政事务中提供给政府部门的、由法人或其他组织、公民开具的证明材料。

在此类证明事项告知承诺中，告知和承诺的具体内容包括：**一是**由索要证明材料的政府部门告知行政相对人需要提供的证明材料；**二是**由索要证明材料的政府部门与行政相对人共同确认需要提供的证明材料是否由其他政府部门掌握、由哪个政府部门掌握；**三是**由行政相对人作出相关证明材料在其他政府部门且真实无误的承诺；**四是**索要证明材料的政府部门依据行政相对人的承诺，办理相关行政事务。

**第二，对于证明材料的索要主体为政府部门或非政府部门的公共服务提供主体，而开具主体为法人、其他组织或者自然人的证明事项，**能否实行告知承诺以及告知承诺的方式，课题组认为，需要坚持一个判断标准，即从承诺后果是否可以补救及补救成本的高低予以判断。具体分为三种情形：

**一是可以实行告知承诺制但需要补交证明材料。课题组认为，对于行政许可中涉及的证明材料不在政府部门掌握之中的证明事项，可以实行告知承诺制，但需要补交证明材料。**理由在于：从推进“放管服”改革、优化营商环境的角度，为提高行政相对人办事效率、方便行政相对人办事，应当实行告知承诺。

① 这里的政府部门和有关机构，包括本机关及其内设机构、下属事业单位。

这也是为了与一直在推行的行政审批制度改革的价值取向保持一致。但是，行政许可中需要提交的证明材料，往往涉及行政机关是否赋予申请人相关主体资格，而某些主体资格的获得，例如：生产食品药品的主体资格、基础设施建设的主体资格等，又常常涉及公众的人身健康安全、生态环境的保护，也就是说，行政相对人一旦获得某个主体资格，就可能对其他不特定的主体产生影响。因此，从风险防控的角度，为确保公众人身健康安全、整体生存环境及其他不特定多数主体的权益，避免行政相对人不实（虚假）承诺造成的损失过大，难以补救，除政府部门掌握的证明材料外，申请条件中涉及的由法人、其他组织或个人出具的证明材料，课题组认为，还是需要在一定期限内补交。例如，在《外商投资项目核准和备案管理办法》第 10 条设定的“中外投资企业注册证明事项”中，中外投资各方的企业注册证明材料，是政府部门掌握的证明材料，行政相对人在承诺后，不需要再补交；而开户银行开具的资金信用证明，不是政府掌握的证明材料，行政相对人在承诺后，就需要在一定期限内补交。因证明材料只是暂缓提供而不是不提供，因此，行政相对人在是否选择告知承诺的方式办理相关行政许可事项上具有选择权，可以选择不作出承诺而是提供完整齐全的证明材料办理行政许可事项。

**二是可以实行告知承诺制且不需要补交证明材料**。按照承诺后果是否可以补救及补救成本高低的标准，课题组认为，在行政给付、行政奖励、部分行政确认及由非政府部门提供的公共服务中，对于涉及的证明材料不在政府部门掌握之中的证明事项，在行政相对人作出不实（虚假）承诺办理相关行政事务及公共服务事项后，如果后果为可以补救，即不会对公众或其他不特定的主体产生不良后果，这类证明事项可以实行告知承诺，且不需要补交证明材料。

例如：行政相对人在申请城市低保中作出不实承诺，可能会申领到低保金，但如果被发现承诺不实，低保金可以被追回，即使不能追回，也可以终止发放——后果是可以补救的或者说补救成本不高，承诺的风险具有可控性。例如：行政相对人作出不实承诺，获得了某种荣誉称号，但如果被发现承诺不实，荣誉称号可以被取消，相应的物质奖励也可以被追回。例如：在国家统一法律职业资格考试报名工作中，考生可以以书面形式对相关重要信息作出承诺。但即使考生作出了不实承诺并通过考试后，也无法通过核验领到法律职业资格证书——不实承诺没有产生任何不良后果。

课题组认为，可以实行告知承诺制且不需要补交证明材料的证明事项，主要是涉及财产权益与荣誉权的证明事项，即可以通过钱财上的追回予以补救，也可以通过终止钱财上的给付而避免后果的继续扩大，还可以通过撤销相关荣誉称号予以补救。但是，对于不动产登记中涉及的证明事项，虽然属于财产领域的证明事项，但由于所涉财产数额较大、在纠正程序上较为烦琐复杂，补救成本过高，课题组认为，也不适合实行告知承诺制。

**三是不宜实行告知承诺制**。按照承诺后果是否可以补救及补救成本高低的标准，课题组认为，对于行政确认中涉及人身权属性的证明事项，不宜实行告知承诺制，原因在于：后果难以补救，甚至无法补救。涉及的领域主要是人口管理、婚姻登记领域的证明事项。例如：《婚姻登记工作暂行规范》设定的婚育证明事项——当事人补领结婚证时，在婚姻登记档案遗失的情况下，需要由村（居）委会出具夫妻关系证明。如果一对本不是夫妻关系的行政相对人作出不实（虚假）承诺，可能导致违反婚姻状况的出现，对法定婚姻关系相关权利人的人身权构成伤害。《民政部关于规范生父母有特殊困难无力抚养的子女或社会散居孤儿收养工作的意见》设定的收养证明事项，要求对生父母以外的监护人作为送养人的，需要由村居委会出具监护人实际承担监护责任的证明。如果作为行政相对人的送养人并非实际承担监护责任的人，在其作出不实（虚假）承诺的情况下，可能会造成被收养人违法被送走的后果。例如：收养人身体健康检查证明是为了证明收养人未患有在医学上认为不应当收养子女的疾病，以维护被收养人的权益。如果收养人作出不实承诺，对被收养人造成的心理和生理上的伤害，可能就是难以补救的。又例如：如果行政相对人对有关食品安全的证明事项作出不实承诺，对公众的身体健康可能造成的伤害也是难以补救的。再例如：《殡葬管理条例》第 13 条设定的“遗体火化证明事项”，无论是由公安部门开具的，还是法定医疗机构开具的“死亡证明”，都必须提供而不宜作出承诺。

另外，从承诺主体的身份来看，涉及外国人及外国法人、其他组织的证明事项，不宜实行告知承诺，原因在于：跨国核实或补救成本较高。例如：《中华人民共和国收养法》第 21 条第 2 款规定，外国人在中国收养子女，应提供所在国有权机构出具的有关收养人的年龄、婚姻、职业、财产、健康、有无受过刑事处罚等状况的证明材料。例如：《国务院对确需保留的行政审批项目设定行政许可的决定》（国务院令第 412 号）第 91 项：以技能为主的国外职业资格证书及发证机构资格审核和注册。《劳动和社会保障部关于对引进国外职业资格证书加强管理的通知》（劳社部发〔1998〕18 号）第 4 条：“申请单位须提供中外合作双方签署的合作协议书、中方上级主管部门审批文件、外方经公证的法人资信证明，以及该国或国际认可的职业资格证书的样本、证书等级规定和职业标准等文件，并填报《国外职业资格证书及其发证机构资格审核注册表》。”

### （三）加强全过程监管

证明事项告知承诺改革是一场“刀刃向内”的革命，是给政府部门做“加法"、给行政相对人做"减法"的改革，为保证改革顺利推行，避免可能产生的各类监管风险，需要从整体上加强对改革全过程的监管。

1. 实行目录管理

司法行政部门应当加强对证明事项目录化、信息化、动态化管理，推动"放管服"改革向纵深发展。

各级政府及其部门对于行政许可、行政给付、行政确认及行政奖励中涉及的证明事项能否实行告知承诺，应依据承诺后果是否可以补救及补救成本的高低等作出初步判断，再由司法行政部门进行审核、分类，形成分类管理目录，以从源头上避免列入实行告知承诺的证明事项可能产生的风险，逐步完善对证明事项"告知承诺"的制度化、规范化、标准化建设。

2. 夯实书面告知制度

各级政府及其部门应当将证明事项"告知承诺"制度的处理原则具体落实到格式化的书面告知承诺文本，夯实证明事项的书面告知制度，加强事前监管。

各级政府及其部门应当结合实际情况设计符合本部门特点的"证明事项告知承诺书"，该格式化告知书应当包括如下内容：**一是**设定该证明事项及要求提供证明材料的规范性文件名称及具体条款；**二是**分类注明证明事项在政府各部门告知、行政相对人承诺之后，对证明材料的真实性进行核对的路径、期限等。**三是**列明不实承诺的后果。包括纳入失信黑名单；可能承担的行政处罚；已经获得的主体资格、物质利益等会被撤销、追回等。

3. 完善事中事后监管

事中事后监管是"放管服"改革体系的重要一环，证明事项"告知承诺"制度由此形成了闭环管理。

加强事中事后监管，主要是加强相关政府部门对证明材料真实性的核查。监管过程中需要处理好监管部门与市场主体、监管部门与其他部门、监管部门上下级单位之间、综合监管部门内设机构之间四方面关系。由此，政府部门对证明材料真实性的核查分为主动核查和被动核查，具体包括以下三种情况：

**一是**对由其他政府部门开具的证明材料的核查，属于主动核查。这部分核查任务，主要是通过政府部门之间的政务信息交换共享平台完成。对于没有在政务信息交换共享平台共享的信息，需要通过行政协助的方式以纸质或其他电子媒介的方式核查。

**二是**对行政相对人承诺后需要补交的证明材料的核查，属于主动核查。这部分证明材料的开具主体主要是法人或其他组织，也包括公民个人。行政相对人在初次作出承诺时，政府部门一般不掌握相关证明信息。对这部分证明材料的核查，实际上就是按照相关法律的规定完成相关审核程序。

**三是**对被举报承诺不实（虚假）证明材料的核查，属于被动核查。该核查是在承诺后原本不需要行政相对人补交证明材料的情形下，发生了其他公民、法人或其他组织举报相关承诺不实（虚假）的情况，相关政府部门才启动的核查程序，即要求承诺人提交相关证明材料，并对证明材料进行核查。

**（四）强化制度保障**

1. 完善行政协助制度

行政协助是指行政机关之间应当基于行政的整体性、统一性，相互提供协助，共同完成行政管理任务。

随着社会经济的发展，行政相对人之间的交往行为变得逐渐频繁，跨越了地区和行业，不断扩大，行政主体面对的是更加复杂多变的社会事务，行政机关之间的协助与合作越来越成为地域间互利、交流的桥梁。在证明事项告知承诺中，相关政府部门需要对行政相对人承诺的证明材料的真实性进行核查。课题组发现，大量核查工作可以通过政府部门之间的协助完成。协助的方式一般分为两种：

**一是"互联网＋政务服务"的线上协助方式**。目前，各省（自治区、直辖市）人民政府、国务院有关部门均在建立一体化网上政务服务平台，推进实体政务大厅与网上服务平台融合发展，推动基层服务网点与网上服务平台无缝对接，政务服务标准化、网络化水平显著提升。在已实现数据共享的政府部门之间，由政府部门和有关机构开具的证明，已经很容易实现证明材料的相互提供。因此，对于已经在全国"互联网＋政务服务"平台上共享的数据，可以由提出行政协助区域的相关部门向提供行政协助区域的相关部门在网上提出查证的行政协助。

**二是传统线下协助方式**。在还没有实现跨区域信息共享的情况下，证明材料的真实性审核需要以纸质、电话或其他电子媒介向相关行政部门提出行政协助，提供行政协助部门应当及时查询核实，并及时反馈。鉴于目前对跨区域间的行政协助没有明确要求，实践中各政府部门对证明事项告知承诺制度的认识程度还存在差异，各部门的推进进度也各不相同。如部门之间缺乏统一有效协调，沟通不够，不能形成统一标准的数据共享机制，将会直接影响部门之间的合作和政府事中事后监管工作的整体推进。

因此，在推动跨区域间的行政协助中，应当对行政协助的时间及行政协助的办理结果有所要求。例如：提供行政协助的一方应当在2个工作日内，向提出行政协助申请的跨区域相关部门提供查证结果。查证属实的，如果已有相应证明文件的，提供证明文件；没有相应证明文件的，应当开具相应的电子证明文件等。

综上，行政一体化对行政主体来说也要求加强配合与协调，以完成共同的行政目标。当某个行政主体不能够完成其行政管理目标时，向其他有管辖权的行政主体寻求协助和配合是十分必要的。行政协助正是发生在无隶属关系的行政主体之间，经请求依法提供帮助并协助完成行政任务的具体行政行为。在我国现有的法律体系中已有大量有关行政协助的规定，存在许多行政协助内容，覆盖了海关、医疗卫生、食品安全、税收等行政管理领域，有必要研究相关领域的行政协助内容，进一步完善证明事项行政协助制度。

2. 健全失信联合惩戒制度

我国在全面深化改革过程中，所遇到的各种社会问题更加复杂、各种社会矛盾也更加突出，这使得我国政府在社会治理中面临诸多挑战，亟须创新社会治理方式。建立信用档案，对失信进行惩戒、对守信进行激励，不仅可以有效降低社会成员之间的交易成本，还可以改善社会道德水平，使社会公众在行为上有所顾忌和约束，从而起到社会治理的效果。

社会信用体系是社会主义市场经济体制和社会治理体制的重要组成部分。证明事项告知承诺制的实施，主要依靠行政相对人的诚实信用作为担保，以保障证明内容具有真实性、完整性。如果行政相对人承诺属实，则将获取相关行政行为成就的利益；而一旦承诺失实，行政相对人亦应承担相关不利后果，除了影响行政行为效力之外，还包括进入信用档案，引发诚信受损带来的一系列附加后果。因此，加强社会信用体系建设，健全完善守信联合激励和失信联合惩戒制度，对建立完善市场经济制度，提升社会整体信任度具有重要意义。

3. 完善法律责任追究

**一是承担相应行政行为失效的法律责任**。在证明事项告知承诺中，当事人作出不实（虚假）承诺，实际上就是不符合作出行政许可、行政给付、行政奖励或予以行政确认的法定条件，因此，需要承担法律规范设定的相应行政行为失效的法律责任，包括撤销、追回及行政罚款。

**二是通过立法加大对不实（虚假）承诺行为的处罚力度**。目前，在我国不实（虚假）承诺的法律后果，主要是承担相应行政行为失效的后果。但是，由于违反相应行政行为的行政法律规范的法律后果是法定的，其不同于民事领域约定的法律后果，故不能超过法律规范进行约定。但从惩罚力度来看，普遍较轻。

在我国目前诚信体系和联合惩戒制度还不完善、法定惩罚力度不够的情况下，课题组建议：可以通过制定行政法规，将不实（虚假）承诺作为一种独立的违法行为，提高对不实（虚假）承诺的行政处罚力度。例如：对于非法篡改网络数据库、现下伪造考试合格证等“办假证”等方式，骗取证明事项办理或已经办理许可、确认的，其所得获益应当予以收缴，并按照违法所得倍数予以行政处罚；触犯刑法的，应当追究其刑事责任。

# 关于推进“一网通办”建设智慧政府法制需求与对策建议研究①

课题组组长：刘 平 上海市司法局巡视员
上海市行政法制研究所所长
课题组副组长：王天品 上海市行政法制研究所副所长
课题组成员：王松林 上海市行政法制研究所助理研究员
史莉莉 上海市行政法制研究所助理研究员
张意楠 上海市行政法制研究所实习研究员
曾炫钊 上海市行政法制研究所实习研究员

## 引 言

“一网通办”是上海市深入贯彻党的十九大关于建设人民满意的服务型政府的要求和国务院关于推进“互联网+政务服务”的部署，深入推进“放管服”改革，持续优化营商环境，切实提升群众和企业获得感的重要举措。

上海市已经明确2018年要建成“一网通办”总门户，到2020年，上海要形成整体协同、高效运行、精准服务、科学管理的智慧政府基本框架。在推进“一网通办”建设智慧政府过程中，如何发挥立法的引领、推动与保障作用，受上海市人大委托，上海市行政法制研究所承担了本课题的研究工作。

本课题研究报告共分三个部分：一是对本市电子政务现状的分析，包括取得的主要成效及推进中遇到的主要法律问题，例如："受理"与收件的判断，数据共享中法律责任的承担，电子签章、电子证照的法律效力及电子档案的归档等；二是对上海市地方立法情况的梳理与分析，包括立法中有关网上处理、信息共享内容的分析，归纳概括出现行有效的地方性法规在有关数据、信息共享

① 本课题完成于2018年。

方面的立法以偏重监管为主的重要特点；三是对策与建议，包括以立法的形式明确并固化上海市“一网通办”的定位，明确“一网通办”应当坚持的基本法律原则；确立“一网通办”的立法框架体系；做好两项梳理清理工作四个方面的建议。

## 一、上海市电子政务的现状

20世纪90年代中期以来，上海市委、市政府高度重视发挥信息化在推进改革开放、经济建设和社会发展中的引擎作用，提出全面实施城市信息化的基本战略。实施电子政务是信息化发展的客观要求，不仅对政府部门的自身建设具有重大意义，而且对整个经济和社会的发展都将产生重大影响。① 经过二十多年的推进，上海电子政务取得了明显成效。

### （一）取得的主要成效

上海的电子政务建设在广泛吸收国内外城市先进经验的同时，按照国家总体要求，努力从上海的实际情况出发进行综合规划并组织实施，不断取得新的进展。②

#### 1. 电子政务云已经建成

以政府购买服务的方式，构建“1+16”的市、区两级云环境。截至2018年底，市级政务云基础资源层已经建成，各单位存量信息系统正有序迁移至政务云平台，新建信息化项目原则上均依托政务云开展建设，集约化效果日益显现。

#### 2. 基础数据库规模不断扩大

目前基础数据库中的数据量、使用量双双创新高。截至2018年底，人口库覆盖全市2400万常住人口，共有数据条目8.1亿项。法人库汇集了327万户法人信息，数据量达到1216万条，各部门之间法人数据文件交换使用达到1739万份。空间库包括覆盖全市域6787平方千米地表、地上和地下的各类空间基础数据，全部精准落地，动态更新、图属结合。

#### 3. 线上线下实现一体化联动

截至2018年底，网上政务大厅涵盖100%单部门审批事项，其中市级共973项、16个区共6300项。全市287个街镇社区事务受理服务中心全部实现网上预约办事，174项社区服务事项中，已有161项实现全市通办。实现了网上政务大厅与区行政服务中心、街镇社区事务受理服务中心的业务线上线下一

① 范希平:《上海电子政务建设的实践与思考》,《中国信息导报》2003年4月25日。

② 范希平:《上海电子政务建设的实践与思考》,《中国信息导报》2003年4月25日。

体化联动。

4. 跨部门协同审批时限进一步压缩

聚焦优化营商环境改革，通过业务协同、简化环节、优化流程、数据共享等，实现减材料、减环节、减时间、减跑动次数，开办企业办理时间从原来的22天缩短到6天内办结，办理环节由7个减少为5个。施工许可办理时间从279天减少至71.5天，办理环节从11个精简至10个。不动产登记办理时间从28天缩减为抵押权等6个事项当日办结，其他事项5个工作日办结，办理环节从4个压缩为3个。

5. 事中事后综合监管进一步加强

截至2018年底，上海市已经完成市级事中事后综合监管平台和16个区级平台的主体功能建设，并深入开展双随机抽查、双告知、信息归集、联合承接等应用。已归集工商部门产生的信息1328万条和其他30多家政府部门产生的信息44万条。区级子平台已归集各类企业信息152万条，制定实施了1200多个双随机监管检查方案，涉及10亿户企业，共向40多个审批部门推送市场主体登记信息10.5万条。

**（二）遇到的主要法律问题**

上海市在电子政务上取得的明显成效，不但为推进“一网通办”建设智慧型政府提供了有力的技术支撑，也为数据资源共享奠定了坚实的基础。但是，离最终实现“一网通办”还存在一定的差距。其中与法律相关的问题，主要集中在以下四个方面：

1. 数据资源共享方面的问题

“一网通办”中“一网”是基础，“通办”是核心。“通办”中的“通”即政务数据资源共享流通。上海市自2012年已开始逐步推进政务数据共享，在国内属于起步较早的省份。但是，目前本市政务数据共享的整体状况并不容乐观。

**从数据资源共享主体的角度来看，或是不愿共享，或是不敢共享。不愿共享的原因在于：**一是数据资源的拥有主体不愿无偿共享，因为在数据采集过程中付出了较大的人力成本和管理成本。这种情况不但存在于不同政府部门之间，比如：公共交通数据，也存在于同一政府部门内部，比如：上海市卫生部门有6个数据信息云，但几个信息云之间数据信息并不共享，因为这6个数据信息云是由不同的机构主导建设和管理的。二是有偿获得后不愿无偿共享。通过购买方式从数据资源拥有主体处获得数据资源后，因在数据获得过程中投入了经济成本，而不愿意共享。例如：商贸部门通过购买方式获取的海关相关数据资源，当其他部门提出共享这部分数据时，一般会明确予以拒绝。

**不敢共享的原因在于：**一是在上海市的属于垂直领导的行政管理部门，在上级主管部门明确要求不能共享的情况，对其所拥有的数据资源，不敢共享。例如：商贸部门业务上有内资、外商、外资的区分，且受国家商贸部门垂直管理，涉及外商外资部分领域，按照上级主管部门的要求，明确不予共享。二是数据资源拥有主体担心数据共享后在数据传播或使用中出现问题追溯责任至本部门而不愿共享。三是因担心出现数据资源产权纠纷而不愿共享，主要是指通过购买方式从数据资源拥有主体处获得的数据资源。

**从数据资源共享的过程来看，**问题主要表现在四个方面：

**一是共享数据资源目录归集完整性不够**。2016 年 2 月，上海市政府印发的《上海市政务数据资源共享管理办法》[①] 明确“行政机构是政务数据资源共享的责任主体”，但是，由于各部门对共享数据的价值认识不同，目前看来，各部门所提供的数据目录完整性不够，数据目录归集效果并不理想。

**二是数据共享标准不统一**。《上海市政务数据资源共享管理办法》虽然要求行政机构“根据各自职责梳理本部门所掌握的政务数据，形成共享资源目录，并以此为基础向其他部门提供数据”。但是，调研中发现：对于哪些数据需要予以共享、数据共享的格式要求、数据共享到什么程度，并没有明确统一的标准，作为行政机构提供本机构数据予以共享的操作依据，基本是由各行政机构根据梳理情况自行决定。

**三是数据资源按需共享获取情况并不理想**。《上海市政务数据资源共享管理办法》将政务数据共享资源分为：普遍共享、按需共享和不共享三类。目前，共享资源仅目录实现了物理意义的归集，而各职能部门所掌握的数据资源本身并没有实现物理意义上的归集。数据资源共享需求底数不清，即在本部门网上事项办理中，其他部门的哪些数据需要对本部门开放共享，而本部门的哪些数据需要提供给其他部门开放共享、开放共享到什么程度，目前都不清楚。调研中不少部门反映：及时获取按需共享数据资源并不容易。

**四是对数据资源共享动态管理的要求不是非常清楚**。《上海市政务数据资源共享管理办法》规定：各部门要做好政务数据资源的共享提供和更新维护工作。行政机构应当建立政务数据资源的共享更新机制，对其提供的共享数据资源进行动态管理，在共享数据资源产生或者变更之后 2 个工作日内进行更新，并通知该共享数据资源的获取方。资源获取方应当及时比对和更新所获取的共享数据资源，确保数据一致性。但是，调研中发现，不少政府职能部门并没有建立政务数据资源的共享更新机制，对数据资源共享如何进行动态管理并不是非常清楚，更多地纠结于：在本部门提供的基础数据进行共享后，其他部门已

① 沪府发〔2016〕14 号。

经依据基础共享数据作出决定而导致法律纠纷时，责任如何分担的问题。

**从数据资源共享范围的角度来看，**2016 年 9 月，上海市政府印发了《上海市大数据发展实施意见》，提出统筹大数据资源，推动共享开放和流通。但是，调研中发现：对于“一网通办”中数据共享的范围，即政务数据的概念及类别还缺乏统一清楚的认识。

**一是对政务数据概念的理解存在偏差**。“一网通办”中的数据共享，是指政务数据的共享。政务数据的外延大于政府数据，指所有行政主体掌握的数据。其中，既包括一级政府及其组成部门的数据，也包括其他获得授权，以自己名义行使行政权力的企事业单位、社会团体掌握的数据。目前，实践中基本没有将行使行政权力或提供公共服务的企事业单位、社会团体掌握的数据纳入电子政务数据中。

**二是对政务数据的类别缺少了解**。政务数据的核心内涵是为履行行政职权，利用行政权力依法采集、收集、获取、制作形成的数据。其主要特征是在履行行政职权过程中形成。因此，政务数据既包括政府数据，即一级政府在履行职能过程中所掌握的数据，具体主要由代表政府进行行业管理的各个行政管理部门掌握，也包括其他行政机构及获得授权的公共企事业单位的数据。例如：城市规划设计院的城市规划数据、城市环保研究院的城市垃圾焚烧新技术数据，供水、供电、燃气企业、轨道交通企业、公交公司、出租车公司的相关数据。这类公共企事业单位一般有两个特点，即提供的属于准公共产品和享受政府财政性资金补贴。

2. 权责统一方面的问题

目前，上海市网上办理中涉及的法律主体主要是市政府大数据中心、相关事项的行政管理部门、服务（受理）中心。调研中发现：行政管理部门对“一网通办”存在顾虑，在数据共享上不愿共享、不敢共享，除部门之间固有的利益藩篱外，法律层面的原因主要在于：现行有效法律规定对“网上办理”中所涉及的主体职责边界和法律责任没有作出明确的划分和规定，导致相关行政管理部门和服务（受理）中心对各自的应尽的职责与可能承担的法律责任缺乏清楚的认识与理解。具体表现为：

**首先是“前台综合受理”的受理主体与“后台分类审批”中的审批主体之间的法律责任如何划分的问题**。在实务操作中，行政管理部门和服务（受理）中心都认为法律规定不明确，主要是在行政复议、行政诉讼中的法律主体责任承担方面。

在推进行政审批制度改革中，为加快推进“互联网 + 政务服务”工作，切实提高政务服务质量与实效，国务院在《进一步深化“互联网 + 政务服务”推进政务服务“一网、一门、一次”改革实施方案》(以下简称“改革实施方案”)提出:“前台综合受理、后台分类审批、统一窗口出件”。

按照“改革实施方案”的要求，上海市的“前台综合受理”由各区的行政服务中心和各街镇的事务受理中心负责。目前，实践中对“前台综合受理”中的“受理”在理解上存在歧义:行政管理部门认为，前台综合受理的受理，只是收件，申请事项并没有进入审批程序;而相当一部分申请人认为，收件就是受理，因为行政服务中心或事务受理中心代表的就是行政管理部门;行政服务中心或事务受理中心则强调，前台综合受理，既包括行政管理部门所说的“收件”，又包括申请人线上线下的咨询，窗口工作人员主要是对材料是否齐全进行初审或答复申请人有关审批事项的咨询，是为方便行政相对人而提供的一种便捷服务。

基于对“受理”理解上的不同，在申请人认为“前台受理”即进入审批程序的情况下，如果对“不予受理”或“不予许可”产生异议，或作为不属于任何行政部门编制的社区工作人员，在初审或答复中出现差错时，责任主体是谁，即哪个部门将成为行政复议的被申请人或行政诉讼的被告，目前在“网上办理”实践中尚没有明确的说法。

**其次是在数据资源共享过程中的法律责任如何分担的问题**。“一网通办”以各行政管理部门的数据资源共享为前提。但是，在调研中各行政管理部门普遍反映不愿共享、不敢共享的一个重要原因是责任分担问题，即数据资源在共享过程中责任如何划分的问题。

数据资源共享，包括数据的前期收集、提供共享、对共享数据的管理和使用。现有法律规范对数据资源共享中涉及的各方主体，包括上海市大数据中心、各行政管理部门、服务(受理)中心权责规定不明确，包括数据的所有权归谁所有，收集权、管理权、使用权由谁行使。调研中，各方主体普遍认为，不清楚职权、事权与责任如何做到统一对应。

*3. 数据安全方面的问题*

海量的政务数据资源归集后，虽然会为政府进行公共管理提供极大的便利，但是，调研中，涉及“一网通办”的相关主体，对“一网通办”中的数据安全问题，都表现出极大的不放心，主要原因还是数据安全责任承担方面的问题。

**第一，现有的与数据安全相关的法律与政策性规范缺少对法律责任承担的明确规定**。包括《中华人民共和国网络安全法》《促进大数据发展行动纲要》《中华人民共和国国民经济和社会发展第十三个五年规划纲要》《“十三五”国家信息化规划》以及《“互联网+政务服务”技术体系建设指南》等，还是以鼓励性、推动性的规定为主，对数据安全，尤其是涉及数据共享中出现的数据安全问题缺少具有实质意义的规定。

**第二，各行政管理部门对数据安全风险防范意识与能力缺乏互信**。调研中，“一网通办”相关行政管理部门都认为，数据安全问题可能会出现在数据资源归集、共享及使用的任何阶段，包括非法泄露、非法交易、非法存储、非法访问等，因此，数据安全风险防范责任重大，因为一旦发生信息数据泄露，不但信息主体的个人隐私、商业秘密会受到侵害，而且社会公共安全也有可能遭受侵害。但是，相关行政管理部门都认为，数据由本部门掌控是安全的，如果共享，在其他部门极有可能出现问题，以公安为代表的行政管理部门对于将本部门掌握的涉及公共安全方面的数据予以共享的顾虑最大，担心涉及公共安全的数据共享后，出现公共安全信息数据问题，后果无法挽回。

4. 电子证照、电子公文、电子签章等的法律效力问题

国务院在《国务院关于加快推进“互联网+政务服务”工作的指导意见》中提出“简化优化办事流程，能共享的材料不得要求重复提交，制定完善相关管理制度和服务规范，明确电子证照、电子公文、电子签章等的法律效力”。对于网上办理中提交的电子证照、电子公文、电子签章等的法律效力，调研中，各行政管理部门普遍反映：无论是在行政管理领域，还是在司法领域，多数情况下处于效力待定状态，还不具备与纸质的或实物材料同等的法律效力。具体表现为：

**一是需要重复提交的情形**。电子证照、电子公文、电子签章在各行政管理部门之间还没有实现互认，导致申请人在很多情况下必须重复提交。

**二是需要同时或补交纸质材料的情形**。例如：根据档案管理的有关法律规定，所有归档的材料必须是纸质形式。由于电子材料无法归档，导致申请人完成网上申请后，还需要打印纸质材料提交登记机关。另外，由于电子签名、电子印章尚未普及，收受分离模式下“异地盖章”的审批结果，申请人还需要自行到审批部门领取或者通过快递寄送加盖审批部门印章的纸质审批结果。

从调研情况来看，目前，电子证照只是纸质证照在互联网业态中的延续，就电子证照与纸质证照的关系角度而言，在政务领域，纸质证照和电子证照共同存在，两者都是企业或个人某种资质证明的表现形式。但是，两者的地位有差别。纸质证照仍然处于主导地位，即行政部门一般根据申请同时或先后颁发纸质证照和电子证照，纸质证照是必不可少、必须颁发的，而电子证照相对而言处于辅助地位，只是为了便于相对人网上办事而签发的，电子证照的效力只能等同于纸质证照，不可取代。换句话说，电子证照的出现并不意味着纸质证照可以缺失，单凭借电子证照无法在线下窗口办理业务，电子证照仍然需要依托纸质证照而存在。

另外，从电子证照的应用范围来看，仅局限于互联网上的业务办理。比如，根据《上海市电子营业执照登记管理试行办法》的规定，电子营业执照在政务活动中的使用涉及身份认证、授权管理、责任认定等方面，具体表现为：网上申请、网上受理、网上审核、网上公示、网上发照等全程电子化活动；网上身份认证、电子签章、网上亮照等活动；网上申报企业信用信息公示（提交年报或即时报送材料）等社会管理活动；网上政府采购、招投标等活动；其他利用网络开展的电子政务活动。目前仍没有明确的规定表示电子证照可以应用于线下业务办理。

**三是证据效力待定的情形**。在行政复议、行政诉讼中，电子证照、电子公文等电子材料是否可以作为举证证据，还没有明确的法律规定。《中华人民共和国电子签名法》虽然解决了电子商务领域中的身份确认问题，但是，这种确认并不能当然地适用于电子政务中。

对于网上办理中提交的电子证照、电子公文、电子签章等的法律效力，目前国家层面的法律法规还没有明确规定其在行政管理领域与司法领域的法律效力。课题组认为，这不是上海市“一网通办”过程中能够解决的法律障碍。

5. 网上办理涉及的流程问题

《国务院办公厅关于印发进一步深化“互联网＋政务服务”推进政务服务“一网、一门、一次”改革实施方案的通知》要求通过协同审批及流程再造，提升政务服务效能，提高企业群众满意度。但是，调研中发现：目前网上办理事项各自为政现象比较明显，具体表现在以下方面：

**第一，市、区两级政府相同行政管理部门在网上办理事项的设计方面存在差异，**即从纵向上来看，同一部门同一事项，在市、区两级政府组成部门之间还没有实现共享、共容。

**第二，同级政府不同行政管理部门之间在网上办理事项的设计方面存在差异，**即从横向上来看，同为市级或同为区级的政府组成部门之间在网上办理事项的流程设计上，都是按照本部门的具体规定来编制行政许可事项清单、行政服务事项清单及其办事指南的，具有明显的部门化特征。同时，各部门在网上办事数据系统的设计上，也存在明显的差异，因此，当办理事项涉及两个及两个以上部门时，从行政管理部门角度来看，会出现如何共享、协同的问题；从“前台综合受理”部门来看，也会面临如何具体适用、选择政府不同部门的标准与要求的问题，例如：对于企业的信用评价、评分，目前本市有经济和信息化委员会、市场监督管理局两套信用评价体系。

**第三，行政管理部门与“前台综合受理”部门在流程及系统设计也存在差异**。一方面，“前台综合受理”部门没有对不同行政管理部门之间的办事流程予以整合、优化、统一的权限；另一方面，行政管理部门对于目前本部门哪些行政审批事项、行政服务事项在网上办理的审批条件、审批服务流程与“前台综合受理”的“一网通办”存在差异及需要**业务协同的事项底数不清**，尤其是在行政审批制度改革不断推进，行政审批事项不断调整的情况下。

## 二、上海市地方立法概况

截止到2017年底，上海市现行有效的地方性法规共有180部。经梳理分析，课题组认为，目前与电子政务、“一网通办”相关的地方立法情况，可以归纳概括为如下几个特点：

### （一）涉及“一网通办”的地方立法数量占比不高

在上海市现行有效的地方性法规共180部中，条文中出现类似“网上”办理或处理的有7部，占比3.89%；出现建立各类“信息平台”或“信息网络系统”的33部，占比18.33%；出现“信息共享”或“纳入信用信息平台”的29部，占比16.11%。由于有21部地方性法规的条文中同时出现“网上”办理、“信息平台”或“信息网络系统”“信息共享”或“纳入信用信息平台”文字表述。综上，与“一网通办”有关的地方立法合计共有48部，占比为26.67%。因此，从立法数量上来看，上海市现行有效的地方性法规中涉及“一网通办”的比例刚刚超过四分之一，所占比例不高。

### （二）涉及“一网通办”的地方立法具体规定偏重于加强监管

在与“一网通办”有关的48部地方立法中，从立法的具体规定来看，大致可以归纳概括为如下6类，其中，具体规定偏重于加强监管的立法比重占比较大。

**一是关于提供查询服务的规定**共27部，占比为56.25%。例如《上海市安全生产条例》第55条第2款规定：“安全生产监管部门应当建立安全生产违法行为登录制度，在网页上记载生产经营单位及其主要负责人、安全生产中介服务机构的有关违法行为及处理情况。任何单位和个人都有权进行查询。”

《上海市档案条例》第41条第1款规定：“市和区、县综合档案馆应当建立档案信息网络，为公民、法人和其他组织提供服务。”

《上海市专利保护条例》第13条规定：“专利管理部门应当加强专利信息网络建设，为社会提供专利保护信息服务和其他相关专利信息服务。”

《上海市促进电子商务发展规定》第11条第2款规定：“市工商、质量技监等行政管理部门应当建立和完善企业注册、组织机构代码、各类许可证等信息的电子查询系统，并根据政府信息公开的规定提供相关信息的网上查询服务。”

《上海市促进中小企业发展条例》第23条第2款规定:"本市有关行政管理部门以及司法机关、公用事业服务机构应当建立中小企业信用信息共享机制,依法提供相关信用信息查询服务。"

**二是关于两个及以上部门共同监管的规定**共27部,占比为56.25%。例如,《上海市社会信用条例》第16条规定:"市社会信用管理部门应当与司法机关、中央驻沪单位等加强沟通与协作,推动市公共信用信息服务平台与金融信用信息基础数据库等相关信用信息系统的开放合作,与本市网上政务大厅、事中事后综合监管平台、企业信用信息公示系统等信息系统的互通共享,满足社会应用需求。"

《上海市促进电子商务发展规定》第13条规定:"本市建立和完善统一的电子口岸数据交换平台,实现对外贸易监管数据电子化报送,提高通关效率。市口岸、经济信息化和商务行政管理部门应当推进电子口岸数据交换平台应用功能的拓展,为对外贸易电子商务提供支持和便利。"

《上海市城乡规划条例》第11条第2款规定:"市规划行政管理部门应当建立规划管理信息系统,实现与有关行政管理部门之间的信息共享,提高城乡规划管理工作的效能。"

《上海市科学技术进步条例》第41条第2款规定:"对于利用财政性资金设立的科学技术研究项目,市科技、财政部门应当会同有关部门建立政府科研项目共享信息系统。"

《中国(上海)自由贸易试验区条例》第41条规定:"在自贸试验区建设统一的监管信息共享平台,促进监管信息的归集、交换和共享。管委会、驻区机构和有关部门应当及时主动提供信息,参与信息交换和共享。管委会、驻区机构和有关部门应当依托监管信息共享平台,整合监管资源,推动全程动态监管,提高联合监管和协同服务的效能。监管信息归集、交换、共享的办法,由管委会组织驻区机构和有关部门制定。"

《上海市信访条例》第12条规定:"本市建立信访信息共享机制,实现国家机关之间信访信息的互通共享。"

《上海市地下空间规划建设条例》第27条第5款规定:"市规划国土资源、建设、民防、房屋等行政管理部门应当根据各自的功能使用要求,完善地下空间信息系统,实现各专业系统的信息共享,并依法实行信息公开。"

**三是关于单个部门内部监管的规定**共12部,占比为25%。例如,《上海市审计条例》第20条第3款规定:"审计机关在政府预算执行、税收、社会保险等重要领域实施联网审计,被审计单位应当予以配合。"

《上海市绿化条例》第38条规定:"市和区、县绿化管理部门应当加强绿化资源调查、监测和监控，建立全市绿化管理信息系统，公布绿化建设、养护和管理的信息。房地、市政、水务等有关部门以及铁路部门应当向绿化管理信息系统提供绿化相关信息。”

《上海市房地产登记条例》第 6 条规定：“市房屋、土地行政管理部门应当建立全市统一的房地产登记簿和房地产登记信息系统，制作统一的房地产权证书和登记证明，制定统一的房地产登记技术规范并向社会公开。”

《上海市养老机构条例》第 38 条规定：“市民政部门应当建立统一的养老机构信息服务平台，为养老机构和社会公众免费提供政策咨询、信息查询和投诉、举报受理等服务。”

《上海市统计条例》第 7 条规定：“本市加强统计信息化建设，构建安全、高效和便捷的统计信息化系统，提高统计信息搜集、处理、传输、共享和存储技术水平。”

《上海市食品安全条例》第 81 条第 2 款规定：“市食品药品监督管理部门在整合有关食品和食用农产品信息追溯系统的基础上，建立全市统一的食品安全信息追溯平台。”

《上海市道路交通管理条例》第 50 条第 1 款规定：“交通行政管理部门应当建立道路停车泊位的信息共享机制，推进停车诱导信息化系统建设。”

**四是有关方便交易的规定**共 5 部，占比为 10.42%。例如，《上海市旅游条例》第 19 条规定：“旅游行政管理部门和相关行政管理部门应当为旅游电子商务提供相应的保障和公共服务，鼓励企业（主体）建立旅游电子商务平台，开发网上信息查询、预订和支付等服务功能，实现网上旅游交易。”

《上海市推进国际金融中心建设条例》第 11 条规定：“市人民政府及其有关部门应当配合国家有关部门促进各类金融信息系统、市场交易系统互联互通，建设、完善与上海国际金融中心功能相匹配的登记、托管、清算、结算等统一高效的现代化金融支持体系。”

《上海口岸服务条例》第 17 条规定：“本市推进电子口岸信息平台的建设、运营和发展，支持口岸查验机构、口岸运营单位提高通关申报、查验、放行、后续监管等环节的信息化应用水平。市口岸服务、经济信息化等部门应当会同口岸查验机构、本市有关部门、口岸运营单位将通关业务流程和相关信息数据整合进电子口岸信息平台，推进通关信息兼容共享。”

《上海市台湾同胞投资权益保护规定》第 9 条规定：“本市建立统一的台湾同胞投资公共信息服务平台，建立信息数据共享机制。商务、工商行政、公安出入境等相关部门应当向台湾同胞投资公共信息服务平台提供与台湾同胞投资相关的信息数据资料。”

《上海市推进国际航运中心建设条例》第 39 条规定：“市交通、经济信息化等行政管理部门应当会同国家有关驻沪机构建立上海国际航运中心信息综合服务平台，为企业和个人查询有关信息提供便利。”

**五是有关基础数据共享的规定**共 3 部，占比为 6.25%。例如，《上海市居民委员会工作条例》第 36 条规定：“市和区人民政府应当建立和完善居民区综合管理和服务信息平台，收集、整合居民区基础数据，实现信息资源共享，为提高居民区服务和管理效率提供支撑。鼓励居民委员会运用信息化方式，拓展自治渠道和平台。公安、房屋管理、规划国土资源、民政、人力资源社会保障等部门应当依法向居民委员会提供人口、房屋等基础信息和有关政务服务信息，支持居民委员会开展工作。”

《上海市社会信用条例》第 11 条第 1 款规定：“市公共信用信息服务中心负责建设、运行和维护市公共信用信息服务平台。公共信用信息提供单位应当按照本市公共信用信息目录要求及时、准确、完整地提供公共信用信息，并提供该单位认定信息主体遵守法定义务、履行约定义务情况的判决书、裁定书、行政处罚决定书等生效法律文书。未纳入目录的公共信用信息不得向市公共信用信息服务平台归集。”

《上海市人口与计划生育条例》第 21 条第 2 款规定：“卫生和计划生育、公安、教育、民政、人力资源和社会保障等行政管理部门应当通过本市社会保障和市民服务信息系统相互提供与人口管理相关的数据，实现人口信息共享，促进人口信息资源的综合开发和利用。”

**六是其他关于网上处理的规定**共 2 部，是指《上海市人民代表大会关于代表议案的规定》第 5 条第 4 款规定：“代表提出议案应当一事一案，使用市人民代表大会秘书处（以下简称“大会秘书处”）统一印制的代表议案专用纸，并通过‘上海市人大代表方案网上处理系统’提交。”以及《上海市人民代表大会关于代表建议、批评和意见的规定》第 7 条规定：“代表通过‘上海市人大代表建议、批评和意见网上处理系统’提交建议、批评和意见，也可以通过书面形式提交。”

### （三）涉及营商环境的立法规定相对较多

从立法规定所涉及的领域来看，在48部与“一网通办”有关的地方立法中，上海市人大财经委员会 16 部，城市建设与环保委员会 14 部，教育、科学、文化和卫生委员会 8 部，内务司法委员会 7 部，人事代表工委员会 2 部，华侨民族与宗教委员会 1 部。其中，涉及改善营商环境的地方立法有 16 部，其中上海市人大财经委员会有 11 部，教育、科学、文化和卫生委员会 2 部，华侨民族与宗教委员会 1 部，城市建设与环保委员会 1 部，内务司法委员会 1 部；涉及民生保障的地方立法有 12 部，其中城市建设与环保委员会 5 部，教育、科学、文化和卫生委员会 4 部，内务司法委员会有 3 部；明确规定城市基础工程建设网上审批的地方立法为 0 部。

## 三、对策与建议

党的十九大报告提出，要建设人民满意的服务型政府。上海市的“一网通办”是落实党中央、国务院就推进审批服务便民化、“互联网 + 政务服务”、政务信息系统整合共享等作出的系列重要部署的具体实现方式。“互联互通、数据共享、业务协同”为其主要表现。“一网通办”对于加快推动电子政务，打通信息壁垒，构建全流程一体化在线服务平台，助力建设人民满意的服务型政府，具有重要意义。

结合调研中掌握的实际情况及对上海市地方立法的梳理结果，对地方立法如何破解“一网通办”建设智慧型政府中遇到的法律问题，真正发挥立法的引领、推动与保障作用，课题组提出以下三个方面的对策与建议：

### （一）以立法的形式明确并固化上海市“一网通办”的定位

结合上海市电子政务与网上办理的现状，并从国家以信息化推进国家治理体系和治理能力现代化、深化“放管服”改革的高度去理解和把握，课题组认为，上海市“一网通办”在定位上应当具有如下几个特点：

1. 整体性

“一网通办”的前提和基础是“一网”，因此，必须强调整体性。同时，要做好“一网通办”工作，需要统筹处理好线上信息系统整合与线下的政府职能优化的关系，整体考虑、协同推进。

**一是系统整合一体化**。通过“一网”来解决数据“通”的问题，即建立一个一体化的平台网，来整合相关系统和数据资源，实现数据共享，可能是当前最佳的选择。在国家层面建立一个政务服务网，省级政府需要形成一个子平台，接入国家政务服务网，形成上下贯通、横向综合的一体化服务网络。为了解决“一网”的建设和运营体制问题，推动各类数据整合共享，上海市的大数据中心已经揭牌开始运作。在坚持追求“共享是原则，不共享是例外”的大目标下，在推动数据整合共享的同时，还需要推动系统的整合一体化，统一数据共享的标准和制度。

**二是政府职能整体化**。基于系统整合、数据共享，政府职能也在发生变化。李克强总理指出，“一网通办”看似小事，实质是转变政府职能的大举措。“一网通办”将进一步加强政府部门的内部业务流程整合，并逐步从碎片化走向“整体政府"。"一网通办"需要加强跨部门信息共享和业务兼容，并使窗口单位可以对外发出"一个声音"。市、区两级政府在行政审批和行政服务的过程中，其作为一个整体的职能可能会越来越突出，可能会打破原来各部门职能条条分割的状态，打破部门藩篱和业务边界。整体化下的政务服务，标准上更为一致、流程上更为统一、结果上更加公平，其质量也会更加优质。

**三是改革配套系统化**。要做好"一网通办"工作，不只是建立一个系统、一个平台，也不是授权某一级政府从事其所属部门的职能就可以完成的，它需要综合系统化的配套改革、同步推进才能取得预期的效果。当前"一网通办"与"放管服"改革、行政审批改革、管理机构改革、行政权力清单制度、行政效能建设和考核、社会信用建设等改革措施同步实施，既需要这些领域改革的大力支撑，也可以使这些改革措施得以切实落地、有效实施。"一网通办"可以成为政府自身改革的主要抓手，引领和推动政务服务水平的整体提升。

2. 便捷性

"一网通办"的重点在于"通办"，目的是便捷性。"一网通办"的根本目的就是要优化营商环境，为人民群众提供更为优质、更加便捷的服务。

**一是办理事项平台化**。国务院要求整合构建国家、省、市三级互联的网上政务服务平台，除法律规定或涉密等情形外，政务服务均应纳入平台办理。政府部门将原来多个窗口或者平台办理，转为由一个平台综合办理，分别办理不同部门的审批和服务事项。以民生服务类事项为例，由于涉及不同种类的审批，需要到不同层级的不同部门去办理，耗时费力。"一网通办"可以让企业和群众在一个平台上就能办成不同领域的事项。办事可以像"网购"一样方便，解决"办不完的手续、盖不完的章、跑不完的路"等麻烦。

**二是办理手续简单化**。原来大部分政府部门都有自己的信息系统，分割的系统使得企业和群众办事需要向不同部门提交相同的材料。"一网通办"可以使身份认证更为简化，原来公民的户籍、教育、就业、医疗、婚姻等基本信息，处于分散的状态，给群众办事带来麻烦。"一网通办"中，申请人只需要进行一次身份认证或者企业信用代码，就可以开展同一事项的办理，在不同环节不需要再进行申请人身份材料的重复提交和识别。需要提交的材料大幅度简化。通过一网受理、协同办理，把政务数据归集到一个功能性平台，能共享的材料不再需要重复提交。

**三是办理流程合理化**。"一网通办"的事项要求更为合理、更具操作性的办理流程。互为前置的流程或者过于烦琐的流程，在一个平台上更容易被识别和发现，这在相当程度上可以实现更加简明有效的审批手续。以建设类审批事项为例，这类事项需要的办理流程比较复杂，在行政审批改革的基础上，明确不同类别的建设项目，优化审批流程。各个相关部门通过一个平台链接不同的审批环节，为企业节约大量的审批时间。

**四是办理要件标准化**。同一事项在不同区域应当都可以在网上办事大厅上办理，这就要求还没有同步上网的政务服务事项加快同步上网的步伐。对于同一事项，对应的服务名称可能各不相同，容易引发误导，需要加快统一标准名称。对于同一事项，不同区域所需要的材料以及办理时间可能有不同规定，需要加快形成一致的办理流程、办理材料和办理时限。标准化的政务服务事项，有利于群众监督，有利于政府公开透明。

3. 承继性

对于"一网通办"特点的把握，还要从发展的维度来分析。"一网通办"本质上是电子政务的深化与推进，它既承接着原有电子政务建设的成果与经验，还可以为未来智慧政府的发展和成熟奠定坚实的基础。

**一是政务数据本地化**。政务服务，以平台链接为主，向以平台本地为主转变。上海市电子政务的发展过程中，也有"一网"的概念和平台，如"中国上海"平台，但其更多的是将政务服务链接到各相关部门的系统平台上办理，这是当时缺乏一个平台的条件下，比较现实的过渡性解决办法。通过这样的方式，可以解决企业和群众网上办理事项要上多个网站、查找不同入口的问题。但是，由于缺乏一个共享平台，不同办理系统的数据难以实现共享互通。因此，如果仍由各个部门各自掌握数据源，按照需要时再通过链接调用的方式，那么还只是实现了"互通"的目标，"共享"的问题还是没有真正解决。要解决这个问题，课题组认为，除了个别数据出于国家安全等原因的需要不得共享外，绝大部分政务数据需要在一个平台实现本地化。因为本地化的数据，数据系统的服务更为稳定，甚至更为安全，也为将来智能政府大数据的分析运用奠定基础。①

**二是服务场景多样化**。政务服务场景单一性或者线上线下不协调，是以前电子政务难以突破的问题。线上和线下的服务改革和优化虽然一直在推进，但是改革成果还没有实现有效融合。课题组认为，"一网通办"为线上和线下协同办理提供了可能。大部分事项或者环节可在线上处理，但同时保留线下部分，线下的服务场所主要向基层延伸。本市要求"一网通办"要按照两级建设、多级应用的原则，建成集行政权力运行、政务公开、便民服务、法制监督、效能监

① 调研时有专家介绍，原来认为各自分散的系统更为安全的认识需要转变，统一的数据系统安全措施更为可靠。原来的链接方式，在大数据分析时是无法运用的，必须在本地存有海量的数据，才有可能开展大数据分析。

察等功能于一体的市级政务服务平台；在区级政务服务平台的基础上，逐步实现市、区两级政务服务业务互联互通；政务服务再次向镇街延伸，形成市、区、街镇三级网上政务服务体系，实现全市政务服务“一张网、一体化”。基于线上平台化的办理，政府可以建立直接面向群众和企业服务的多种场景，包括社区事务受理中心，行政服务中心，各种政务 APP、政务微信公众号“微服务”移动端等，都可以提供政务服务。多场景的政务服务及其相互融合，为智能政府建设打开了运作空间。

**三是服务功能有限性**。从“一网通办”所涉及的政府职能来看，政务服务事项并不会涵盖某一级政府职能的全部内容。《中共中央关于全面深化改革若干重大问题的决定》明确提出：加强中央政府宏观调控职责和能力，加强地方政府公共服务、市场监管、社会管理、环境保护等职责。“一网通办”并未纳入中央政府的宏观调控方面的职能，纳入的事项主要涉及公共服务的给付类事项，以及市场监督、社会管理、环境保护方面的许可审批事项。婚姻登记等法定必须现场办理的事项以及事中事后监管中的现场核查、检查等在现阶段也难以在网上办理。此外，企业和群众办理事项已经形成的办事习惯、面对面交流沟通的现实需求和数字鸿沟的客观存在等，也要求“一网通办”的同时，政府需要同步提供和优化原有的服务模式。从互动性要求来看，智能政府应当及时了解企业和群众的需求并作出反馈。现阶段的“一网通办”是在当前经济社会条件下，改善营商环境、提高服务质量的一场自上而下的政府自我革新，其主动性和单向性比较强烈。如何强化互动功能，全面准确地反映企业和群众需求，也是需要解决的问题。“一网通办”已经为此预留下了相应的模块，将来将逐步得以丰富和强化。

**四是技术运用过渡性**。从运用的技术来看，“一网通办”的提出背景是物联网、云计算、大数据、人工智能等一批新技术、新业态的崛起。未来智能政府的政务服务工作中应充分吸收利用这些新技术，推动“互联网 + 政务服务”模式升级。移动政务、大数据决策、微博、微信等的广泛应用将深刻改变政府传统运行模式，构建起网络化、在线化、数据化和智能化全天候政府，精准服务、在线监管、预测预判、事中事后处置、网络民意调查等能力全面提升。不仅创新宏观调控、社会管理、公共服务、市场监管和环境保护模式，更将提升国家治理体系和治理能力现代化。而现阶段“一网通办”的主要任务是建立平台、共享数据、优化流程，运用的主要技术仍然基于传统互联网技术。与智能政府建设中需要采集的数据源、数据量、数据运用相比仍然处于初创阶段。

### （二）明确“一网通办”应当坚持的基本法律原则

国务院的《全面推进依法行政实施纲要》要求各级行政机关实施行政管理

要做到合法行政、合理行政、程序正当、高效便民、诚实守信、权责统一。

“一网通办”作为电子政务的拓展，是与政府权力清单制度改革、行政审批改革、行政管理体制改革等协同推进的综合性改革措施，在推进过程中，也需要符合和坚持依法行政“六大原则”中相关的原则性规定，从而使该项综合性改革措施具有相应的法理基础。

1. 合法行政原则

合法行政原则，要求行政机关实施行政管理应当依照法律、法规、规章的规定进行；没有法律、法规、规章的规定，行政机关不得作出影响公民、法人和其他组织合法权益或增加公民、法人和其他组织义务的决定。

需要指出的是：对合法行政原则的理解要避免僵化，应分类对待。对于给公民、法人和其他组织带来利益减损或者义务增加的行政行为，或称为“负担性行为”，应该严格遵照“法无授权不可为”的原则执行；而对给老百姓带来实际好处和利益的行为，称之为“授益性行为”，即属于服务行政范畴的事项，则无需一定要有法律依据，只要是属于本部门的法定职责即可，即遵循的是“法定职责必须为”的理念。

在推进“一网通办”中，涉及实体性的法律规定，即有关行政管理部门和行政相对人权利、义务关系的内容，必须坚持合法行政的原则，不得违反相关法律规范的规定。

2. 程序正当原则

程序正当原则，要求行政机关在实施行政管理过程中，不但要遵守法律、法规、规章中的实体性规定，也要遵守法律、法规、规章中的程序性规定。程序性规定是保障实体性规定得以实现的方法和途径，包含着“规则”和“次序”两层含义，是构成实体的空间与时间的存在过程、环节、方式、时限等。[①] 但是程序性规定本身也具有一定的独立性，并不完全依赖于实体性规定的要求，其还有特殊的价值追求，例如：追求科学性、效率性等。因此，结合程序性规定的特点以及与实体性规定的关系，课题组认为，程序上的创新和优化，只要没有增加行政相对人的义务，有利于实体性规定的实现，符合科学、效率的价值取向，遵循高效便民的原则，即便对原有制度设计有所突破，只要没有违反程序正当原则，符合避免行政管理部门权力滥用、更好地保护行政相对人合法权益的依法行政的精神要求，也应当认定为合法、合理。

在推进“一网通办”中，涉及的程序性规定主要包括流程、方式、时限等。对涉及的程序性规定，只要比法律规定的更为高效、便民，在实际的操作中完

① 谢晖：《论法律实体》，《山东社会科学》2004年第10期。

全可以遵循承诺、约定优先的原则。例如：上海市出台的《上海市进一步深化本市社会投资项目审批改革实施办法》《关于加快企业登记流程再造推行开办企业“一窗通”服务平台的意见》2件规范性文件，都涉及流程优化、时限缩短等规定（如表1所示）。对于这种程序性规定的调整，从制定目的与精神来看，主要是为了进一步促进政府职能的转变，营商环境的优化是行政管理创新的具体体现，与上位法在立法目的、原则、精神方面相一致，所以应当认定为是合法、合理的。

**表1**

| 地方规范性文件 | 涉及的地方性法规 | 调整内容 | 调整的类型 |
| --- | --- | --- | --- |
| 《上海市进一步深化本市社会投资项目审批改革实施办法》 | 《上海市建筑市场管理条例（2014修订）》 | 简化施工许可办理手续。施工许可改为形式审查和网上办理，将施工许可证审批前的现场安全质量措施审核和工伤保险费用缴纳，改为告知承诺和核发后的事后监管。核发时间缩短在3个工作日以内。其中，工业项目和小型项目为2个工作日。施工许可申请前的发包合同登记，均采用网上直接办理。 | 流程再造、压缩办理时限 |
| 《关于加快企业登记流程再造推行开办企业“一窗通”服务平台的意见》 | 《上海市企业名称登记管理规定》 | 将工商部门原先的企业名称预先核准程序和企业设立登记程序合并为一个程序，企业可以合并向工商部门申请。 | 流程优化 |

3. 高效便民原则

高效便民原则，要求行政机关实施行政管理职责时，应当在遵守法定时限的前提下，讲究办事效率，履行承诺约定时限。传统的消极行政，是通过制约机制防止公权力滥用，侵犯相对人的合法权益，即所谓制约公权力“做坏事”；而现代的积极行政，则是通过激励机制促使公权力积极作为，为公众谋福利，维护和增进相对人的权利、自由。因此，作为积极行政的高效便民原则要求行政机关积极履行法定职责，提高管理与服务效能。在管理方法及程序设计上，要从方便行政管理相对人的角度出发，即体现“以民为本”的理念，要克服“官本位”的思维定式，以便民为准则，而不能仅从方便行政管理的角度去考虑问题、设计制度。

“一网通办”旨在通过政务数据的共享，提高审批事项和服务事项的办事效率，方便包括公众、企业在内的行政相对人，让他们少跑腿，让数据多跑路。这与现代积极行政追求的目标与坚持的高效便民原则是一致的。

4. 权责统一原则

权责统一原则是依法行政的基本要义。权责统一原则，一方面要求行政机关依法履行经济、社会和文化事务管理职责，另一方面也要求法律法规赋予其相应的管理权限与管理手段，即拥有的权力与其承担的责任应当是对等的。所谓“对等”就是相互一致。不能拥有权力，而不履行其职责；也不能只要求承担责任而不予以授权。合理授权是贯彻权责统一原则的一个重要方面，必须根据行政管理部门所承担的责任大小授予其足够相应的权力。在“一网通办”中，一个重要的改革环节是“前台综合受理”“收受分离”，即前台收取材料的主体与后台行政审批的主体相对分离。按照权责统一原则的要求，需要明确前台收取材料的性质，是获得授权以自己名义做出的行为，还是被委托以委托方名义做出的行为，抑或是既非授权也非委托的行政事实行为？在三种不同的情况下，由于行使的行政权力性质不同，承担的责任也会不同。在政务数据的开放共享中，基于权责统一原则的要求，对于共享互认的电子证照、电子材料，出具、提供原始电子材料的部门是应当承担责任的主体，而不是使用、共享该证照、材料的部门。

5. 公开透明原则

公开透明原则，要求行政机关对自己在行政管理和行政执法中制作或者获得的信息，“以公开为原则，不公开为例外”，能主动公开的应当主动公开，对符合依申请公开条件的应当及时提供。即除涉及国家秘密、商业秘密和个人隐私的信息外，都应当全面、准确、真实地向社会公开。

“一网通办”追求的最终目标是：行政审批事项和行政服务事项均可在网上办理。即从材料提交、受理、审批，到补正、延期等，全程可在网上办理、网上跟踪、网上监察。这与公开透明原则要求所有与行政相对人办理事项相关的材料、程序、环节均应明确公示的内涵是一致的。

**（三）确立“一网通办”的立法框架体系**

结合上海市电子政务及推进“一网通办”过程中遇到的主要法律问题，从建立健全上海市“一网通办”法制保障的角度出发，课题组建议，上海市应早日构建起“1 + 1 + X”的“一网通办”立法框架体系。即一部地方性法规、一件政府规章、X件规范性文件。

1. 制定一部地方性法规

“一网通办”是一项涉及行政管理体制机制、行政权力运行方式的重大改革。虽然在具体推进过程中遇到的主要问题，更多地属于各级政府及其组成部分在法定职责划分、具体操作流程方面的问题，但也涉及政府之外的由上海市各级财政保障的其他机关、团体及承担公共管理和公共服务责任的公用事业运营的问题。如何让政府之外的主体在“一网通办”中配合政府做好公共数据的归集、整合、共享、开放、应用管理，需要地方性立法的引领与保障。因此，制定一部地方性法规势在必行。至于**在地方性立法的形式选择上，目前有“决定”和“若干规定”两种**。

**一是制定《推进与保障“一网通办”的决定》(以下简称《决定》)**。从目前上海市地方性立法涉及“一网通办”相关规定情况来看，课题组认为，本市推进“一网通办”过程中，缺少一部定位于顶层设计、总揽全局的地方立法。而以“决定”形式站在全局的高度推进与保障本市的重大改革举措，上海市也有先例。例如：在推进上海市改革创新工作中，上海市人大常委会制定出台了《上海市人民代表大会常务委员会关于鼓励推进改革创新工作的决定》。因此，在全市大力推进“一网通办”过程中，建议由市人大制定有关推进本市“一网通办”工作的《决定》，作为“一网通办”相关地方立法的纲领性立法。该《决定》主要解决 4 个层面的问题：(1)**从地方立法层面明确上海市“一网通办”的整体定位**，对“一网通办”工作予以宏观上的引领、支持与保障；(2)**从总体上明确本市在推进“一网通办”中应当坚持的基本法律原则和精神要求**，作为“一网通办”推进过程中解决遇到的堵点、痛点、难点的“兜底”性立法依据，妥善处理好具有稳定性的立法与追求创新突破的改革之间的关系；(3)**对于“一网通办”中涉及的不属于地方立法权限的法律问题，明确向国家立法机关汇报并争取试点的方式与途径**。例如：对于地方无立法权限予以明确的电子证照在政务领域的法律效力问题，可以建议由国家层面出台相关法律法规予以明确，就像《中华人民共和国电子签名法》确立了电子签名在民事活动中的法律效力一样。对于属于上海市地方立法权限的法律问题，明确“立改废”的原则与途径；(4)对承担公共服务和公共管理职能的企业在“一网通办”中的权利义务予以原则性的规定。

**二是制定《推进与保障“一网通办”若干规定》(以下简称《若干规定》)**。对于需要地方立法予以推动的较为复杂、涉及部门较多的全市性工作，上海市人大也曾以“若干规定”的立法形式对其中较为关键、重点的问题予以明确，以达到规范与促进的作用。例如：《上海市法律援助若干规定》《上海市促进农业科技进步若干规定》《上海市促进就业若干规定》。《若干规定》除了可以明确推进“一网通办”应当遵循的法律原则与整体定位外，还可以对“一网通办”中涉及的一些具体问题进行规定，主要包括下列内容：(1)确定政府各有关部门在

“一网通办”建设中的责任，平台的建设与维护，信息数据的提供、更新要求；（2）综合受理的前台与分类审批、办理的后台之间的关系，可以考虑前台与后台是委托关系，后台有培训、指导前台的义务；（3）明确规定编制前台对各类事项受理的要求、标准；（4）明确规定“一网通办”各环节工作人员对知悉的信息数据具有保密义务；（5）公共服务和公共管理职能承担企业在“一网通办”中的权利义务；（6）确定对违反《若干规定》行为的法律责任。

**课题组倾向于选择《决定》这种地方立法形式，而不选择《若干规定》的原因在于：**“一网通办”是对电子政务中与老百姓有关的公共数据的归集、整合、共享、开放、应用管理等的创新与优化，在具体推进过程中，遇到的主要问题更多地属于各级政府及其组成部分在法定职责划分、具体操作流程中的问题，有些问题尚处在探索尝试的过程中，由政府规章对这些问题进行创制性的规定比较合适。另外，如果上海市人大制定出台《若干规定》，《若干规定》的内容会比较具体，与政府规章可能会出现较高的重合度。而《决定》在具体内容上更为原则与宏观，既可以与政府规章规定的内容相互匹配，又可以在立法体系上形成层级上的互补。

2. 制定一件政府规章及 X 件相关配套性规范文件

“一网通办”作为一项基于电子政务拓展的综合性改革举措，也是加快智慧政府建设、提升政府治理能力的重要举措，其主要工作和工作职责需要由各级政府及其组成部门承担、推进、完成。为保障“一网通办”的顺利、深入推进，建议上海市政府建立起“1+X”的“一网通办”制度规范体系，从而形成上海市全方位全覆盖的法律制度保障体系，解决操作层面遇到的主要法律问题。

**一是制定有关公共数据和一网通办管理方面的政府规章。**在明确上海市“一网通办”管理体制的基础上，对于行政管理部门以及履行公共管理与服务职能的部门产生的数据，从采集、录入、传输、共享、开发、运用、保密、权益保护等方面予以规范，对“一网通办”进行全生命周期立法。其中，重点应当明确市大数据中心、相关政府职能部门、综合服务（受理）中心的职责边界及责任承担原则，尤其应当明确数据共享后责任追溯的原则。其原因在于：政务数据共享的主体为数据提供方和数据接收方，数据提供方是政务数据的产生、采集、汇集主体，但不是数据的所有者。数据接收方，是因办理业务需要其他部门及组织数据支撑的一方。课题组认为，数据产生、采集、汇集中原始数据的准确度、脱敏脱密是否到位等问题应由数据提供方承担责任；数据共享后传播中的问题，根据数据传播中所留的数据痕迹，由数据接收方等其他数据传播者承担责任，以消除相关行政管理部门在数据共享、综合受理等方面存在的权责统一方面的顾虑。

**二是制定若干个配套性规范性文件，解决“一网通办”中遇到的程序性和操作性层面的问题**。例如：关于电子证照、电子签章、电子公文、电子档案在政务活动及“一网通办”中的应用规范，建立健全相关制度规范，明确其法律效力；明确行政服务中心、街镇受理中心与相关行政管理部门之间因“收受分离”所产生的收件单位和受理单位对申请审批材料的分阶段管理问题、“异地取件”问题；“一网通办”中共享数据的统一标准、开放权限、开放程序问题等；应当建立相应的容错和免责机制，对按照规定标准和程序开放数据的，如果发生一些不可预见的问题，应当对当事部门及其相关工作人员免于责任追究，以减轻其对数据开放共享的心理负担和后顾之忧，提升政务数据共享的积极性；同时，建立政务数据开放共享的考核和奖惩机制。将数据共享情况，纳入政府部门及相关公共机构的绩效考核。对公共数据开放工作成绩突出的，给予奖励；对推进不力的，给予相应惩戒。

**（四）做好两项梳理清理工作**

1. 梳理并清理与推进“一网通办”工作不相符的地方性法规

“一网通办”是要建设人民满意的服务型政府，主要是通过运用现代信息技术、网络技术，调整政府管理方式、组织结构，改进为社会提供公共服务的管理模式。在硬件建设方面，需要建立综合的信息系统、打造统一的服务平台；在软件建设方面，需要建立完善各类数据整合共享制度、政务服务流程整合再造。这些方面，地方性法规一般涉及较少，对现行有效地方性法规的梳理情况也印证了这一点。因此，课题组认为，现行有效的地方性法规对推进“一网通办”工作构成的障碍并不多。但是，这并不等于现行有效的地方性法规就没有问题。例如：在推进“一网通办”工作中，当前的一个大问题是对“前台综合受理”的“受理”在理解上产生了分歧，“前台综合受理”的“受理”是否是法律意义上的“受理”。由此，行政机关办理行政审批、行政服务等事项，期限从何时起算？行政机关如果对“不予受理”或“不予许可”产生异议，哪个部门将成为行政复议的被申请人或行政诉讼的被告？在个别现行有效的上海市地方性法规中也存在“受理”与“审批”不一致的问题。例如，《上海市水路运输管理条例》第10条第2款规定：“受理机关应当按照审批权限报送相关机关审批。”因此，推进“一网通办”工作，必须解决“受理”在理解上的分歧。也就是说，法律规范的“滞后性”也导致现行有效的地方性法规没有及时反映或解决社会发展状况中存在空白的问题。因此，课题组建议：由上海市人大牵头组织政府相关部门根据“一网通办”的要求，对与本部门相关的地方性法规逐一进行对照清理，提出修改建议，由市人大常委会作一次全面修改，使本市的地方性法规能够更好地体现社会发展的实际。

2. 梳理并形成数据共享清单

鉴于“一网通办”中遇到的主要问题大多与相关行政管理部门对本部门应当提供的数据及需要其他部门提供的数据底数不清有一定的关系。因此，课题组认为，应该在全市范围开展与“一网通办”相关的法律法规梳理工作，由各级政府及其行政管理部门，包括经授权承担公共管理、公共服务职责的企事业单位梳理形成“一网通办”数据共享的 3 个清单：一是所在部门能够提供共享的数据清单；二是需要其他部门提供给本部门共享的数据清单；三是本部门不宜提供共享的数据清单即负面清单。为做好 3 个数据清单的梳理工作，课题组建议：

**首先，暂时搁置数据所有权概念**，从促进数据流通、共享、互认的角度来开展梳理工作。原因在于：

**一是从数据所有权的概念来看**，数据所有权是民法上的概念，在民法学界尚处于讨论阶段，对数据所有权的内涵和外延，并未形成统一观点，甚至有学者认为，在数据开放起步较早，规则相对完善，实践比较成熟的美国和欧盟，也只是着力于推进数据的流通和个人信息的保护，而从未抽象出数据所有权的概念。

**二是从政务数据采集的目的来看**，是进行社会管理和公共服务，政务数据采集的对象是全社会不特定的自然人和社会组织，政务数据采集背后的资金支持是财政资金，来自全体纳税人，从这几个方面来看，政务数据的所有者应是全体自然人和社会组织，政府、部门及其他行政主体只是数据的掌握者而非所有者。

**三是从政务数据共享流通的范围来看**，政务数据共享总体上是政务系统内部的数据流通和共享，这些机构都是纳税人缴纳的税金形成的财政资金支持单位，所做管理和服务都是为社会全体的福祉，区分“你我”本身是没有根基也是没有意义的。

**其次，明确列入政务数据共享负面清单的条件与程序**。政务数据在政务系统内部总体应是开放、流通、共享的，但是也有一些特定部门的特定数据，从国家安全和社会稳定的角度而言，不宜共享。为顺利推进“一网通办”，不能由各行政管理部门自行确定不宜共享的数据清单的标准与条件，而是应当由市级层面明确统一的标准、条件及论证程序，让能够共享的数据清清楚楚，不共享的数据也清清楚楚。

**（五）其他具体建议**

1. 统筹规划，做好上海市“一网通办”的顶层设计

“一网通办”是一个以整合各类公共数据资源的政务服务总平台为依托，为

公民、法人和其他组织提供线上办理或者结合线下服务窗口办理政务服务事项的方式，是落实国家“互联网＋政务服务”、在线政务服务平台一体化建设、政务信息系统整合共享、审批服务便民化等系列重要部署的具体实现途径。上海市的“一网通办”要做到建成一个总门户，实现一网受理、一网办理、全市通办，实现让企业群众只跑一次、一次办成的目标，真正做到从“群众跑腿”到“数据跑路”、从“找部门”到“找政府”，既需要各级政府及其职能部门具有协同服务意识，也需要统筹规划、做好顶层设计，从而让“一网通办”能够站在更高的定位，突出“一网通办”的整体性、规范性和便捷性，做好政策衔接，建立起统筹协调的工作机制。

2. 形成合力，实现公共数据的充分整合与全面共享

“一网通办”的前提是“一网”，核心是数据共享。要合力消除“信息孤岛”“信息烟囱”，实现“一网通办”相关公共数据的整合、共享、互认及整体联动，既需要基础设施建设保障“一网”的实现，又需要在“一网通办”涉及的掌握公共数据的所有主体之间形成合力。因此，**一是**要加强基础设施建设，建立上下贯通、横向综合的一体化服务网络，实现电子政务网络、电子政务云、大数据资源平台、电子政务灾难备份中心等共建共用。**二是**各级政府及其部门作为公共数据资源的控制主体，应当根据法定职责和履职需要形成主动共享数据清单、履职需求数据清单及不适合共享清单，将所掌握的公共数据予以整合共享。**三是**社会团体以及其他承担公共管理、提供公共服务的企事业单位也掌握了部分“一网通办”涉及的公共资源。对这部分数据资源，应当按照“一网通办”的整体要求无偿予以提供，配合政府数据主管部门对“一网通办”涉及的公共数据进行统一管理。**四是**中央驻沪单位虽然由中央部门直接管理，但是，对于上海市“一网通办”所需的相关公共数据，在不违反所属中央部门规定的前提下，应当动员中央驻沪单位给予共享方便。**五是**为推动长三角地区一体化建设，应当积极探索实现长三角地区公共数据共享技术、共享平台、共享标准的统一，促进长三角地区公共数据资源的充分利用，发挥区域整体优势。**六是**为保障上述工作的顺利开展，应当建立公共数据互通互联和促进“一网通办”工作联席会议制度，做好各方面公共数据整合与共享中的协调工作。

3. 统一标准，强化“一网通办”中的规范化与标准化建设

“一网通办”的重点在于“通办”。要做到“通办”，需要上海市不断提升政务服务规范化、标准化水平，这要求各级政务服务平台建设及服务工作要从政府供给导向向群众需求导向转变，按照“一网通办”的要求积极打造整体化的政府服务标准，推进公共数据的标准化建设。**一是**要全面梳理教育、医疗、住房、社保、民政等与群众日常生产生活密切相关的公共服务事项，编制公共服

务事项清单及办事指南，实现公共服务事项规范化。**二是**要统一数据共享标准，明确数据共享的格式要求、类别、范围等内容，实现各区、各层级、各渠道发布的政务服务事项数据同源、同步更新，并实现全市范围内服务事项标准统一、上传数据标准统一、全流程网上办理标准统一、身份认证统一、电子印章统一、电子证照统一等相关办理材料、办理标准的统一，实现同一事项无差别受理、办理流程和评价标准统一。**三是**要从提高便捷性和高效性的角度，对"一网通办"涉及的事项，应当明确减环节、减证明、减时间的标准，从而实现减少跑动次数的目标，尤其应当聚焦政府自身建设，聚焦民生服务、商事制度、基建审批等领域的流程再造，切实提升群众和企业的满意度。

4. 确保安全，坚守数据安全可控的网络安全底线

确保公共数据安全，全面维护公民、法人和其他组织的信息权益不受侵犯，是推进"一网通办"中应当严格坚守的安全底线。为此，上海市应当贯彻权责统一原则，理顺"一网通办"各主体间权责关系，保证职权、事权与责任统一对应。**一是**应当对数据资源共享各环节的主体职责边界和法律责任作出明确的划分和规定。**二是**可以探索采用委托或授权的形式明确前台综合受理主体与后台行政审批主体的关系及责任分担。**三是**应当完善灾难备份、应急管理、人员管理等运营管理制度。**四是**应当积极运用安全可靠的技术产品，建立公共数据安全异议处理机制，确保平台安全平稳规范运行。

5. 做好衔接，认可电子载体与纸质载体具有同等法律效力

"一网通办"是为了让"数据多跑路、群众少跑腿"，方便企业群众办事，提高政府办事效率。为避免企业和群众在"一网通办"中重复提交材料（包括归案材料），需要政府做好以下工作：**一是**统一身份认证，做到一次认证，全网通办。**二是**统一电子证照发放与电子印章使用系统，采纳认可符合《中华人民共和国电子签名法》规定的可靠电子签名。为实现电子证照、电子签章在各行政管理部门之间的互认奠定基础。**三是**明确电子证照、电子公文、电子签章等电子材料的法律效力。在行政管理领域与司法领域，推动承认电子材料具备与纸质的或实物材料同等的法律效力，为推动"一网通办"与公共数据共享提供司法保障。**四是**推动电子档案的建设与规范管理，逐步减少电子材料的纸质归档，承认电子档案的合法化。

# 上海市民防综合监管联合执法试点研究①

课题组组长：赵如松　上海市行政法制研究所主编
课题组成员：陈素萍　上海市行政法制研究所办公室主任
史莉莉　上海市行政法制研究所研究一室主任
刘　莹　上海市行政法制研究所助理研究员
顾　捷　上海市行政法制研究所助理研究员

## 引　言

综合监管是政府履行行政管理职能的一种重要的监管模式，其核心是通过对各行业、各领域某一特定管理事项中普遍存在的共性问题进行综合监督管理，并对相关专项监督管理工作进行协调、指导和监督。其本身与行业监管和专业监管相比，存在着全局性高、综合性强、操作难度大等特征。

联合执法是行政执法的一种重要形式，是为了避免在行政管理中出现争相管理，或互相推诿不作为的情况，而由两个或者两个以上的行政机关，就职权重叠的事项开展共同执法工作的一种执法方式。与综合执法相比，其执法权仍然由各执法单位单独行使；与专业执法相比，其从根本上减轻了行政管理相关人的负担，实现了同一管理事项执法的无缝衔接。而对综合监管而言，联合执法是一种将综合监管落到实处的重要手段。

上海市人民防空办公室（以下简称“市民防办”）是上海市较早探索采用综合监管联合执法的行政管理部门。近年来，市民防办在人防工程监理资质审批、人防工程设计资质审批、民防工程建设过程监管等方面进行了综合监管联合执法的探索，并取得了一定的实践经验。对这些探索适时进行总结，及时发现存在的问题并探究造成这些问题的根源对于建立和完善以综合监管为基础，专业监管为辅助、联合执法为手段、信息化平台为支撑的民防监督管理体系至

① 本课题完成于2018年。

关重要。

受市民防办委托，上海市行政法制研究所组成课题组开展了上海市民防综合监管联合执法试点研究，以期在总结现有实践以及经验教训的基础上，发现存在的问题，补齐短板，为完善上海市民防系统综合监管、联合执法体制机制提供具有可操作性的政策参考。

## 一、研究的基本内容和研究方法

### （一）基本内容

上海市民防综合监管联合执法试点研究属于实务型研究，因此课题组决定采取“以理论联系实际为原则，以总结经验为脉络，以补齐短板为导向，以可复制可推广为目标”的方案，重点围绕以下三个方面开展研究工作：

第一，综合监管联合执法的相关概念界定与体制机制研究；

第二，上海市民防系统综合监管联合执法的实践及存在的问题；

第三，完善上海市民防系统综合监管联合执法的路径。

课题组将根据以上三个方面的研究结果，对上海市民防系统综合监管联合执法体制机制的完善提供具有可操作性的政策建议。

### （二）研究方法

课题组采取以下三种研究方法：

1. 比较分析法

在收集和整理上海市具有行政监管和行政执法职责的市政府部门在综合监管联合执法方面现有经验和做法的基础上，通过比较分析，总结出综合监管联合执法的基本规律，为民防系统综合监管联合执法的体制机制完善提供理论依据和经验借鉴。

2. 案例分析法

在收集和整理上海市民防系统综合监管联合执法实践的基础上，通过综合分析和把握民防综合监管联合执法方面的实际需求，总结经验和教训，为民防系统综合监管联合执法的体制机制完善夯实实践基础。

3. 座谈调研法

通过邀请相关管理部门、行政管理相对人、专家学者参加座谈会的形式，了解各方对上海市民防系统综合监管联合执法方面的各项规定和做法的意见建议，为民防系统综合监管联合执法的体制机制完善提供民意基础，并将其中带有可行性的内容纳入研究成果。

## （三）技术路线图

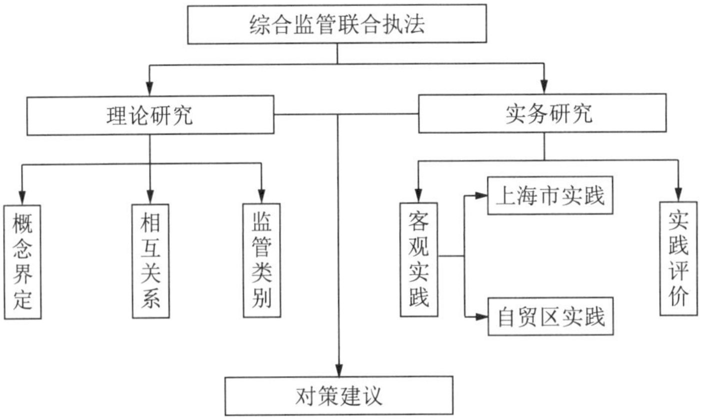


**图 1**

# 二、综合监管与联合执法

## （一）概念界定

1. 综合监管

综合监管是带有中国特征的新概念，是伴随着行政审批制度改革的深入，事中事后监管乃至全过程监管成为行政管理部门亟须研究与加强的背景下，不断根据客观需要，从功能监管、专业监管、行业监管、专项监管、联合监管等监管模式中抽取有价值的内容逐步演进而来。在理论上，学术界目前还没有对综合监管形成一个能够被广泛认可的概念界定；在实践中，随着监管内容、监管范围、监管主体、监管措施、监管能级等的不同，部分行政管理部门也形成了各自独特的综合监管形式，但也未能形成一个能得到广泛认同的体系。

为了能够对上海市民防系统的综合监管给予准确评价，找准短板，提升能级，就有必要对综合监管的实质进行研究，归纳总结出核心要点，并在此基础上，理性审视和推动上海市民防系统综合监管的完善。

客观上讲，对综合监管的把握必须从综合性出发多视角理解其内涵，主要包括以下四个方面：

**一是从监管主体上体现综合性**。综合监管适用的领域必然涉及多个行政管理主体，其中任何一个单一主体的专业监管必然无法防范该领域的所有潜在风险。因此，客观上需要建立一个统一的监管主体或者在分工明确基础上，加强各监管主体之间的协调。为此，在监管主体的安排上，统一监管、不完全统一监管和分业监管下的加强监管协调都是综合监管可以探索的模式。

**二是监管模式上体现综合性**。每个行业都有着其特定的监管模式，这就要求综合监管体系的设计既要满足宏观监管（同质性监管）的需要，也要满足微观监管（特殊性监管）的需要。两种监管的区别主要体现在不同的监管目标以及由此而采取的不同监管措施上。宏观监管的目标是防范系统性风险的产生，以维护整个领域的整体稳定，因此带有较为强烈的综合协调性；而微观监管的目的在于控制特定被监管客体或者行业在该监管领域的风险。因此从监管模式上讲，综合监管一定是综合性监管与行业性监管的组合，而这种组合一定会依赖于统筹协调和信息共享，进而形成监管合力。

**三是监管过程上体现综合性**。行政审批制度改革的深入，以及“放管服”的常态化与规范化对全过程监管，尤其是事中事后监管提出了更高的要求。为应对新时代、新形势、新要求，监管过程也要完成从单一性监管手段、监管程序到多样化、多元化监管手段、监管程序的转变，完成从重“事前审批”到重“事中和事后监管”的适应性转变。

**四是监管内容上体现综合性**。不要过度夸大监管架构改革的重要性，要把重点放在监管内容的全面性和体系化，从分工重构、政策协同、监管协调、立法支持、架构调整、信息共享、业界共治等多方面，全面综合推进综合监管。

综上所述，**只有在监管主体、监管模式、监管过程和监管内容上都能体现综合性的监管才能被称为综合监管**。

2. 联合执法

行政执法是指国家行政机关和法律委托的组织及其公职人员依照法定职权和程序行使行政管理权，贯彻实施国家立法机关所制定的法律的活动。我们通常所讲的行政执法是取其狭义的概念，即指包括行政检查、行政处罚、行政强制等在内的执法行为。随着行政管理和社会治理模式的创新，为了充分利用行政执法资源，降低行政执法成本，提升行政执法效能，行政执法的方式也在不断发生着变化，从过去单一性的专业执法、行政执法逐步向多元化、集群化的综合执法、联合执法演进。

作为一种特殊的执法方式，联合执法是指两个或者两个以上的行政管理部门就职权重叠的事项（都有对某一领域的执法权）开展共同的执法工作。其主要特点有三个：一是执法主体至少有两个；二是执法主体在某一特定监管领域/事项上都有执法权；三是各个行政管理部门的执法权可以同时行使，但是坚持“一事不两罚”的基本原则。与综合执法不同的是，联合执法中执法权依然是由原法定的行政管理部门行使，只是在执法时间上由牵头单位组织共同进行。联合执法是综合监管体制机制中的一个重要组成部分，是综合监管能够得以实现的基础手段。

**（二）综合监管的类别**

根据综合监管的内涵和目前我国在综合监管领域已有的实践，我们大体上可以将综合监管归并成四大类别：

**一是全域型综合监管**。这类监管之所以被称为全域型，是因为它的监管范围纵向到底、横向到边，涵盖了从中央到地方、从专业到类专业、从行政管理部门监督管理到业界、社会共治所及的所有主体、模式、过程、内容。这种综合监管模式运用得很少，因为其本身的复杂程度和体制机制所带来的较大的源生性风险对这种监管制度的涉及和运用造成了较大的负面影响，致使对其运用的领域受限较大。目前可归入这类的只有我国正在建设中的金融领域综合监管体系。

**二是一体型综合监管**。一体型综合监管的特点是监管主体的单一化，也就是说无论监管的模式如何多样，监管的过程如何复杂，监管的内容如何庞杂，都由一个监管主体统一实施监管。这种模式的代表是现在逐步步入成熟期的市场综合监管。这种模式的优点在于监管内容边界清晰，监管权的行使不易产生歧义，监管能基本到位，实效性比较强。缺点是监管领域大小和监管工作的难易程度对监管主体的监管实效影响较大。换句话说，单一监管主体的监管成效较易受外部情势变化和压力变化的影响。

**三是结合型综合监管**。结合型综合监管的主要特点是综合监管与行业监管/专项监管相结合。这种监管模式下，监管牵头部门负责实施综合监管，即在充分实施本行业/专项监管的同时，对其他相关的行业/专项监督管理部门实施综合协调，确保相关监督管理部门能够正确实施行业/专项监督管理；而负有监管职责的行政管理部门则依据法律法规的规定，在各自的职责范围内对特定行业内相关的内容实施行业/专项监督管理。这种模式的优点是在各行政管理部门能够各司其职实施行政管理的同时，又能由牵头部门从宏观层面进行整体把握，有利于监管实效性和能级的提升；缺点是牵头部门的综合协调职责有赖于法律法规的明确规定，否则不易推行。这类模式的代表是目前正在逐步形成的安检系统的综合监管。

**四是松散型综合监管**。这类综合监管更类似于联合监管，即在同级政府部门的统一领导下，或者在同级行政管理部门就某一领域的监管事项达成协作意向的前提下，同级行政管理部门通过信息共享、执法联合等方式对某一特定领域或者事项实施的监督管理。这类模式的特点是各部门各司其职，其不足之处在于这类监管的实现很大程度上依赖于高度一体化的信息平台建设、高效率的实时信息共享，以及能动性较强的联合执法意愿。

## 三、上海市民防领域开展综合监管联合执法的实践

### （一）民防领域开展综合监管、联合执法的现状

市民防办涉及的监管事项主要集中在人防工程的建设，设计、监理资质审批和民防工程相关防护设施设备生产、安装、检测三大领域。近几年来，市民防办在这三个领域通过优化行政审批流程，下放行政审批权力，推进数据平台建设，加强事中事后监管等一系列措施，取得了一定的成效。通过实地走访、召开座谈会、举行专家访谈等方式，课题组对市民防办在这三大领域的主要实践归纳如下：

1. 人防工程建设领域

人防工程建设领域的审批和事中事后监管主要集中在人防工程建设的全过程监管和人防工程结建审批和验收两大方面。市民防办以并联审批和联合执法为基本手段，较好地完成了人防工程建设全过程监管和人防工程结建审批和验收工作。

首先，在人防工程建设全过程监管方面，按照分级分类管理的职责，与住建部门分工合作，推动全过程并联审批、联合执法和共同监管：**一是在施工许可阶段，实施前置管理**。由人防安全质监站进行单建式人防工程和人防加固改造工程申领施工许可证阶段现场踏勘工作，作为住建部门发放施工许可证的前置条件。**二是在施工报监阶段，实施综合查验**。上海市建设市场管理信息平台核查项目勘察、设计、施工、监理单位和项目负责人（经理、总监）的备案信息、招投标信息，比对、核查项目审批面积是否落实、施工图审查意见是否修改、民防监理单位资质是否符合要求。**三是在施工建设阶段，实施检查信息共享、信用信息互通、资质资格互验**。通过与住建部门建筑业管理综合信息平台共享信息，现场监督检查人防建设工程中劳务、防水、机电安装和塔吊安拆等分包单位登记备案情况，查询施工单位安全员等重要岗位人员以及监理单位安全监理、特种作业人员等资格证书状态情况，查询信用信息、失信记录等情况。对违反相关法律法规规定的问题，依法依规进行查处，并发布相关信息。

其次，在人防工程结建审批和验收方面，以分工协同、联合监管为基本手段，与国土、规划、住建、消防部门协同，把握关键环节，做到以下“四必”：**一是在土地使用权取得和核定规划条件环节必询**，由市、区招拍挂办公室向相关管理部门书面征询意见，其中，民防部门为第一类必询部门；**二是在设计方案审核环节必核**，由规划和国土资源管理部门征询相关部门审核意见，人防部门核发“结合民用建筑修建防空地下室审核（方案阶段）”审查意见单，对项目单

位实施告知承诺；**三是在设计文件审查环节必查**，规划和国土资源管理部门根据人防工程施工图审图意见或缴费回执，受理建设单位申领建设工程规划许可证申请。对于人防工程建设费收取和减免的审核，并入“结合民用建筑修建防空地下室审核（初步设计阶段）”，民防部门出具意见单，规划、建设管理部门核发相关批复；**四是在竣工验收备案环节必验**，规划、消防和环保部门的认可或准许文件作为人防建设工程竣工验收备案的前置条件，人防部门出具的“人防建设工程竣工验收备案证书”作为项目总体备案的前置条件，人防监督机构签发的人防建设工程质量监督报告和人防专业防护质量监督意见书，作为项目竣工验收的前置条件。

2. 设计、监理资质审批领域

市民防办权责范围内的资质审批主要有四种：一是根据《国务院关于第六批取消和调整行政审批项目的决定》（国发〔2012〕52号）、国家人民防空办公室《关于印发〈人防工程设计行政许可资质管理办法〉的通知》（国人防〔2013〕417号）以及市民防办《关于开展本市人防工程设计行政许可资质管理有关工作的通知》的规定，由市民防办负责审批的上海市行政区域内人防工程和其他人防防护设施设计乙级许可资质；二是根据《国务院关于第六批取消和调整行政审批项目的决定》（国发〔2012〕52号）和《人防工程监理行政许可资质管理办法》（国人防〔2013〕227号）的规定，由市民防办负责审批的人防工程和其他人防防护设施监理乙级许可资质；三是根据《国务院关于第六批取消和调整行政审批项目的决定》（国发〔2012〕52号）和《人防工程监理行政许可资质管理办法》（国人防〔2013〕227号）的规定，由市民防办负责审批的人防工程和其他人防防护设施监理丙级许可资质；四是人防工程施工图专项资质的审批。

从调研掌握的情况来看，市民防办在这四项资质的管理上基本遵循了并联审批、联合监管和联合执法的原则。在前三种资质的审批上，市民防办积极做到与工商、住建、公安、人社等部门共享信息，综合核查，确保联合查询、公示公告、查验核实的实现。**一是联合查询**。与工商、住建、公安、人社等部门的信息共享，对接自然人信用信息系统、人口库、法人库以及公共信用信息平台的数据，直接采集企业资质、住建部门的注册执业人员证书及信息，减少申请单位提交材料数量和受理、审批人员的工作量，实现全网通办。**二是公示公告**。对设计乙级许可资质单位的基本条件、资历和信誉、技术条件、技术装备及管理水平等内容，按规定公示。**三是查验核实**。对申请单位提供的执业证书进行人防防护工程师执业资格查验。

此外，市民防办在人防工程施工图专项资质审批方面，开始探索取消审批，而使用社会化审图后的事中事后监管来替代。在此方面，主要是做好“事前指导，事中管控，事后追责”工作：**一是做好事前指导**。研究制定人防工程施工图设计文件审查管理规定，并与住建部门加强合作，从住建部门审定的施工图审查机构中，借助行业协会力量，认定一批企业实力、技术力量都较为优良的审图机构从事施工图审查，加强对审图机构的业务培训，并在初步设计阶段对审查内容进行深化，对容易发生违反强制性规范的设计内容提前进行审查，防止设计单位在编制民防工程施工图时发生颠覆性的错误。**二是加强事中管控**。研究数字化审图民防监管功能开发，与建设部门的电子审图实现对接共享。由行业协会对施工图审查机构的人防工程审图能力进行行业评估，对通过评估的施工图审查机构可减少监督抽查频次，实施分类管理。由人防安全质量监管部门对工程设计和施工图审查质量进行抽查抽检，对审图质量进行把关。通过“双随机一公开”的方式，开展审图专项检查。**三是强化事后监管追责**。对审图机构实行业绩排名，大力开展诚信建设，加强审图机构业界自律，对违法违规审图的审图机构记入诚信档案。

3. 人防工程相关防护设施设备生产、安装、检测领域

近年来，市民防办积极探索加强人防工程相关防护设施设备生产、安装、检测领域的事中事后监管。到目前为止，主要在以下三个方面积累了一定的经验：**一是做好事前指导**。研究制定人防工程防护设备与设施质量检测管理规定，细化管理内容，并加强对检测机构的能力和业务培训；**二是加强事中管控**。在竣工验收阶段，将检测报告作为人防工程竣工验收报告的材料之一。并通过人防行业协会与检测行业协会联手开展人防专业设施设备检测能力专项评估，确保第三方专业检测机构对人防防护设施设备的检测质量。**三是强化事后监管追责**。市民防办在加强对防护设备设施产品的抽查抽检的同时，加强了对第三方检测报告的抽查抽检，落实不合格产品召回制度。大力开展诚信建设，加强检测机构行业自律，对违法违规的防护设备生产企业和检测单位记入诚信档案。

此外，市民防办在三大领域积极开展综合监管、联合执法探索的同时，在综合监管、联合执法的支撑方面也做了很多的工作，主要表现在以下三个方面：一是市民防办充分利用已建成的市、区两级统一审批平台，实时抽查区民防办行政许可事项的审批情况。二是市民防办积极构建市、区两级共用的人防工程 BIM 平台，将已建的人防工程信息数据纳入一个平台共享，市、区两级民防办可调用所属人防工程的所有数据及地理信息。三是市民防办已建成人防系统与其他政府监管部门互通共享的信用数据平台，充分利用上海市综合监管平台，共享监管信息，增强协同监管能力。发挥信用体系的激励和惩戒作用，充分利用政府购买服务等方式，对守信主体予以支持和激励，对失信主体予以限制或

禁止，探索对严重违法失信主体实施市场禁入制度。应该说，这些数据平台的建成和投入使用，使得在民防系统内开展综合监管、联合执法成为一种可能，并为综合监管、联合执法的有效开展和未来的能级提升提供了坚实的基础。

**（二）民防系统在浦东新区（含自贸区）开展综合监管、联合执法的实践**

市民防办以上海自贸区改革的基础积淀为依托，按照上海市审批制度改革工作进展和区域成片开发建设互联互通人防工程的实际要求，在浦东新区开展了一系列的人防改革试点，其中与综合监管、联合执法相关的主要包括以下五个方面：

**一是在人防工程拆除审批方面采取告知承诺制，对人防工程资产评估企业实施行业自律**。浦东新区民防办向申请人一次性告知拆除的审批条件和需要提交的材料，申请人承诺符合审批条件并提交有关材料，即可获得拆除审批意见。浦东新区人防工程资产评估机构实行目录化管理。建立健全行业自律和交易活动的规章制度，强化人防工程资产评估行业自律，引导行业健康发展。对违反自律规范的企业，行业协会按照协会章程、规定，采取相应的惩戒措施。落实人防工程资产评估机构事中事后监管，定期对评估机构的评估结果进行行业评价，发现评估结果异于地区正常水平的，组织相关机构重新评估；对确实存在严重问题的情况，评估机构将被列入黑名单，并对资产评估机构目录实行动态管理。

**二是在人防工程设计、监理资质审批方面实行“证照分离”改革**。对注册在浦东新区，申请“人防工程和其他人防防护设施设计乙级许可资质（首次申请、延期、变更）”“乙级、丙级人防工程监理资质行政许可审批（首次申请、延期、变更）”的企业实施告知承诺，按照“证照分离”要求加强事中事后监管。浦东新区民防办向申请人一次性告知审批条件和需要提交的材料，企业在申请上述资质时只要承诺本企业已达到告知的国家及上海市有关资质申请要求，并提交有关材料，即可当场办理相关资质许可事项，从事被许可行为，在浦东新区行政区域范围开展相关业务工作。浦东新区民防办在作出准予行政许可决定的 2 个月内，对被许可企业的承诺内容是否属实开展检查，一旦发现实际情况与承诺内容不符的，浦东新区民防办依法撤销其行政许可决定，该企业在一定时间内不得再提出资质申请。

**三是试点新的结建政策**。在土地出让环节明确人防工程配建要求，简化人防工程配建面积计算规则；应配建人防工程建筑面积小于 1000 平方米的建设项目可易地建设，提高人防工程建设的规模效应；改变民防工程建设费计算方法，采用以应修建民防工程建筑面积为基数计算应收取易地建设费的方法，以符合国家相关文件规定的精神，进而提升人防工程结建率。

**四是落实各项责任，确保管理到位**。将浦东新区人防建设工程安全质量监督事项下放浦东新区民防办，由浦东新区民防办会同建设管理部门承担人防工程安全质量管理监督职责。依托、利用浦东新区城市网格化管理平台，将浦东新区人防工程安全使用管理纳入城市网格化管理体系，加强人防工程使用备案管理。

**五是推动各类信息化平台建设，完善监管保障**。依托上海市人防行政审批管理系统和浦东新区网上政务大厅，将浦东新区区域内的人防审批管理事项统一纳入网上政务大厅审批管理系统。通过浦东新区“公共信用信息服务平台与综合监管平台”，形成覆盖全区的综合行政处罚与诚信管理系统，推进人防信用监管和诚信体系建设，强化人防行业管理。

### （三）民防系统综合监管联合执法实践评价

从民防系统现有的综合监管联合执法的实践来看，民防系统综合监管尚处于松散型阶段，即各监管主体都是根据法律法规的规定，在各自的职责范围之内履行监管责任；各监管主体处于同一监管等级，并没有一个特定监管主体在完成自己的行业监管/专项监管的同时，还在宏观层面对相关事项的监管活动进行综合协调；各监管主体之间的监管协作和联合执法都是基于平等主体之间通过协商达成的协议进行的。从现阶段的实践来看，这种松散型综合监管模式还是能够取得一定的成绩的，尤其是各监管主体之间能够协力推进信息化平台的建设，并最大程度地实现信息共享。

然而随着社会和经济的持续性发展，以及新时代国际大都市城市安全运行的新要求的出现，现有的这种松散型综合监管模式的红利势必会逐步耗尽，并在不远的将来会在一定程度上提升行政管理成本，降低行政管理效能。那么是应该继续升级松散型综合监管，以使其能够不断自我更新，不断适应新的要求，还是在民防系统探索建立结合型综合监管模式，就成为一个重要问题。

## 四、完善民防领域综合监管体系的对策建议

### （一）综合监管事项的法律权源

如前所述，市民防办涉及的监管事项主要集中在人防工程的建设，设计、监理资质审批和民防工程相关防护设施设备生产、安装、检测等三大领域七大事项。其中涉及人防工程建设过程的三大监管事项所依据的法律、法规、规章主要有《上海市建筑市场管理条例》第3条：“本市交通、水务、海洋、绿化、民防、房屋等行政管理部门按照市人民政府规定的职责分工，负责专业建设工程建筑市场的监督管理。”《上海市建设工程质量和安全管理条例》第3条：“市港

口、水务、海洋、绿化、民防、房屋等行政管理部门按照法律、法规和市人民政府规定的职责分工，负责相关专业建设工程质量和安全的监督管理。”《上海市检验检测条例》第 6 条第 2 款：“质量技监、司法行政、公安、住房城乡建设、农业、环保、规划国土资源、卫生计生、水务、交通、民防、安全生产监管、食品药品监管、经济信息化和气象、出入境检验检疫等依法对检验检测机构负有资质许可、行政处罚等监督管理职责的部门（以下统称检验检测监督管理部门）按照各自职责，做好检验检测活动的监督管理工作。”《上海市建设工程检测管理办法》第 4 条：“市港口、水务、海洋、绿化、民防、房屋等行政管理部门按照职责分工，负责相关专业建设工程检测活动的监督管理。”《上海市建设工程监理管理办法》第 4 条：“市港口、水务、海洋、绿化、民防、房屋等行政管理部门按照职责分工，负责相关专业建设工程监理活动的监督管理。”等规定；而设计、监理资质审批相关的四大监管事项主要依据《国务院关于第六批取消和调整行政审批项目的决定》（国发〔2012〕52 号）、国家人民防空办公室《关于印发〈人防工程设计行政许可资质管理办法〉的通知》（国人防〔2013〕417 号）、《人防工程监理行政许可资质管理办法》（国人防〔2013〕227 号）、市民防办《关于开展本市人防工程设计行政许可资质管理有关工作的通知》等相关规定执行。

从上述情况来看，市民防办涉及的三大领域七大监管事项的监督管理职能都属于行业监管 / 专项监管的范畴。换句话说，市民防办在这七个方面所履行的主要是协同管理、协同实施职责，而非综合协调的职责。这也就注定了在未来一段时期内，市民防办的综合监管将主要体现在对内的综合协调上，而与其他行政管理部门之间主要是通过联合执法来共同完成监管任务。

**（二）完善综合监管联合执法的对策建议**

基于课题组对综合监管联合执法内涵与特征的归纳总结，综合课题组本次调研所掌握的民防系统现有综合监管联合执法的实践情况，课题组就民防系统综合监管联合执法的完善提出以下四个方面的建议：

1. 推进内外信息共享平台建设

随着大数据时代的来临，行政监管也进入了一个新的发展阶段。在这个阶段里，数据融合和信息共享的程度极大地决定着行政监管的实效性。市民防办应当在现有数据平台的基础上，进一步推进与相关行政管理部门之间在行政审批、行政执法领域的数据融合和信息共享，加快数据应用开发，以行政管理相对人双信体系（信用体系和诚信体系）建设为基础，推动网上办事优化与完善，提升行政审批与行政执法的效率，为综合监管联合执法奠定坚实的数据基础和平台支撑。

2. 推进民防系统内部综合监管体系的建立与完善

随着部分行政审批权限的下放，相应的事中事后监管职责也将随之一起下沉。为此市民防办亟须在民防系统内部加快推进以区民防办监管为主力，市民防办综合协调为辅助，内部信息共享与审批、执法标准统一化、规范化为支撑的内部综合监管体系的建设工作。同时，以民防行政在线监督电子督办和实时监管为突破口，加强对审批实施情况的监督检查，并及时纠正违法、违规行政审批行为，并对相关责任人员追究工作责任。深化实施人防工程设计、监理资质审批"证照分离"，简化人防工程建设标准规范，强化防护设备设施生产企业监管，加强人防行政执法队伍建设。此外，市民防办还可以在对浦东人防改革成效进行系统评估的基础上，积极推广浦东人防行政审批改革试点成果。

3. 完善外部综合监管联合执法体系

市民防办要进一步落实其在外部松散型综合监管体系中的主要监管职责，在人防工程结建审批环节、人防工程建设过程的施工许可阶段、报监阶段、施工过程阶段进一步推进综合监管联合执法工作机制的优化与完善，加强与工商、住建、人保等部门的信息共享与执法协同，对接自然人信用信息系统、法人库以及公共信用信息平台的数据，直接采集企业资质、住建部门的注册执业人员证书及信息，减少申请单位提交材料数量和受理、审批人员的工作量，实现全网通办，协同提升外部综合监管联合执法体系的有效性。

4. 积极推动民防结合性综合监管体制的建立

民防工作的顺利开展不仅仅是城市建设和地下空间利用的重要一环，更是一种国家战略，是确保国家安全和人民生命财产安全的重要保障。考虑到民防工作涉及的事项诸多、繁杂，牵涉的行政管理部门众多，需要协调的内容和时效性要求较高，因此，最适合民防工作的综合监管模式是结合型的综合监管体制，即以市民防办为牵头协调部门，构建以市民防部门综合协调为基础，相关行政管理部门专业监管为辅助，联合执法为手段，信息化平台为支撑的民防监督管理体系。要实现这一目标，必须解决法律法规的授权问题，这是今后一段时期内提升综合监管联合执法效能所必须面对的问题和为之努力的方向。

**图书在版编目(CIP)数据**

鉴往而瞻前 : 上海政府法治研究30年 / 上海市行政法治研究所编. --上海 : 上海人民出版社, 2025.
ISBN 978-7-208-19383-3

Ⅰ. D927.51

中国国家版本馆CIP数据核字第2025ZT5410号

**责任编辑** 夏红梅 姜嘉滢
**封面设计** 孙 康

**鉴往而瞻前——上海政府法治研究30年**
上海市行政法治研究所 编

**出　　版** 上海人民出版社
（201101　上海市闵行区号景路159弄C座）
**发　　行** 上海人民出版社发行中心
**印　　刷** 上海景条印刷有限公司
**开　　本** 720×1000　1/16
**印　　张** 14.75
**插　　页** 2
**字　　数** 263,000
**版　　次** 2025年4月第1版
**印　　次** 2025年4月第1次印刷
ISBN 978-7-208-19383-3/D·4467
**定　　价** 78.00元